Corazón descalzo

HISTORIAS DE
UNA NIÑA
MIGRATORIA

Bilingual Press/Editorial Bilingüe

Publisher
Gary D. Keller

Executive Editor
Karen S. Van Hooft

Associate Editors
Adriana M. Brady
Brian Ellis Cassity
Amy K. Phillips
Linda K. St. George

Address:
Bilingual Press
Hispanic Research Center
Arizona State University
PO Box 875303
Tempe, Arizona 85287-5303
(480) 965-3867

Corazón descalzo

HISTORIAS
DE UNA NIÑA MIGRATORIA

Elva Treviño Hart

Traducido del inglés por
Arcelia E. Cerón y Selene M. Leyva-Ríos

Bilingual Press/Editorial Bilingüe

TEMPE, ARIZONA

© 2007 by Elva Treviño Hart

ISBN-13 978-1-931010-38-2
ISBN-10 1-931010-38-2

Library of Congress Cataloging-in-Publication Data

Hart, Elva Treviño.
   [Barefoot heart. Spanish]
   Corazón descalzo / Elva Treviño Hart.
      p. cm.
   Translation of: Barefoot heart.
   ISBN 1-931010-38-2
      1. Hart, Elva Treviño.   2. Mexican American women—Biography.
   3. Mexican Americans—Biography.   4. Mexican Americans—Social life
   and customs.   5. Migrant agricultural laborers—United States—Biography.
   6. Migrant agricultural laborers—United States—Social life and customs.
   I. Title.

E184.M5H36518 2006
973'.0468720092—dc22
[B]   2006043065

PRINTED IN THE UNITED STATES OF AMERICA

Front cover art: La niña de los espejos *(1997) by Cristina Cárdenas*

Cover and interior design by John Wincek, Aerocraft Charter Art Service

Índice

Primera Parte

Segunda Parte

Tercera Parte

Prólogo

Yo no soy nadie. Y mi historia es igual a la de millones. Pobre, mexicoamericana. Niña. Todas nos parecemos: pies sucios, piel morena y mirada baja.

Tú nos has visto si es que has manejado por el sur de Texas rumbo a México. Allí estamos, caminando descalzas al lado del camino. Durante la cosecha somos menos, porque estamos en los campos con nuestras familias.

Algunas crecemos y nos mudamos a la ciudad. Trabajamos en el centro y hablamos inglés perfectamente. Otras nos quedamos y no sé cuál de las dos cosas es mejor.

A veces nos mudamos a lugares donde la gente no tiene idea que debajo de ese traje sastre de lana hay una niña morena y descalza como yo. Detrás de ese lenguaje universitario hay un mundo mágico en español. Jugamos muy bien el juego y parece que somos felices. Claro, somos felices.

Pero después, cuando vamos camino al trabajo, cambiamos la estación en la radio y nos encontramos con la estación mexicana, en donde están tocando nuestro corrido favorito. Nos hace extrañar mucho a mamacita, a las tortillas, a las comadres y a las tías y nos dan muchas ganas de bailar rancheras en la fiesta, en una noche caliente y sudorosa bajo las estrellas.

Entonces la vida de nueve a cinco se vuelve tan seca como una roca y parece no tener alma.

—¿Cómo llegué hasta aquí? —nos preguntamos.

Yo te lo contaré.

Primera Parte

**TRABAJADORES
MIGRATORIOS**

*Aunque seas muy grande y rico,
necesitas del pobre y chico.*

Capítulo 1

Al que madruga, Dios lo ayuda.

Cuando era niña, nunca tuve una cama. En la casa de una sola recámara del rancho donde nací, mi papá colgó una cajita de madera de las vigas del techo. Mi mamá me hizo un nido de colchitas en la caja. Ahí colgaba libre en el aire sobre la cama de mis papás, al alcance de los dos. Si lloraba, solamente mecían la caja.

Dos años después, cuando Apá dejó su trabajo como aparcero en el rancho de los McKinley, nos mudamos a la casa de Tío Alfredo en el pueblo. Tío nos invitó a vivir con él cuando construyó su casa en la propiedad de mi abuela. Así que mis papás, mis cinco hermanos mayores y yo nos acomodamos en la casa de dos recámaras con mi tío. Mi hermano Rudy y yo compartíamos un cuarto con mis papás. Yo dormía en un petate en el piso, en el pasillo que conectaba las dos recámaras, pero aún cerca de la cama de mis papás. Ellos tenían una cama matrimonial y mi hermano Rudy tenía un catre. Mis tres hermanas, Delia, Delmira y Diamantina, dormían en la otra recámara. Tío Alfredo y mi hermano Luis tenían sus camas en lo que un día sería la sala.

Era una casa tan pequeña, que cuando se apagaban las luces por la noche, podíamos escucharnos los unos a los otros dándonos las buenas noches.

—Hasta mañana, Apá.

—Si Dios quiere, mija.

—Hasta mañana, Amá.

—Si Dios quiere.

Así le seguíamos de uno por uno hasta que nos conectábamos y nos asegurábamos que nuestra familia estaba bien. Juntitos, dulces y cariñosos. Yo me sentía dichosa en mi petatito en el piso.

Había un baño en la casa, pero no tenía cañería ni instalaciones sanitarias, así que lo usábamos como ropero. La letrina estaba en el solar, detrás del jacal con piso de tierra que había sido la casa de mi abuela cuando todavía vivía. Mi mamá barría escrupulosamente el piso de tierra para dejarlo bien lisito y arreglado en memoria de su mamá, que cocinaba, planchaba y dormía en ese cuarto.

En el solar crecía un enorme árbol de mora que dejaba caer manchas moradas en la tierra debajo del árbol. Enfrente, un ciruelo chino daba ciruelos jugosos y amarillos. Éstas fueron las frutas con las que crecimos, junto con las joyas rojas de las granadas que crecían en el solar de Tía Nina. De vez en cuando, un nopal redondo que Tía Nina tenía en su solar daba pichilingües, unas frutitas coloradas del tamaño de una pasa. El sabor era tan distinto y la fruta tan rara, que mis hermanos y yo nos peleábamos para ver a quién le tocaba la siguiente.

La casa de Tío Alfredo estaba exactamente en medio de dos cantinas. Había un gran alboroto a cada lado de nosotros: las bolas de billar golpeándose una contra la otra, la risa ahumada y ronca de las cantineras y, de vez en cuando, un pleito de borrachos. Amá me hacía entrar en la casa cuando empezaba algún pleito. Al oscurecer, la música de mi niñez empezaba como una invocación. Yo cantaba «Gabino Barrera», «El Gavilán Pollero» y «Volver, Volver, Volver» junto con los borrachos y la vitrola. Amalia Mendoza, acompañada de trompetas y violines, llenaba de español nuestro solar.

En la primavera de 1953 Apá interrumpió nuestra vida familiar en casa de Tío Alfredo para llevarnos a trabajar a Minnesota en los campos de betabel. Como nosotros no teníamos carro, nos fuimos con otra familia en una troca encamisada. La parte posterior de esta gran troca estaba cubierta con una lona de color rojo oscuro. Parecía una carpa colocada sobre una plataforma, excepto que los lados estaban reforzados con madera. El dueño de la troca tenía el sobrenombre de «El Indio» porque su piel, como la de un indio, era del mismo color de la lona, un rojo fuerte y oscuro. Yo pensaba que para ser dueño de una gran troca como esa, él tenía que ser muy rico. Nosotros, por otro lado, no teníamos carro, ni casa, casi nada.

Él también era rico al tener hijos fuertes y fornidos. Tres de ellos se parecían a él, con la misma piel roja y un gran cuerpo fornido. Los otros dos se parecían a su mamá, «La Güera», de piel perlada, pero de todos modos eran grandes y fuertes. Una niña era de mi edad y los demás eran mayores.

Todavía estaba oscuro cuando llegó la troca y se estacionó bajo la luz de la lámpara de la calle. El Indio no tuvo que tocar el claxon porque mi papá andaba junto a la cerca a un lado de la calle, esperando y gritándole órdenes a todo el mundo.

—¡Apúrense! No lo quiero hacer esperar… Ponlo todo en un montón, aquí mismo… ¡No! ¡No te puedes llevar eso! No hay espacio… ¡Mujer! ¿Qué estás haciendo? ¡Sal ya!

Mi mamá fue a la letrina una vez más, esperando prolongar tanto como pudiera el tener que orinar en la bacinica que iría en la caja de la troca.

Algunos hijos de El Indio se asomaron por la puertita de lona de atrás de la troca y otros se bajaron. Su esposa se bajó graciosamente y se metió a la casa para ofrecerle su ayuda a mi mamá. Mi mamá estaba frenética. Iba al otro lado del mundo con seis hijos y sin forma de regresar por cuatro o cinco meses. Dejaba la casa de su hermano, donde habíamos estado viviendo hasta entonces. La casa que había construido en la propiedad de su mamá. Ella tenía que dejar a su hermano, a sus hermanas y al dueño de la tiendita que le vendía comida fiada cada vez que la necesitaba. La última vez que había estado en el circuito de trabajadores migratorios había sido cuando Delia y Delmira eran niñas. Ahora ellas estaban en la preparatoria y tenía cuatro hijos más, de los cuales yo era la más pequeña. Lo más lejos que mi mamá había ido era a Arizona, a pizcar algodón. Minnesota estaba a mil trescientas millas de distancia y pasarían días antes de que llegáramos hasta allá en esa troca tan grande y pesada. La gente le aconsejaba que llevara abrigos y ropa gruesa para los niños. Pero nosotros no teníamos nada de eso. Por esa razón mi papá nos había puesto en las manos de El Indio, porque no teníamos nada. Apá quería una vida mejor para nosotros.

Amontonamos nuestros pocos bultos en una esquina de la troca que ellos nos habían dejado desocupada. Luego mi mamá extendió las colchas de mi abuela en el piso para que nos sentáramos. Nos despedimos de mi tío bajo la luz de la lámpara de la calle. La tierra debajo de nuestros pies todavía olía a mojado y a cerveza de la noche anterior de las cantinas de los dos lados de la casa de Tío Alfredo. Mi mamá lloró cuando se despidió de su hermano. Él representaba la vida que ella siempre había conocido. Ahora dejaba atrás todo eso, llevándose a sus hijos a un lugar del que no sabía nada.

Mi papá, con mucha confianza y lleno de esperanza y vida se subió en el asiento de enfrente con El Indio y con el hijo mayor de El Indio. El Indio manejaría hasta el amanecer y luego sus dos hijos mayores le ayudarían. Miré a mi papá por la ventanilla que conectaba la cabina con la parte de atrás. Su rostro estaba lleno de vida y felicidad; él sabía que esto daría resultado. Mi mamá se acomodó en el piso de la troca. Se sentó en una colcha y apoyó la espalda en los montones de ropa, se secó las lágrimas, suspiró profundamente y trató de conversar con la esposa de El Indio. Yo me senté lo más cerca que pude de mi mamá, para sentir su calor. Mis hermanos y hermanas hablaban y se reían nerviosamente con los hijos de El Indio. La mayoría de ellos eran más o menos de la misma edad y se conocían de la escuela. No habían sido amigos ahí, pero ahora tenían que serlo.

La pesada troca avanzó lentamente por la calle. El motor rugía fuerte y nos teníamos que acostumbrar porque el ruido ensordecedor nos acompañaría por varios días. El rugido de la troca era atroz, lo cerrado de la troca era muy incómodo y todos nos cansamos de lo duro del piso y de las sacudidas del viaje, pero lo peor de todo era orinar. Mis hermanas adolescentes casi se morían cada vez que ya no podían aguantarse más y tenían que usar la bacinica, la cual estaba adelante, cerca de la cabina de la troca, bien amarrada para que no se derramara. Todos miraban para otro lado y aparentaban no escuchar cuando alguien la usaba.

No teníamos control de las paradas de la troca. Uno podía golpear la ventanilla todo lo que quisiera, pero si la troca iba a toda velocidad nunca nos oirían. Y, de todas maneras, ellos no querían parar sólo para ir al baño. El Indio tenía prisa de llegar. Cualquier parada significaría tiempo perdido, trabajo no realizado y dinero no ganado. Así que nuestra familia tenía prohibido, por mi papá, inclusive intentar golpear la ventanilla para parar. «O se aguantan, o se orinan en la bacinica». Ésas eran nuestras órdenes. Nos estaban haciendo un gran favor al llevarnos.

Mis hermanas odiaban orinar y mi hermano Luis odiaba ir encerrado. Él se sentaba lo más cerca que podía de la puertita de lona y era el primero que tocaba tierra cada vez que parábamos. Sus músculos, desesperados por ser usados, lo hacían correr alrededor de la gasolinera. Una vez iba casi dormido cuando la troca se paró en un alto. Brincó del piso de la troca y saltó hacia afuera. Todos tuvimos que golpear la ventanilla furiosamente y gritar para que pararan la troca. Luis corrió avergonzado y esperó a que le bajaran la escalera para poder subirse. Mi papá estaba furioso, pero así era Luis.

A mí me encantaba todo. La parte de atrás de la troca parecía casa de muñecas, con la calidad de una cueva secreta. Todos acostados en colchas y bultos. Yo podía apoyar la cabeza sobre el regazo de mi mamá cuando quisiera y nunca me mandaba a otro lado. Además, hasta me recogía hacía ella; para ella no había otra cosa que hacer más que arrullarme y platicar con La Güera.

Me senté cerca de Luis y miré hacia afuera por la puertita de lona. En la mañana, la neblina todavía abrazaba la tierra como un finísimo algodón. Estaba fresco afuera, pero yo estaba segura, abrigada y cubierta con una colcha, sentada a un lado de mi hermano mayor. Todo lo que pasaba afuera era desconocido y lo estaba observando desde la seguridad de este capullo cubierto por una lona que contenía a toda mi familia en él. Y ellos no tenían adónde ir, ni qué hacer aparte de estar conmigo.

Nos comimos los tacos de tortillas de harina con huevos revueltos y papas que mi mamá había llevado. Ella había cocido huevos duros también. Cuando se acabaron, tuvimos que comprar

salchichón y pan blanco en la tienda. ¡Qué delicia! El pan blanco
Rainbo era un lujo que mi mamá nunca se hubiera imaginado en
la casa.

El tercer día fue el más largo. Las sacudidas que nos daba la
troca verdaderamente lastimaban nuestras, ya muy adoloridas,
asentaderas y todo era aburrido. Rudy y Luis se gritaron el uno al
otro y casi se golpearon. Luis hasta dejó su lugar al lado de la
puertita de lona para alejarse de él. La troca dejó la carretera y
empezó a hacer muchos giros, dirigiéndose a los campos de
Minnesota. Nos estábamos acercando y ahora todos querían ir
viendo por la puertita de lona.

Ya mero se metía el sol cuando llegamos. La troca se paró a
la orilla del campamento de trabajadores migratorios y El Indio
nos dijo que descargáramos nuestras pertenencias mientras que él
y mi papá iban a averiguar las cosas. Sólo usamos un ojo para
descargar; el otro ojo quería ver dónde estaríamos durante los
próximos dos o tres meses. Tratábamos de comprenderlo todo de
una vez. Mi mamá sólo suspiraba.

El campamento era un grupo de cinco edificios. Uno pequeño con estructura de dos pisos, una casa alargada, dos
casitas pequeñas y una de tamaño mediano con la misma figura
de señal de alto. Estos edificios formaban una L. Cruzando el
camino de tierra del campamento estaba un enorme granero
abierto de un lado y un pequeño cobertizo para herramientas.
Detrás de donde nos habíamos estacionado estaba la casa del
ranchero con un jardín meticulosamente arreglado y con un
enorme patio cubierto de pasto y rodeado de pinos. Tratamos de
no fijarnos en eso; no era para nosotros. Nuestro hogar sería uno
de los cinco edificios.

Mi papá y El Indio regresaron con otro hombre. Él se presentó como el mayordomo, el mexicano encargado. Nos dijo que
el gringo regresaría enseguida y que tendríamos que esperar hasta
entonces.

El Indio nos había llevado a este rancho, pero su familia trabajaría en otro. Tenía prisa de llegar allá y acomodarse. Así que
nos despedimos y nos dejaron. El mayordomo también nos dejó
para ir a decirle al gringo que ya estábamos ahí. Aparentemente,
el gringo andaba en algún lugar en el campo.

Cuando nuestra familia estuvo sola, nos amontonamos muy juntitos cerca de nuestros bultos. Era a principios de mayo. Había una leve capa de nieve en el suelo de una nevada tardía. Nos paramos ahí temblando. Mi papá me recogió en sus brazos. Era la primera vez que él había hecho eso. —Esto va a ser nuestra casa por un tiempo, mija —su voz era baja y callada. Lo valiente había volado. Hasta él se oía con miedo, ahí con nuestros bultos en el suelo, a mil trescientas millas de todo lo familiar, sin carro y contando sólo con el poco dinero que le había pedido prestado a su hermano.

Sentí que su temor se filtraba de su cuerpo al mío por la desacostumbrada cercanía. Quería cambiar el tema y encontrar una razón para bajarme. Señalé hacia el granero y pregunté—: ¿Crees que esa sea una tienda donde venden dulces?

Todos se rieron y la tensión se rompió. —No, mija, aquí no hay tiendas en muchas millas a la redonda.

Insistí en que quería ir a ver por mí misma. Así que me bajó y caminamos hasta allá con Rudy, Luis y Diamantina.

Estaba ya casi oscuro cuando el mayordomo regresó con el gringo. Él nos dio la bienvenida y nos dijo que nuestra casa sería la casa de un cuarto, la que tenía forma de señal de alto. Teníamos lugar donde quedarnos.

La casa en forma de señal de alto tenía sólo una puerta y ventanas todo alrededor. Cuando cruzamos la puerta nos quedamos con los ojos cuadrados. Era sólo un cuarto enorme. La estufa de leña en el centro dominaba el cuarto. Mi papá salió para traer leña del montón que habíamos pasado. Había dos camas matrimoniales de metal y dos catres de lona. Inmediatamente me imaginé quién dormiría en cada lugar y supe que, como de costumbre, yo dormiría en el suelo. Ya estaba acostumbrada. Además de las camas, había una pequeña mesa de cocina y dos sillas.

No había nada más, ni una sola cosa más en el cuarto. Esto sería nuestra casa por los próximos dos o tres meses. En la casa de Tío Alfredo teníamos una hielera que tenía un bloque de hielo debajo. Aquí no había hielera, ni baño, ni sillas para nosotros los muchachos, nada. Mi papá parecía no notarlo. Camas, una estufa y una mesa en la cocina, era todo lo que él pensaba que era necesario para vivir. Sin mirar, sabíamos que habría una letrina en el solar. Nos sentamos en los colchones pelones, sin ganas de desempacar, ya que eso sería reconocer que ahí nos quedaríamos. Amá mandó a Delia a pedir una escoba prestada. Ella no podía proseguir hasta haber barrido.

Para cuando Apá empezó a prender el fuego, ya estaba completamente oscuro afuera. Las ventanas estaban descubiertas y el foco que colgaba de un cordón café en el centro del cuarto ayudaba muy poco a disipar la oscuridad y lo espantoso del nuevo lugar.

Cuando mi papá ya había prendido el fuego y ya había un poco de calor, dijo—: Ya, empiecen a desempacar.

Miramos alrededor, pensando que había algo que no habíamos entendido. No había cómodas en donde desempacar las cosas. Más tarde conseguimos cajas de madera en la tienda de comida para eso y para usarlas como gabinetes en la cocina.

No dijimos nada, sólo hicimos lo mejor que pudimos. Tendimos las camas, los catres y, para mí, un petate en el suelo. Encima de los colchones pusimos lo que mi mamá llamaba lonas. Éstas eran colchas de retazos de una sola capa hechas de viejos pantalones caquis y de mezclilla. Esperábamos que esto sirviera de protección entre nosotros y lo que hubiera en esos colchones que se hundían en el medio. Yo quería estar entre las dos camas matrimoniales, entre mis hermanas y mis papás, donde me sintiera segura. Mis hermanos se tenían que dormir en los dos catres. Pusimos la ropa debajo de las camas. Cubrimos las ventanas lo mejor que pudimos con sábanas, camisas y toallas. Pusimos las ollas y los sartenes en una esquina en el piso.

Y luego, nos fuimos a dormir. Agotados, desorientados e inquietos del mañana como estábamos, no nos podíamos dormir. Hicimos nuestro ritual de las buenas noches tal y como lo hacíamos cada noche en Texas, pero esa noche se podía escuchar el temor y nerviosismo en la voz de cada uno. Tal vez Dios se había equivocado en llevarnos hasta ahí.

Esa noche, hasta Apá, que siempre empezaba a roncar inmediatamente, estuvo mirando el techo por un buen rato. Las camas eran distintas, tal como lo era el cuarto y los ruidos del campo de Minnesota. La estufa de leña calentaba todo el cuarto, pero aún podíamos escuchar el viento aullando afuera. Temblábamos entre las colchas mientras el viento chiflaba por las ventanas mal selladas.

Delmira se movía y se volteaba. Yo sabía que ella seguía preocupándose silenciosamente. —¿Qué les diré a mis amigos cuando regrese a la escuela? —había dicho más temprano, mientras que la vergüenza se le derramaba como agua fría—. ¿Que fui a visitar a mi tío? ¿Unas vacaciones largas? ¡O que sólo Apá trabajó en los campos; a nosotros nos fue de lo mejor! Ellos sabrán que es mentira. ¿La verdad? ¿Ay, pero cómo?

Escuchamos que llegaba otro carro de trabajadores. Nos sentimos contentos de estar ya instalados. Con algo de que estar agradecidos, nos dormimos.

En la nueva luz de la mañana, escuché que Apá le echaba más leña a la estufa. El frío del piso y la emoción de una nueva vida me hicieron saltar de mi cama provisional. Me acerqué a la estufa a calentarme las manos, pero mientras me calentaba de enfrente se me enfriaba la espalda, así que me tenía que voltear y voltear. La estufa de leña era el corazón del cuarto. Lo primero que hacíamos por la mañana era juntarnos alrededor de la estufa, formando un círculo. Era nuestro lugar de consuelo, abrigo y cercanía familiar.

Me puse más ropa y me fui a la puerta de enfrente para ver cómo se veía el campo a la luz del nuevo día. Apá despertó a Rudy y le dijo que fuera al pozo a traer agua para lavarnos y para el café. Apá ya había andado caminando y había encontrado el pozo.

Pregunté si podía ir y seguí a Rudy afuera. Salimos de la curva que formaban los edificios que parecían una L. Caminamos por un sendero angosto y viejo que estaba lleno de matorrales. Rudy se encargó de sacar agua del pozo mientras que yo trataba de hacer nubes calientitas en el aire frío con mi aliento. Él llenó nuestra cubeta con la cubeta del pozo. El agua se veía clara y hermosa para mí. Al regresar a casa, nos encontramos a otros dos niños con sus cubetas, que también iban al pozo. Como el sendero era tan angosto, todos bajamos la mirada y caminamos sobre la hierba para evitar rozarnos. No confiábamos en nada todavía.

Amá había traído café de Texas. Hirvió los granos en una olla y le sirvió una taza a mi papá. Él tuvo que esperar a que los granos se asentaran para poder tomárselo. Nos comimos el pan que había sobrado del viaje; no había nada más.

Después del café, mi papá salió para arreglar un viaje a la tienda de comida. Cerca de ahí, en el pueblo de Sabin, estaba la «tienda de la compañía». Era una tienda de abarrotes pequeña y el gringo había hecho arreglos para que los trabajadores pudieran comprar comida fiada. Era la única tienda del pueblo. Las cuentas se pagarían cuando terminara la temporada. A los trabajadores sólo se les pagaba una vez, al final de la temporada.

Amá y Apá fueron con un vecino a comprar comida a Sabin. Se llevaron a Delia, por si acaso necesitaban un intérprete. Nosotros nos quedamos en la casa tratando de acostumbrarnos al lugar.

Cuando ellos se fueron, la esposa del ranchero nos trajo dos pollos congelados. Les dijo a mis hermanas que siempre que llegaban trabajadores nuevos, ella limpiaba su congeladora para darles la comida y luego la volvía a llenar con comida fresca.

A Delmira se le puso la cara roja de vergüenza y coraje cuando escuchó eso, pero se mordió la lengua para no decir lo que quería decir. No quiso ofender a nadie en nuestro primer día ahí, así que sólo dijo «gracias» y la maldijo en español después que cerró la puerta. Azotó los pollos sobre la mesa y dijo que los iba a tirar antes de que mis papás llegaran a casa, pero nosotros no la dejamos.

Después de que los adultos ya se habían ido, los muchachos trajeron unos troncos grandes y redondos del montón de leña para usarlos como sillas. Diamantina y yo tendimos las camas.

Ellos regresaron con lo principal: café, azúcar, veinticinco libras de harina blanca en costal de tela, manteca, levadura en polvo, huevos, papas, frijoles pintos, fideos, cebollas, cominos, ajo, sal y paquetes de Kool-Aid para preparar algo de beber para los muchachos. Lo extra era un pedazo de tocino para darle sabor a los frijoles y tres cuartos de leche. Como el viento pegaba primero en la ventana, ahí poníamos la leche que no nos tomábamos ese día para mantenerla fresca. Nunca había suficiente leche, así que todos mis hermanos y hermanas tenían dientes pequeñitos. Mi mamá trajo un dulce para cada uno de nosotros y una tirita de dulce de regaliz para ella.

Les enseñamos a Amá y Apá los pollos congelados. Apá sonrió de oreja a oreja, convencido de que el tipo con el que nos estábamos quedando era un buen gringo. Él se sintió bienvenido y bien tratado. Miramos a Delmira, pero ella bajó la mirada y no dijo nada.

Nos comimos nuestros dulces mientras que Amá preparaba la comida del mediodía. Una señora de la casa de al lado vino a platicar con mi mamá. Ella había estado ahí varios años, dijo, y nos habló de la rutina. Nosotros empezábamos a sentir que por fin habíamos llegado. No lo sabíamos entonces, pero esa casa en forma de señal de alto sería nuestra casa de verano en Minnesota por los próximos seis años.

Cuando mi papá nos dijo que nos iríamos a Minnesota con El Indio, a trabajar en los campos de betabel, todos reaccionamos de diferente manera —silenciosa e internamente—; nunca decíamos nada. Él iba a llevar un grupo de niños a Minnesota, pero no lo veía de esa forma. Mi papá no sabía nada de niños. Él nos trataba como adultos y esperaba que reaccionáramos como adultos. Nosotros éramos un equipo de trabajo.

Delia estaba en su primer año de preparatoria. Era el primero de mayo. Tendría que dejar al muchacho que le sonreía secretamente en el pasillo. A su amiga Chayo también le gustaba él. ¿Se acordaría el muchacho de Delia cuando regresara en septiembre o sería Chayo la que habría triunfado?

Delmira miraba alrededor de su clase del octavo grado, llena de jugos adolescentes. Ella faltaría a la ceremonia de graduación al final del año escolar. No sabía cómo explicarles que la estaban sacando de la escuela para llevársela en la parte de atrás de una troca cubierta con una lona para trabajar en los campos. Sabía que sus respuestas serían crueles y decidió enfrentar el problema al final del verano. Así que no le dijo nada a nadie, sólo salió de la escuela al terminar el día y con una sonrisa falsa dijo—, ¡Te veo mañana! —y no regresó hasta septiembre.

Luis, que iba en el sexto grado y era muy hombrecito, no estaba tan mortificado. Así que hasta les presumía a sus amigos que él estaría haciendo un trabajo de hombres ese verano. Pero en el fondo de su corazón tenía miedo. Él había trabajado en los campos de cacahuate por años, pero se imaginaba que los campos de betabel serían aun más crueles y Apá un jefe muy exigente.

Diamantina, que iba en el quinto grado, estaba aterrorizada. De todas maneras se preocupaba por todo y quería salir bien. ¿La harían trabajar todo el día? ¿La harían ir a una escuela nueva? ¿Habría gringos ahí? ¿O habría una escuela mexicana para los trabajadores? Deseaba que así fuera. A ella no le gustaban los gringos, porque la hacían avergonzarse de sus vestidos usados. Se mordía las uñas hasta que le sangraban y luego se mordía la parte interior de los labios. En la noche, no se podía dormir del dolor en las puntas de los dedos.

A Rudy, que iba en el cuarto grado, no le importaba nada. A él no le importaba decirle a nadie, pero tampoco lo consideraba un secreto feo; sólo haría lo que fuera necesario. Él era el que mejor respondía a la necesidad de mi papá de tratarnos a todos como adultos, aunque fuéramos pequeños.

El gringo, dueño del rancho, y el mayordomo vinieron a ver a Apá un día después de que llegamos para hablar de nuestra educación. Todos los muchachos del campamento de trabajadores en edad escolar tenían que ir a la escuela hasta terminar el año o el gringo se metería en problemas.

Este era un evento inesperado para mi padre. Pero, después de todo, estaba contento. Su sueño era que todos nosotros termináramos la preparatoria y que tuviéramos una vida mejor que la que él llevaba. Así que le dijo a mi mamá que nos alistara a todos para ir a la escuela.

Amá, abrumada con todos los nuevos retos, explotó—: ¡Yo no sabía que tendrían que ir a la escuela! ¡Tú me dijiste que empacara lo menos posible! ¡Solamente trajimos ropa de trabajo! ¡Las muchachas nomás trajeron dos vestidos para usarlos en caso de que tuvieran un día de descanso! ¿Cómo quieres que yo vista a cinco niños por un mes para que vayan a una escuela de gringos cuando no trajimos nada? ¡Tendré que lavar ropa todos los días después de trabajar en el campo todo el día! ¡Esto es el colmo!

Mi papá se quedó un poco afligido como siempre que mi mamá le reclamaba algo con razón. Él murmuró que tenía que arreglárselas de todas maneras y se salió a afilar los azadones.

Cuando él se salió, mi mamá comenzó a llorar. Nosotros la miramos sin poder hacer nada. Delia dijo—: Amá, Delmira y yo lavaremos la ropa de todos cuando regresemos de la escuela. Es sólo por un mes. Nosotros lo podemos hacer, Amá. Tú para nada tienes que lavar ropa.

Amá se sonó la nariz en el pañuelo que siempre cargaba en su bolsa. —Yo no sé cómo ese viejo nos pudo traer tan lejos, tan desprevenidos.

A la mañana siguiente, mientras Apá y Amá se preparaban para ir al trabajo, todos se alistaron para ir a la escuela, menos yo.

Como era el primer día de escuela, los papás miraban desde la puerta y esperaban hasta que el autobús viniera antes de irse a los campos. Nos fuimos a la parada del autobús todos amontonados, juntitos. En Texas nos peleábamos constantemente, pero aquí el temor y el frío de la mañana nos hacían nuevamente manitos cariñosos. Yo fui a la parada del autobús a esperar con ellos.

Delia, Delmira, Luis, Diamantina y Rudy esperaban ahí amontonados y nerviosos. Iban a llegar a una nueva escuela sin ser anunciados. Se tenían que inscribir solos, claro. Mis papás no sabían inglés, ni nada de papeles.

Las tierras de cultivo de Minnesota son tan planas como una mesa, uno puede ver por millas hasta el horizonte. Nos fuimos a la parada del autobús demasiado temprano. Era a principios de mayo y estaba helando por la mañana. El viento soplaba directamente hacia nosotros sin que nada lo parara.

Mis hermanos no estaban vestidos adecuadamente para el clima. Estaban vestidos para un caluroso día de escuela en Texas, como siempre lo habían hecho. El aire frío se colaba por la camisa de Luis, que había sido lavada cien veces. El miedo a lo desconocido del autobús y de la escuela los enfriaba todavía más. ¿Tendrían que sentarse en la parte posterior del autobús porque eran mexicanos? ¿Se tendrían que sentar junto a los gringos en la clase? ¿Qué dirían de su ropa? Cosas maliciosas probablemente.

Diamantina era la más chaparrita y Rudy era el menor. Ella se quebró primero. Llevaba puestos unos calcetincitos de nailon con unos viejos zapatos de charol que habían sido de Delmira y que todavía le quedaban un poco grandes. El aire frío atravesaba por los vellitos de sus piernas y le ponía la piel de gallina. El viento se colaba por su vestido de algodón, como si fuera un cedazo y le levantaba la bastilla. El viento se le coló hasta el fondo del corazón, donde las lágrimas estaban esperando. Y se le salieron. Los demás se apresuraron a consolarla, pero también tenían ganas de llorar.

Rudy fue el primero que vio el autobús que venía, un punto amarillo en el horizonte sin forma definida. Se tranquilizaron a fuerza. Delmira limpió las lágrimas de las mejillas de Diamantina con la parte interior de la bastilla de su vestido. Se tragaron el miedo como una enorme y horrible pastilla. Tenían que ser valientes, viniera lo que viniera.

Me quedé ahí parada viendo como se alejaba el autobús. Mis hermanos y hermanas harían lo que tuvieran que hacer; como siempre lo habían hecho. Me sentí desamparada y abandonada. Habíamos estado juntos, todos nosotros, por días. Cuando regresé con mis papás, vi un Ford negro que se paró junto al campamento. Tres monjas con hábitos negros se bajaron del coche y se dirigieron a la casa en forma de señal de alto, donde mi papá estaba afilando los azadones en el escalón de enfrente. Corrí para llegar primero.

Entré corriendo y le dije a mi mamá que teníamos visita. Cuando ella salió, las monjas le preguntaron que quién cuidaría a los niños mientras que los papás trabajaban en los campos. Era la primera vez que mi mamá había ido con seis hijos a hacer trabajo en el circuito de trabajadores migratorios. Dijo que no sabía.

Las monjas se ofrecieron llevarse a los más pequeños durante el verano. Dijeron que sólo les costaría lo que pudieran pagar, un dólar por semana. Era una caridad que la iglesia ofrecía para los trabajadores migratorios.

Mi mamá se sintió obligada a mandarme con las monjas. Dejarme a la orilla del campo era peligroso, ya que los surcos de betabel medían media milla de largo y yo sólo tenía tres años. Mi hermana de once años, Diamantina, era muy joven para trabajar.

Las leyes de labor infantil especificaban que uno tenía que tener por lo menos doce años para poder trabajar en los campos. Así que Diamantina se iría conmigo y sería educada ahí. Rudy también era muy joven para trabajar, pero porque él era Rudy, un hijo varón, él no tenía que irse con las monjas.

Nos llevaron el domingo. Apá pidió un carro prestado y todos fueron. Amá lloró en silencio y suspiró desesperadamente todo el camino. Todos los demás se quedaron callados. Apá manejó más rápido que de costumbre, deseando que el momento pasara pronto.

Cuando llegamos, Apá nos dio a cada quien veinticinco centavos. Nos dijo que nos vendrían a visitar la próxima vez que lloviera y que no se pudiera trabajar en los campos, si es que podía conseguir carro prestado.

La escuela era enorme, con un patio de asfalto y una cerca alta de hierro forjado alrededor. Cuando ya era hora Diamantina y yo nos agarramos de las barras y sacamos la cabeza para decirle adiós a mi mamá, a mi papá y a todos los demás. Sentíamos que el abandono y la tristeza nos ahogaban. Y todavía era de día.

Cuando llegó la noche, entonces sí supe lo que era sentirse abandonada. Nos llevaron a un cuarto enorme, un gimnasio con largas hileras de catres, que se parecían a los largos surcos de betabel que habíamos dejado. Ahí era donde todos los niños se acostaban juntos. Gracias a Dios me dieron un catre junto a mi hermana. Cuando se me empezaron a salir las lágrimas, me tapé con la sábana. No quería llorar. Quería ser fuerte, como le gustaba a mi papá, pero las lágrimas no me obedecían... y seguían mojando la pequeña almohada.

—Diamantina —le dije a mi hermana muy quedito— ¿me das la mano? Tengo miedo y me siento muy triste. Yo quiero a mi mamá... no quiero estar aquí.

—Shhh, cállate. No tengas miedo. Dame la mano. Yo te voy a cuidar. No tengas miedo.

Las monjas se paseaban entre las hileras de catres. No quería que me vieran llorar. Ni siquiera quería que me vieran. Cerré muy fuerte los ojos para detener las lágrimas y para que mi corazón se hiciera fuerte. Pero el nudo en la garganta no se iba y me sentí todavía más sola y triste.

Apreté fuerte la mano de mi hermana… era lo único que me unía con la vida que había conocido hasta entonces. Ella también me apretó. Entonces me sentí menos sola. Y el nudo en la garganta se hizo más pequeño. Las lágrimas se me secaron en las mejillas y soñé.

Soñé que era un día hermoso con un cielo azul y unas nubecitas de algodón. Estábamos en el parque y yo traía un hermoso vestido amarillo y unos zapatos de charol. Mi Amá me tomaba de la mano. Ella se sonreía y en la cara se le notaba que estaba llena de felicidad. Cerca de nosotros estaban mis hermanos y hermanas con mi papá. Alguien había dicho algo chistoso y todos se reían, especialmente mi Apá. Me sentía dichosa de estar en el centro de mi familia, amada y cómoda.

Empezamos a jugar en los juegos del parque. Me subí a las resbaladillas. Era muy alta. Cuando llegué a lo más alto, me detuve. Todos se veían pequeños allá abajo y me asusté. No quise ser cobarde y regresarme por la escalera. Y, además, había un niño pequeño detrás de mí. Tuve que arrancarme. Me fui con todo mi miedo y el cabello enredado volando detrás de mí. Cuando llegué abajo, mi hermana Delmira me agarró entre sus brazos. Una vez más me sentí dichosa y feliz de tener tanta gente que me quería.

A la mañana siguiente, las monjas nos hicieron inclinar la cabeza y rezar a Dios por los alimentos. Yo recé para que lloviera.

Durante el recreo un paletero vendía paletas de hielo a través de las barras de la cerca. Costaban cinco centavos cada una. Mi hermana sacó nuestras monedas de su calcetín y compró una para cada quien. Eran amarillas y tan deliciosamente frías como para combatir el calor que salía del asfalto del patio de juegos. El día siguiente sólo compramos una y la compartimos para guardar nuestro dinero.

—¿Tú crees que vendrán por nosotras? —le pregunté a Diamantina mientras chupábamos por turnos la paleta de hielo.

—¡Claro que van a venir, tonta! —dijo ella. Pero luego su mirada se volvió triste y perdida.

Me los imaginaba azadonando el betabel y me preguntaba si pensarían en nosotras mientras lo azadonaban. Tal vez Apá desearía habernos dado más monedas por si acaso no llovía por un buen tiempo. Tal vez Amá extrañaba que pusiera la cabeza sobre su regazo después de la cena, cuando todo el quehacer estaba hecho. Yo también lo extrañaba. Su delantal se había suavizado por haber sido lavado mil veces. Olía a tortillas y cena y jabón. Ella me sobaba la cabeza con los dedos.

Tal vez Amá tenía ganas de llorar mientras azadonaba, igual que yo en la escuela.

Cuando Amá escribió una carta, hice que Diamantina la leyera muchas veces. Especialmente la parte donde decía «Su Amá, que las quiere y las aprecia.» Ella me dejó dormir con la carta debajo de mi almohada y durante el día me la guardé en el calcetín. El sudor del recreo la humedeció y las letras se volvieran borrosas, pero no importaba. De todas maneras yo no sabía leer.

Una noche, un trueno me despertó de un sueño profundo. Para cuando se oyó el próximo relámpago, yo ya tenía los ojos desorbitados.

Me di la vuelta para ver a Diamantina y vi que ella también estaba despierta. Los truenos habían despertado a algunos de los chiquitos y estaban llorando. Yo nunca le había tenido miedo al clima, aunque a mi mamá sí le daba miedo. Me encantaba lo salvaje de los truenos, los relámpagos y la lluvia. Tal vez era un reflejo de mi naturaleza salvaje.

—¿Tú crees que vengan mañana? —le pregunté.

—Tal vez no esté lloviendo donde ellos están. Tal vez sólo está lloviendo aquí —contestó ella.

Esa era una posibilidad desalentadora.

Como siguió lloviendo toda la noche hasta el amanecer, empezamos a abrigar ciertas esperanzas. La lluvia paró como a media mañana. Con el alma en un hilo, esperamos todo el día. Cada carro que pasaba pensábamos que eran ellos.

Después de la cena, ninguna de las dos hablamos. De todos modos, las palabras no nos servirían de nada. Nuestras mentes estaban nadando en desilusión. Estábamos envejeciendo muy rápido. Una parte de nuestra niñez se estaba muriendo.

En la cama, miraba fijamente el alto techo del gimnasio. Mis ojos se llenaban y se vaciaban de lágrimas mientras los pensamientos tristes venían como olas. Diamantina también estaba llorando.

La mañana siguiente, estaba en la sala de recreo, sintiéndome terriblemente sola. La casa de juguete de tres pisos, más alta que yo, y los bloques no me interesaban para nada. Miré a las monjas y salí corriendo del cuarto, hacia el pasillo, fuera del edificio y crucé el patio de asfalto de la escuela, mientras que las monjas iban gritando y corriendo detrás de mí.

Ya que no podía estar con mi familia, estaba totalmente decidida a estar con mi hermana. Luché con la enorme puerta de la iglesia, corrí por la nave y me arrojé sobre Diamantina, que estaba practicando para su primera comunión. Me envolví alrededor de sus piernas, lloriqueando y gritando. Las monjas llegaron casi sin aliento. —Se salió. No debe estar aquí —dijeron jadeando. Trataron de tomarme de la mano, pero yo me enterré más en las piernas de mi hermana. Avergonzada, ella trató de hacerme entender. Yo no tenía conciencia de lo que estaba pasando, no podía escuchar, sólo gritaba más fuerte. Sentía como si el alma se me fuera a desprender. Se armó tal desmadre enfrente del altar, que hasta el sacerdote salió de la sacristía para ver.

No les podía decir lo que ocurría dentro de mí. ¿Cómo podría? Tal vez si gritara más fuerte lo sabrían. Mis gritos salvajes lo explicarían todo. Diamantina lo podía ver. Ella me miró a los ojos y comprendió.

Y el conflicto empezó para ella. Todos esos adultos querían que nos comportáramos bien. Con mis gritos y mis ojos suplicantes, que no se podían despegar de ella, le rogué que me ayudara. No pudo. Era demasiado pequeña, tenía sólo once años de edad y, además, mi papá le había enseñado muy bien a obedecer.

—¿Qué pasó? —preguntó Diamantina. Sólo grité y sacudí la cabeza violentamente. No podía decírselo, no ahí, enfrente de toda esa gente.

Me abrazó y lloró también, pero silenciosa y desesperadamente.

—Shhh, ya. Tienes que regresar con ellas —dijo muy quedito.

—¡NOOOOO! ¡NOOOOO! —le rogué, pero sabía que no podía vencer a toda esa multitud. Ellos harían lo que quisieran conmigo.

Me despegaron de ella, aún gritando, pero eran gritos sin esperanzas, porque ya sabía que no había ayuda para mí.

Ella las observó mientras me sacaban de ahí, pero la perdoné. No podía hacer más, yo lo sabía.

Después nos enteramos que mi papá no había podido conseguir un carro prestado. Naturalmente, el primer día en que no hubo trabajo a causa de la lluvia, todos los trabajadores querían usar sus carros para ir al pueblo... para comprar comida, para comprar provisiones que habían olvidado traer, como guantes para trabajar y afiladoras para afilar sus azadones.

Toda nuestra familia hubiera querido visitarnos, pero él no lo pudo hacer realidad. La impotencia había enloquecido a mi papá. Así que habló con el mayordomo para pedirle ayuda para comprar un carro usado. Ya era obvio para el mayordomo y para el gringo que mi familia era trabajadora y confiable. Juntos, Apá y el mayordomo fueron a hablar con el gringo y éste aceptó darle por adelantado el dinero para comprar un carro usado si mi papá prometía regresar el año próximo a ese rancho. La mitad del dinero se lo cobraría este año y el resto el próximo año. El dinero se lo descontarían de su cheque al final de la temporada.

La siguiente vez que llovió, llegaron radiantes y muy temprano en un Chevy gris con blanco. Parecía que era navidad. Ahora podía adorar la lluvia de nuevo, aunque la vez pasada me había decepcionado. Mis hermanos y hermanas estaban muy contentos de vernos, emocionados de tener un día de fiesta y contentísimos por nuestro carro. Mi papá con mucho gusto nos paseó por el pueblo.

Nos paramos en una tienda y compramos bocadillos para un picnic. Comimos en una mesa del parque rodeados de pasto que brillaba iluminado por los rayos del sol después de la lluvia. Nunca antes había estado tan feliz.

Cuando nos dejaron esa tarde, no fue tan triste. Los extrañaríamos. Pero ahora sabíamos que ellos también nos habían extrañado. Ahora teníamos un carro, cuando anteriormente no teníamos nada. Las cosas iban bien.

Al día siguiente, en el recreo, me di cuenta de que Apá se había olvidado de darnos monedas para las paletas de hielo. Diamantina dijo que ella se había acordado, pero que tuvo miedo de pedirle. Mirábamos deseosas a los otros niños con sus paletas de hielo.

Cuando Diamantina abrió la siguiente carta de Amá, se cayó un dólar. La carta decía:

Diamantina y Elva, mis hijas,

Pienso en ustedes todos los días. Mi deseo es que Dios nos reúna pronto.

Se nos olvidó darles dinero para las paletas de hielo. De regreso, su papá venía diciendo, «¿Cómo se me pudo olvidar darles dinero?»

Aquí todo es lo mismo. Los campos estaban muy mojados al principio, pero ahora ya casi están secos.

Mis hijas, cuídense una a la otra.

Su mamá, que las quiere y las aprecia,

Olivia P. Treviño

Delmira había puesto dos listones rojos para mis trenzas en el sobre. Me los ponía todos los días, sintiéndome hermosa y querida.

Después de habernos dejado con las monjas por tres meses, la familia entera vino a recogernos a fines de julio. La temporada de entresacar y desyerbar el betabel había terminado. La cosecha de betabel no empezaba hasta mediados de septiembre. Todos los trabajadores empacaron y se fueron a otros lugares a trabajar por un mes y medio. Apá dijo que seguiríamos la troca de El Indio hasta Wisconsin.

—Te hicimos un lugar aquí —me dijo Delmira, apuntando la repisa del asiento de atrás. Habían puesto una sábana y una almohada. La repisa era del tamaño perfecto para mí, exactamente del largo de mi cuerpo y bastante ancha.

—Amá, ¿tienen monjas en Wisconsin? —pregunté cuando ya estaba acomodada.

—Pos, quién sabe… Ella nunca había estado en Wisconsin, como tampoco había estado antes en Minnesota, así que ¿cómo esperaba yo que ella supiera?

—Sí, sí tienen —dijo Rudy, mirándome hacía arriba del asiento de atrás—, y te vamos a dejar ahí. Pero no te preocupes, te vamos a recoger el próximo año cuando regresemos.

Le di un coscorrón lo más fuerte que pude, pero como había hecho reír a todos a él no le importó.

—¿Apá, me tengo que quedar con las monjas en Wisconsin?

—No sé hija, pronto veremos —dijo. Él no me estaba poniendo mucha atención porque estaba concentrado en ir pegado detrás de El Indio. No quería perderse en el camino.

Íbamos al rancho donde la familia de El Indio se había quedado el año anterior. Él nos había advertido que Wisconsin no era como Minnesota, ya que nada era seguro allá. Si los campos estaban listos, entonces encontraríamos trabajo. Si no había campos listos para cosechar, entonces uno se iba a otro rancho o se iba al lago a la pesca. También, en Wisconsin, la temporada era corta y no había contratos con los trabajadores, así que la gente iba a diferentes ranchos cada año.

El rancho a donde fuimos ese primer año tenía mucho trabajo pero no tenía lugar donde hospedarnos de inmediato. La casa donde nos quedaríamos estaba rentada y los inquilinos no saldrían hasta después de varios días. Al ranchero le urgía que sus campos se trabajaran y por eso nos dijo que nos podíamos quedar en el granero hasta que se desocupara la casa.

¿El granero? Todos miraron a Apá, alarmados. El granero era para marranos y vacas.

—Sí, bueno —dijo él. El granero le parecía bien siempre y cuando hubiera trabajo. Las comodidades no importaban; estábamos ahí para trabajar y ganar dinero. Nadie podía discutirle. Pero todos, incluso Rudy, se miraban turbados y avergonzados.

El granero ya no se usaba para animales, pero estaba lleno de máquinas viejas. Había varias carretas viejas, en algún tiempo jaladas por caballos, que tuvimos que mover para tener suficiente espacio para vivir ahí por unos días.

El trabajo en Wisconsin era cosechar ejotes, pepinos y, ocasionalmente, tomates. Los campos de pepino se cosechaban varias veces en la temporada. Una máquina los escogía por tamaño y por los más pequeños pagaban más. Los surcos eran cortos, así que nuestro carro estaba cerca. Yo miraba por todos lados para ver si venían monjas, pero no apareció ninguna. Como no se requería de mucha habilidad, en Wisconsin hasta Diamantina trabajaba, ya que sólo había que recoger la fruta de la planta. Todos los hijos estaban acostumbrados a este tipo de trabajo. Ellos habían cosechado cacahuates por años en la tierra de aparcero de Apá cuando vivíamos en el rancho de los McKinley. Aunque, el hecho de estar acostumbrados no quería decir que les gustara. En realidad, lo odiaban más que a los campos de betabel. En Minnesota, trabajaban parados, sólo tocando el azadón. Con excepción de los días después de una lluvia, se podían mantener casi limpios. Pero no en Wisconsin. Para cosechar ejotes y pepinos, uno tenía que meter las manos entre la planta, que siempre estaba mojada por el rocío de la mañana. En media hora los guantes y la camisa estaban empapados hasta los codos. Después de que el sol las secaba, las espinitas de las plantas te daban comezón. Al principio uno no podía decidir si era mejor trabajar agachado y que le doliera la cintura o sentarse en cuclillas y que le dolieran las rodillas. La mayoría de las personas empezaban a trabajar agachadas, pero después del primer día preferían que les dolieran las rodillas. Por lo menos el dolor de rodillas se localizaba. El dolor de cintura los hacía sentirse mal de todas partes. Mi trabajo consistía en llevar la cubeta de agua y el cucharón cuando Apá decidía descansar.

Como lo habían prometido, sólo estuvimos en el granero por algunos días. La casa a la que nos mudamos era una casa de rancho de dos pisos, que probablemente alguna vez había sido ocupada por el dueño. Estaba arriba de una loma y rodeada de campos. De un lado, el terreno estaba casi nivelado, pero del otro lado, el terreno estaba inclinado. Al pie de la loma estaba un campo dorado de trigo maduro. Al otro lado del campo de trigo había un arroyo en el que, según decían, había muchos peces. Rudy se moría por ir a pescar en el arroyo, pero no se le concedería por un tiempo. A la familia de El Indio le tocó el piso de arriba y nosotros nos mudamos al piso de abajo. Como nunca había estado en una casa de dos pisos, yo estaba fascinada con los escalones. Pero Apá me prohibió subir, porque quería asegurarse de que nuestros vecinos del segundo piso tuvieran privacidad. Así que me escapaba y subía hasta la mitad y corría hacia abajo si escuchaba que alguien venía. A Rudy y a mí nos tocaron camas de litera. Él me hizo tomar la de abajo, por supuesto.

Aunque las monjas nunca vinieron, aún me sentía sola y apartada de la familia. Hasta Diamantina formaba parte de ellos ahora. Yo pasaba horas a un lado del carro a solas.

Ese año la cosecha fue abundante y el trabajo fue continuo, siete días a la semana por varias semanas. El tiempo pasó rápido y para principios de septiembre, ya podíamos sentir el frío en el aire y oler la venida del invierno. Los sicomoros ya estaban soltando sus hojas. Llegó el día, finalmente, que ya no hubo campos listos para cosechar. El ranchero quería esperar dos días más y luego hacer la última cosecha de la temporada.

Apá fue al pueblo a comprar carne para el asado. Le pidió a Luis que recogiera las hojas mientras él se iba. Rudy finalmente se iba a ir a pescar en el arroyo en el otro lado del campo de trigo. Él prometió regresar para el mediodía. Me quedé viéndolo descender la loma, porque no quiso llevarme. Para cuando llegó al otro lado del campo, se veía como un puntito negro en el trigo de oro. Amá y mis hermanas lavaron la ropa temprano. Para el mediodía las sábanas estaban sacudiéndose en la brisa sobre el pasto verde.

Delmira prendió la radio al mismo tiempo que Apá prendió el fuego para el asado. Todos contentos, se reunieron en el patio. Apá estaba emocionado con nuestro éxito y nuestras posibilidades para el futuro. Nunca lo había visto tan contento. La generosidad y la celebración estaban a la orden del día. Carne en la parrilla, la radio tocando y dos días de descanso. Todos conversaban muy contentos.

Me fui al portal de enfrente sola. Desde ahí los podía escuchar a todos riéndose juntos en el patio. Ahí, como con las monjas y luego después en los campos de Wisconsin, me sentía apartada de todos. Hablaban entre ellos mismos y yo estaba sola, como siempre.

Viendo el montón de hojas que Luis había juntado, me tiré en medio. Suaves y crujientes al mismo tiempo. El cielo azul claro sobre mí. Por encima de la casa, podía ver el humo del asado.

Esto me dio una idea. Fui a la cocina donde Amá guardaba sus fósforos para la estufa de gas. Iba a prender sólo una hoja y tener mi propio fueguito... todo mío, como ellos tenían el de ellos.

Pero me quemé los dedos y solté la hoja, aún prendida. Se calló en el montón de hojas. Antes de poder pensar o moverme, tenía una hoguera. Aterrorizada por lo que pudiera hacerme mi papá, corrí hacia dentro y me subí a mí cama, llorando de miedo.

Muy pronto, miraron el humo y vinieron corriendo. Con muchos gritos, lo apagaron. Pensé que mi vida llegaría muy pronto a su fin.

Los podía escuchar y sentir dirigiéndose a la casa, especialmente Apá. No dijo nada por un minuto, pero lo podía sentir ahí al lado de la cama, con el resto de la familia parada detrás de él. Yo no podía abrir los ojos.

—¿Tú les prendiste fuego a las hojas? —preguntó.

—Sí —la palabra apenas audible, aun para mí. Mantuve los ojos bien cerrados.

—No debiste haber hecho eso —la ternura en su voz me sorprendió tanto que estuve a punto de abrir los ojos. Él había estado sintiéndose grandioso y su generosidad me alcanzaba incluso a mí—. Pudiste haber quemado la casa y nos habríamos lastimado. ¿Entiendes?

—Sí. Me palmeó torpemente y se fue. La tormenta que yo había esperado ya había pasado y el sol había salido. Abrí un ojo. Rudy me estaba mirando, enojado y con reproche. Cerré el ojo rápidamente y me di la vuelta hacia la pared.

Cuatro días después salimos para Texas. Muchos de los trabajadores, incluyendo la familia de El Indio, regresaron a Minnesota para trabajar en «el tapeo», el corte y la cosecha de betabel. El ranchero de Minnesota quería que regresáramos, pero Apá insistió en que sus hijos regresaran a su escuela regular. Su sueño era que todos nosotros termináramos la preparatoria. Los muchachos no llegarían al principio del año escolar, pero no perderían tanto. Así que decidió privarse del dinero que hubiera ganado quedándose otro mes.

Capítulo 2

Más enseña la adversidad
que diez años de universidad.

—Chaataaa… ¿Ya volvieron? —preguntó Rosendo, el vendedor de verduras, aunque no hubiera entrado a nuestro patio si no supiera que ya habíamos regresado. Era nuestro primer día de regreso a Pearsall, pero Rosendo ya se había enterado de que habíamos vuelto al pueblo en el camino. Como de costumbre, una incipiente barba blanca cubría su rostro. En los hombros cargaba un balancín con dos canastas enormes. Cuando salimos a la puerta, se agachó para dejar las canastas sobre el portal y luego dejó el balancín sobre ellas.

—¿Cómo les fue en Minnesota? —preguntó.

—Pos como la pura fregada. Pero ya estamos de regreso, gracias a Dios —contestó Amá, ya escogiendo los tomates. Ella volteaba cada uno para mirarlos por todos lados.

—¿Supiste que la hija de Celia tuvo gemelos? —Rosendo chismeaba como una mujer. Como hablaba con amas de casa todo el día, eso era parte de su trabajo.

—Claro que no; ¿cómo voy a saber si acabamos de llegar?

—Sí… nacieron todavía en la bolsa. La partera tuvo que romperla para sacarlos. Pero nacieron bien. Ahora la muchacha tiene uno en cada pecho.

—¿Y esa muchacha es casada?

—No. El padre es de México. Cuando se enteró de que la muchacha estaba gorda, se desapareció y nadie sabe de él.

Amá escogió tomates, cebollas y chiles de las canastas de Rosendo. Le pagó y él se agachó para colocarse de nuevo el balancín. Supe que ahora todo el mundo iba a enterarse de que habíamos regresado. Todavía sonreía cuando se enderezó. La enorme carga no parecía molestarle para nada.

—¿Quieres que pase por aquí el viernes? O quieres que espere hasta la próxima semana.

—Ven el viernes. Estos muchachos míos comen mucho.

Esperé para ver si me daba pilón. Un racimito de uvas tal vez. Si me lo daba, yo se lo daría a mi mamá después de que él se fuera, ya que las uvas eran su fruta favorita, pero ella las consideraba un lujo. Un pilón era algo que sólo se esperaba de los vendedores mexicanos; los gringos nunca daban pilón, pero los tendajos y los vendedores mexicanos frecuentemente lo daban. Si el pedazo de carne pesaba una onza más de la libra, tal vez el carnicero daba la onza gratis como pilón, para endulzar la compra. O quizás la esposa del abarrotero le daba a un niño un dulce de centavo como pilón cuando la mamá compraba comestibles allí.

Pero no, Rosendo era demasiado pobre para dar pilón. —Bueno, adiós. ¡Qué Dios los bendiga! —dijo al salir de la puerta del jardín hacia la calle.

Yo estaba sola en la casa con Amá. Mis hermanos se habían ido todos a la escuela. Tío Alfredo se había ido en la madrugada a trabajar al rancho de los McKinley donde hacía de mayordomo. Amá empacó bastantes tacos de tortillas calientes para él, algo que él había extrañado mucho mientras estuvimos ausentes. Apá también se fue temprano, en su nuevo carro usado, para ver si encontraba trabajo ahora que estaba de regreso en el pueblo.

Amá se metió para empezar a preparar la comida de mediodía. Ella había preparado comida para los más chicos, pero Delia y Delmira se avergonzaban de llevar tacos de tortilla para la comida. Temían que los gringos se burlaran y dijeran cosas horribles. Todavía tratábamos de esconder nuestra mexicanidad, porque aún no creíamos que fuera imposible. Así que ellas caminaban una milla a la casa para comer a mediodía. Tenían que caminar rápido, comer rápido y caminar rápido de regreso para llegar antes de que sonara la campana.

Separé el frijol pinto para Amá, sacando todas la piedritas y el frijol partido. Luego me mandó al tendajo, una tiendita a tres casas de distancia para comprar un pedazo de carne de puerco para darle sabor a los frijoles. Cuando regresé Amá estaba haciendo tortillas.

Tortillas de harina. Montones de tortillas recién hechas tres veces al día. Amá siempre estaba ocupada, siempre moviéndose, encargándose de todo a su modo. Tiraba harina en una sopera, le agregaba la manteca rápidamente y luego la rociaba con agua casi hirviendo. La masa, limpia y de color crema, se parecía a la suave piel de su cara, casi transparente de tan limpia.

Rápidamente transformaba la sopera llena de ingredientes blancos en un montón de testales suavecitos, montículos de masa como panecitos.

Luego empezaba a alistar el comal. Cuando el comal de hierro se ponía casi al rojo vivo, mojaba un trapito y lo pasaba sobre el comal para limpiarlo. El trapito chillaba haciendo un ruido limpio y caliente. ¡Listo!

Tomaba el palote y empezaba a extender la primera tortilla. Una, dos, tres volteadas y ya estaba lista. La arremolinaba en el comal. Mientras la tortilla absorbía el calor, burbujeaba un poco. Para cuando un lado estaba cocido y la tortilla estaba lista para voltear, ella ya había extendido otra. El aroma de las tortillas cociéndose sobre el comal caliente cubría completamente el olor de la masa húmeda.

Arremolinaba la segunda hacia el segundo lugar en el comal, volteaba la primera, apretaba las burbujas con una ligera presión de su mano y luego empezaba a extender la siguiente. El contacto con la masa húmeda y mantecosa y el calor intenso del comal tres veces al día mantenía sus manos suaves, lisas y blanditas.

Profundamente entusiasmada, como siempre, por el aroma de las tortillas frescas, blancas y cafés, me fui a buscar la mantequilla. Tenía mi plato listo y había pelado el papel de la barra de mantequilla para poder derretirla en la primera tortilla. Se la pedí y la hizo girar hasta caer en mi plato, sin perder el ritmo.

Mordí todo lo que era mi niñez. Sabía dulce y salada y caliente y limpia. Sabía a mi madre. A sus manos y su amor por mí. Sabía pura y limpia y buena.

Para cuando me la terminé, ella ya tenía un montón de tortillas hechas. La observé en los pasos de su baile. Arremolinar, extender, voltear... luego presionar, voltear, extender. No se le pasaba un golpe. Una perfecta bailarina. Mi corazón se hinchó de alegría y de amor por ella. Mi amacita.

Al mediodía cuando Delia y Delmira llegaron a comer a la casa, Apá también estaba allí.

—Apá, mi amiga me dijo que hay una gringa que necesita ayuda limpiando su casa. Podría ganar dinero para comprar la pana verde que necesito para la falda del equipo de porristas —dijo Delmira.

—No hija, con gringas no. No quiero que hagas ese tipo de trabajo. Nosotros no limpiamos los baños de los gringos. Trabajar en los campos es trabajo limpio y honesto. Ser sirvientes no es para nosotros. Dile a tu mamá cuánto necesitas y yo le doy un dinero para que te lleve a comprar el material para la ropa.

En el transcurso de los años, todas nosotras hicimos la misma pregunta que Delmira, pero la respuesta era siempre la misma. Ellos nunca dejaron a sus hijas ser meseras tampoco. Desde que le dijeron a mi papá que los mexicanos tenían que usar la puerta de la cocina, nunca fuimos a restaurantes, porque los gringos eran los únicos que podían entrar por la puerta de enfrente. Lo más parecido a una mesera que mi papá conocía eran las cantineras. Todos sabían lo que hacían después del trabajo. No, tampoco podíamos ser meseras; era mejor tener a sus hijas a su lado en el campo, cubiertas con pantalones, una camisa de trabajo y un sombrero, donde se las pudiera proteger.

Después de la escuela vimos pasar a la amiga de Delmira, tan chaparrita que casi no se veía cuando iba sentada en el asiento trasero de un gran carro, manejado por una gringa con el cabello bien alto, recién peinado en el salón de belleza.

—¿Amá, puedo ir a casa de Margarita? —le pregunté más tarde.

—Sí, pero ponte los zapatos.

Me los puse sin querer. Yo prefería andar descalza, aunque se me ensuciaran mucho los pies. Si mis pies estaban descalzos, la tierra seca y arenosa se sentía suave y confortable. Los calcetines eran sólo para vestir. Así que cuando usaba zapatos, los pies me sudaban y se me ponían pegajosos. Pero Amá tenía miedo de que pisara un clavo. Así que para salir de nuestro solar, tenía que hacer lo que me pedía.

La casa de Margarita estaba del otro lado de la calle, al final del callejón. Pero mientras que pasaba por la casa de Sulema, en el otro lado del cine, vi que Margarita estaba allí, con otros cinco o seis niños. Ella me vio y me hizo señas para que me acercara. Me acerqué sin ganas. Sulema era mayor y parecía que yo no le caía bien. Ellos estaban jugando a la vieja Inés y yo me uní. Sulema era la mayor y la líder del círculo del juego. Ella era la vieja Inés. El resto éramos los listones de colores.

—Tan, Tan.

—¿Quién es?

—La vieja Inés.

—¿Qué quería?

—Un listón.

—¿De qué color?

—Verde.

Ella parecía molesta al haber escogido el verde y el listón verde era yo. Mientras caminaba hacia el otro lado, me concentré en los pichones que estaban arrullando a sus crías en los nidos arriba del techo del cine. Parecía que había cientos de ellos. Sus cuellos grises tenían destellos de color rosa.

Estábamos jugando en la tierra pelona. No había pasto en ningún lugar del solar, sólo tierra dura y compacta. Me retorcí en mis zapatos y me pregunté si me atrevería a ser desobediente. La mamá de Sulema se asomó por la puerta mosquitera y le dijo que le trajera la ropa que estaba en el tendedero. El juego se terminó.

—¿Quieres ir a mi casa? —le pregunté a Margarita.

—Tengo que pedirle permiso a mi mamá —dijo ella. Fui con ella a pedir permiso. Su mamá estaba visitando a una señora que vivía al otro lado de la calle. Yo odiaba entrar en esa casa. La señora tenía una enfermedad que le ponía las piernas y los brazos enormes como tronco de árbol. El resto de su cuerpo era de tamaño normal. La única manera de mantenerse era planchando ajeno, para los gringos. Ella estaba parada allí en esas piernas

enormes, pasando la plancha con sus enormes brazos y sudando.
Parecía que estaba en agonía. Me salí a esperar a Margarita.
Mientras caminábamos por el callejón hacia mi casa, le pre-
gunté—: ¿Fuiste al cine la semana pasada?

—Sí.

—Cada cinco minutos se estaban besando.

—Sí.

—¿Alguna vez has besado a alguien?

—No. Mencho me quiso besar pero no lo dejé porque está
muy feo. ¿Y tú?

—Yo tampoco. Pero parece divertido en la pantalla.

Así que decidimos intentarlo en la letrina. El beso sabía a
saliva. No me gustó el olor de su boca. Noté, por primera vez, que
la saliva se le acumulaba en las esquinas de la boca. Decidí que
las estrellas del cine estaban equivocadas.

Al otro lado de la cantina, a la izquierda de nuestra casa, estaba
el cine mexicano, que se llamaba El Teatro Ideal. El olor a
palomitas llenaba el teatro y la banqueta de enfrente. La entrada
costaba diez centavos para los niños y veinticinco centavos para
los adultos. Pero los dueños me dejaban entrar gratis por ser tan
chiquita y porque conocían a mis papás. Además, de todas maneras, la señora sólo recogía los boletos al anochecer. Después se
dormía en su silla con la cabeza hacia atrás y la boca abierta. Mi
hermano y sus amigos hacían bolitas con las envolturas de chicle
Juicy Fruit y trataban de que le cayeran en la boca. Cuando lo
conseguían, ella se ahogaba violentamente y ellos corrían rápido,
por si acaso ella decidiera decirles a sus papás.

Los adolescentes tenían que pagar la entrada, así que mi hermano Luis barría el cine el sábado por la mañana a cambio de un
boleto.

Una noche vimos a Tongolele bailando. Ella bailaba con muy
poca ropa, la cual aun en una película a blanco y negro, parecía
tomar color. También llevaba canastas grandes de fruta en la
cabeza. Sus carnosos y oscuros labios nunca dejaban de sonreír
mientras se remolineaba, meciendo la fruta que nunca se le caía.
Pateaba el suelo con los pies descalzos y cantaba con una voz

ronca y deliciosa. La música de marimba no me dejaba mantenerme en mi asiento. Caminé a la casa queriendo remolinearme y girar al ritmo de la música que sonaba en mi cabeza. La mañana siguiente todos se fueron a trabajar en los campos de cacahuate. Delia se quedó para cuidarme y para limpiar la casa. Cuando salió la misma canción que Tongolele había bailado la noche anterior, ella estaba oyendo la radio mientras lavaba los trastes. Me salí de la cama todavía en calzones y empecé a patear descalza y a dar vueltas, igual que Tongolele, cuidadosamente para que mi canasta de fruta no se volteara. Empujé mis labios carnosos y rojos hacia delante y les sonreí a los clientes. Canté la canción a todo pulmón, tratando de hacer la voz ronca y florida como la de Tongolele, pero sólo logré un gemido de tono alto.

Delia se asomó por la esquina del cuarto con espuma de jabón de trastes en las manos.

—¿Qué estás haciendo?

—Bailando como Tongolele.

Se desternilló de risa, recargándose en el marco de la puerta.

Mi acostumbrada timidez se apoderó de mí. Me apresuré a ponerme mi vestidito sobre mis chones, rogándole que me prometiera no decírselo a nadie. Ella lo prometió.

Pero por supuesto, había mentido. Cuando la familia regresó, les contó a todos. Todos se rieron y querían escuchar la historia una y otra vez. Yo me quería morir. Me prometí que nunca más bailaría desenfrenadamente como Tongolele.

Mis películas favoritas eran las de Pedro Infante y Luis Aguilar, donde usaban grandes sombreros de charro, montaban caballos blancos que bailaban y les cantaban a las damas en las fiestas. La hermosa dama en su rebozo de seda rechazaba al galán al principio, pero finalmente se daba por vencida cuando él llegaba hasta su ventana con los mariachis para darle una serenata.

Después, en mi pequeño petate en el suelo, me dormía con el sonido de la música de las cantinas. Y los sueños en blanco y negro comenzaban. En mis sueños, yo bailaba en mi propio rebozo, con una fragante gardenia blanca en el cabello, bajo la luna y las estrellas. Y sonreía felizmente.

Capítulo 3

El sol es la cobija del pobre.

—Para salir adelante, hijos. Por eso es que vamos a los trabajos. Recién llegado de México, me pagaban dos reales al día. Trabajé construyendo los rieles para el tren, escarbando hoyos para soporte de puentes, escombrando terreno… por todo este condado. Lo único que nunca haría es colgarme ese aparato que es para quemar maleza con combustible. Demasiado peligroso. Muchos hombres se han quemado o muerto trabajando con esas cosas. No, eso no, pero todo lo demás sí. Así que trabajen duro, hagan su tarea, terminen la escuela y entonces estarán listos. Nunca tendrán que trabajar tan duro como yo, ni por tan poco dinero.

Yo manoseé las monedas en la bolsa de mi vestido de tirantes y traté de imaginarme a Apá trabajando por cincuenta centavos al día. Y sentí que entendía por qué habíamos tenido que ir a Minnesota. Nuestra familia podría ganar más dinero en los campos de trabajadores migratorios que en ningún otro lugar disponible para nosotros. Suficiente para sobrevivir y ahorrar. Con la meta de que todos nosotros termináramos la preparatoria, Apá esperaba hasta la mañana después del último día de escuela para salir de Pearsall. Una familia en la cual todos terminaban la preparatoria era una rareza en el lado mexicano de Pearsall. La vida de Apá había sido, y seguía siendo, dura porque no hablaba inglés y no había ido a la escuela. Él quería cosas mejores para nosotros.

Para entonces, todos nuestros amigos sabían a donde íbamos y la familia de la mejor amiga de Delmira, Carmela, también iría. La vergüenza que todos habían sentido el primer año ahora era mitigada por la aceptación.

La noche antes de salir para Minnesota, después de que el carro estaba cargado, Apá se sentó con Rudy y Luis para planear el viaje. Él había comprado un mapa de los Estados Unidos. La ruta a Minnesota era bastante clara, la carretera 81, la carretera Panamericana casi todo el camino. La carretera 81 pasaba por Pearsall. Él le dijo a Luis que la marcara con lápiz. —Recorta nuestra ruta del mapa —Apá le dijo a Luis—. Deja una pulgada en cada lado de la ruta desde Pearsall hasta Minnesota.

El resto del mapa se tiraría. Como íbamos pasando ciudades que servían de marca, la parte usada del mapa se arrancaría y se tiraría también. Este era el tipo de sentido común creativo que esperábamos de mi papá. Ya con la ruta planeada, todos, excepto mi mamá, nos acostamos por un rato, con el despertador puesto para las tres de la mañana.

Amá seguía vagando por la casa, empacando cosas pequeñas que tal vez necesitaríamos en los tres o cuatro meses que estaríamos fuera. La vi sacar sus pañuelos bordados de un cajón y meterlos cuidadosamente en su bolsa de mano. Ama nunca usaba maquillaje, pero sus exquisitos pañuelos bordados eran muy importantes para ella. Uno nunca sabía cuándo iba ser necesario llorar en un velorio o en algún funeral.

—Acuéstate mujer —dijo Apá. Cuando él se acostaba temprano, pensaba que todos deberían hacer lo mismo.

—¡Acuéstate! ¿Cómo me voy a acostar? Me preocupa que se nos vaya a olvidar algo. Tengo que asegurarme que estamos preparados para todo ese tiempo que vamos a estar lejos. Tú nunca te preocupas de nada. Soy yo la que me preocupo por todo.

Acostada en mi petate en el suelo, yo podía sentir las vibraciones de los tranquilizantes pasos de Amá mientras ella caminaba por la casa, preocupándose. Como de costumbre cuando éramos niños, Apá empezó a roncar inmediatamente y nosotros acostados ahí, nerviosos por el futuro, igual que Amá. Era cierto que Apá no se preocupaba. Él tenía absoluta confianza en sí mismo y en el futuro. Apá, el optimista de la familia, se dormía tan pronto como ponía la cabeza en la almohada, con la conciencia clara, confiando en la Divina Providencia.

Nos ayudaba un poco, ver su confianza, pero no tanto. Nosotros teníamos nuestros pequeños mundos de los cuales él no se preocupaba. Yo estaba preocupada de las monjas. ¿Tendría que irme con ellas otra vez? ¿Me harían ir sola y obligarían a Diamantina que trabajara ese año?

Al fin Amá se fue a la cama. Dio un gran suspiro estremecedor y con un suave «Ay, Diosito mío» dejó sus inquietudes de ese día. Cerré los ojos y me relajé disfrutando de mi última noche en la familiaridad del hogar.

El carro parecía enorme por dentro. Mi papá siempre manejaba. Un hijo se sentaba enfrente entre Amá y Apá, los otros cuatro se sentaban en el asiento trasero y yo andaba rodando. Hicieron una cama de colchas para mí en el piso. Mi lugar favorito para acostarme era en la repisa que estaba atrás del asiento trasero.

El viaje transcurrió sin novedades hasta que llegamos a Dallas. Nos perdimos cuando pasábamos por Dallas y llegamos a la calle Mockingbird. Luis torcía el cuello para buscar un rótulo que dijera Carretera 81.

—¡Chingao! ¡Toda esa escuela y no pueden leer un mapa! —a mi papá le molestaba tremendamente que sus hijos, educados en las escuelas de gringos y pudiendo leer perfectamente el inglés, no pudieran circular por Dallas. Así que mientras mi papá maldecía y gritaba, los hijos educados iban allí confundidos y mudos en su vergüenza. Todos los rótulos de la ruta estaban en inglés, claro. Rumbo a la salida de la ciudad, Luis rompió a Dallas de la tira de mapa y envolvió su chicle con el papel.

Nadie tenía prisa de llegar allá, excepto mi papá. Pero él trataba de mantener a su tropa contenta, así que nos dejó parar en Rancho Búfalo en Oklahoma por algunas horas. Rancho Búfalo tenía búfalos de verdad, una tienda de recuerdos y americanos nativos vestidos con cuentas y cuero que bailaban para el público. Esa parada fue lo más sobresaliente de nuestro agotador viaje. Cuando empezamos a manejar nuevamente, Luis tiró parte de Oklahoma por la ventana.

Esa noche, mi papá nos dijo que buscáramos un hotel «¡no muy lujoso!» pero para nosotros, todos parecían lujosos. Mirábamos animados por la ventana, como si estuviéramos comprando dulces.

La comida que Amá se había tardado tanto tiempo en preparar no duró mucho. Con seis hijos creciendo, los tacos desaparecieron rápidamente. El siguiente día paramos en una tienda de abarrotes para comprar provisiones y preparamos sándwiches de salchichón con pan blanco y mayonesa, que acompañamos con Fritos y Coca-Colas. Festejamos con esta comida, que no acostumbrábamos, sentados en una colcha bajo un árbol a un lado de la carretera.

El próximo evento significativo fue la cartelera que decía «Ahora usted está a la mitad del Ecuador y el Polo Norte». Todos odiaban esta cartelera, especialmente Delia, porque de algún modo significaba que ya no habría vuelta atrás. Pearsall, el Rancho Búfalo y todas las cosas buenas se habían quedado atrás. Sólo los días largos de trabajo sucio quedaban por delante.

Todos guardamos silencio después de eso. Parecía que lo único que se esperaba con anticipación era el viaje de regreso. Y para eso faltaban muchos días duros.

El gringo había guardado la casa en forma de señal de alto para nosotros. A pesar de que era tan pequeña, estábamos contentos de ver algo familiar. El año escolar se había terminado en Pearsall, así que nadie tenía que ir a la escuela en Minnesota. Mi mamá se sentía más cómoda con que yo me quedara a la orilla del campo porque ya era un año mayor. Gracias a Dios, Diamantina y yo no nos quedaríamos con las monjas. Eran pequeñas bendiciones, pero estábamos contentos de tenerlas.

Mi mamá llevó una estufa de gas de dos quemadores para complementar la estufa de leña que estaba en el centro de la casa. Se llevaría menos tiempo en prenderla después de un largo día de trabajo. Esa noche, cuando Amá quiso usarla, Apá le dio las instrucciones de la estufa a Luis, escritas en inglés, para que las leyera. Luis se aclaró la garganta y, como si fuera el pregonero del pueblo, dijo en voz alta—: ¡Instruuucciooooneees!

—¡Dame ese papel! —dijo Apá enfadado y tiró el papel a la basura. Uno no hacía ese tipo de cosas enfrente de Apá, pero a Luis siempre se le olvidaba. Apá echó el combustible en la estufa y la prendió. Chorreó gotas llameantes por todas partes y había fuegos pequeñitos por todo el cuarto. Todos tuvimos que ayudar para apagarlos a pisoteadas.

El despertador del reloj de cuerda me despertó la siguiente mañana. Cuando nos acostábamos, el reloj no nos dejaba dormir con su tic tac tic tac tic tac. Amá y Apá se levantaban en la oscuridad. Yo me sentía feliz de poder quedarme en las colchas calientitas y suaves un poquito más. Me meneé para sumirme más entre la suavidad, con los ojos cerrados, pero escuchando todo lo que pasaba.

Apá se levantó lleno de cosas que hacer, feliz en su mundo, lleno de vida. Se puso su camisa, pantalón y zapatos y se salió para traer leña. Entró cargado y se agachó para abrir la puerta de la estufa de leña en medio del cuarto. Me levanté y fui a observarlo. Meneó las cenizas hasta que se pusieron rojas, luego puso los leños, que al quedar unos contra otros prendieron fuego fácilmente. La estufa era como un resplandeciente corazón rojo en el centro del cuarto, dando calor y atrayéndonos.

—Levántate mujer —Apá le dijo quedito a mi mamá. Amá, con unos suspiros largos y profundos por su vida que parecía demasiado dura, se levantó, se vistió y empezó a hacer la masa para las tortillas bajo la luz del foco descubierto. Este era el principio de su trabajo que no se terminaría por muchas horas; mejor no pensar en eso. Para cuando el fuego estaba caliente, ella ya tenía un montón de testales para extenderlos y convertirlos en tortillas.

Cuando la primera tortilla llegó al comal de la estufa, Apá dijo—: Ya, levántense, hijos, Delmira, Delia… ya.

Todos ellos estaban despiertos desde que sonó el despertador. Pero Apá los dejó que se quedaran en la cama hasta que pudieran levantarse con el olor de las tortillas cociéndose. Eso moderaba, un tanto, el dolor de saber que iban a pasar otro largo día en los campos.

Tristes y resignados, se levantaron con los ojos arenosos de sueño. Después de haber dejado un poco de tierra en las sábanas, nos sentíamos más limpios que la noche anterior. El baño era un lujo ocasional.

Apá miró hacia afuera. —Ya viene la luz. ¡Apúrense! ¡Está amaneciendo!

Sus gritos siempre hacían que todos se movieran más rápido. Vestirse rápido y agarrar un taco de tortilla de harina con papas y huevo, de las manos de mi mamá.

Mientras comían, Delia y Delmira envolvían tacos de papa con huevo en papel encerado para la comida del mediodía. Rudy y Luis juntaban los azadones y sacaban agua del pozo para el uso del día. Sólo había un pozo para todo el campamento y estaba como a cincuenta yardas de nuestra casa.

Un vaso de leche para pasar los tacos y ¡vámonos!

Los primeros días, todos se iban a los campos en la parte de atrás de una troca grande. Mi papá siempre se iba adelante en la cabina. Él era uno de los señores del campamento, a los que la gente se dirige respetuosamente como «Don Luis». Él estaba lleno de vida y era suficientemente enérgico para todos nosotros. Si no hubiera sido tan fuerte, nosotros tampoco hubiéramos podido ser tan fuertes. El sol todavía no salía cuando ya todos estábamos amontonados en la troca, pero la mañana ya estaba llena de luz azul. Los pájaros, trinando y cantando para que el sol saliera un día más, eran los únicos que estaban contentos.

—Buenos días.

—¿Cómo amaneció?

—Bien arruinado.

—Me duele todo.

—¡Esta maldita rodilla!

Apá se bajó de la troca antes que todos para clavar en los surcos estacas de madera con el nombre de «LUIS V. TREVIÑO». Hay que apartar bastantes surcos hoy. ¡Sí podemos! Somos siete. ¡Sí!

Delia miró al campo y dijo—: ¡Ay, Luis, los surcos se ven todavía más largos aquí! ¡Y no se ha secado! ¡El lodo en nuestros zapatos de lona va a estar horrible! —las muchachas se quejaban con Luis porque él era compasivo. Rudy despreciaba todo tipo de quejas. Para él todo era sólo trabajo.

Resignados, levantaban sus azadones y empezaban. Mi mamá con sus suspiros, no decía nada. Sólo se amarraba su garsolé, un sombrero de tela y cartón que todas las mujeres se hacían, y empezaba a azadonar.

No había días buenos aquí. Si llovía y el aire estaba fresco, entonces el lodo de barro se pegaba en los zapatos y se ponían pesados y abultados. Uno tenía que quitarlo continuamente con el filo del azadón. Y el barro se pegaba al azadón también, cuando lo clavaban en la tierra para entresacar el betabel. El lodo se tenía que quitar frecuentemente o el azadón se ponía pesado e inservible. Si no había llovido, el sol empezaba a quemar la piel muy temprano en la mañana y daba comezón. Y no se mejoraría hasta muy tarde en el día. Pero para entonces, todo sería sudor y tierra.

Yo era la única considerada muy joven para trabajar en los campos de betabel, aun con el azadón corto. —Quédate a un lado de la troca para que te pueda ver —me decía Amá— o debajo de la troca si el sol calienta mucho.

Otros niños de mi edad se quedaban en el campamento de los trabajadores migratorios, tal vez para cuidar a hermanos más pequeños.

Pero Apá me traía para que yo hiciera mi parte. —Tu trabajo —me decía Apá— es traernos la cubeta de agua y un cucharón cuando nos dé sed. Llena la cubeta del barril grande en la troca de Goyo. Estate pendiente para cuando yo amarre mi pañuelo blanco en la punta del azadón. Esa será tu señal para traernos agua. ¡Águila!

Entonces empezaban a azadonar y me dejaban.

Los días pasaban. Uno igual al otro. Apá empezó a llevar nuestro carro a los campos en vez de irnos en la troca. Lo estacionaba en una parte sombreada debajo de los árboles a la orilla del campo y lo movía dos o tres veces al día para tenerlo en la sombra para mí. Me acostumbré a estar sola a la orilla del campo.

Desde mi cama sombreada en el cofre de nuestro Chevy '52, perezosamente miraba las libélulas azules, verdes y amarillas que volaban encima de mí. Una azul se paró en el limpiador del parabrisas en medio de un pedazo asoleado. El azul iridiscente de su cuerpo, flaco como un popote, brillaba en el sol. Voló hacia arriba y la vi perderse entre las nubes. Una nube en forma de un conejo esponjadito se movió lentamente al cruzar el cielo azul. Señalé un punto en la rama de un árbol para poder estar segura de que la nube se estaba moviendo. Estaba completamente sola, así que me decía estas cosas en voz alta. Me gustaba eso. Cantaba corridos en voz alta y hacía caras como las estrellas de cine. Nadie se reía de mí y no tenía que darle explicaciones de nada a nadie.

Aunque sólo eran puntos en la distancia, siempre podía ver mi familia entre las ondas borrosas del calor, así que me sentía segura. Los surcos eran de media milla de largo y la tierra plana como una tabla, no había altura ni loma en ningún lado. Si no quería que me vieran, me iba detrás del carro o entre el bosquecillo a la orilla del campo.

Me aseguré de que estaban lo suficientemente lejos como para no poder escucharme o ponerme atención. Entonces hice caras y dije tonterías y me mastiqué la lengua. A las libélulas no les importaba. Yo disfrutaba el estar rodeada de silencio. Estaba en un claro capullo de soledad. Totalmente yo. No tenía que ser responsable, propia, ni inteligente. Yo era absurda y tonta y aun así me aceptaba yo misma. Sólo por un instante, pensé sacarle la lengua a mi papá, por haberme gritado esa mañana porque no vi su pañuelo, amarrado a su azadón, a tiempo. Pero hasta ese poquito de rebeldía me daba miedo. Apá estaba tan grande y fuerte que podría aplastarme con una sola mano. Él nomás seguía trabajando y moviéndose entre las olas de calor.

Entonces mi papá se paró y se secó la frente. Oh, oh. Me estaba mirando para ver si yo estaba mirándolo a él. Hizo señas con su pañuelo blanco antes de amarrarlo a la punta de su azadón. Hora de ser seria y responsable. Llené la cubeta con agua, puse el cucharón adentro y caminé hacia ellos. Cambiaba de una mano a la otra la agarradera de la cubeta que se me enterraba en las curvaturas de los pequeños dedos. El agua chapoteaba y se me derramaba en la pierna bronceada. Se sentía fresca en mi pierna mientras que el sol me pegaba en el cabello, decolorado y rojizo por los días llenos de sol. Empecé a escuchar el ruido de sus azadones partiendo la tierra. Mis hermanos se veían contentos de poder tomar un descanso. Suspendieron el trabajo y dejaron sentir su sed. Tomaron agua fresca del cucharón mojado. Esperé pacientemente mientras bebieron hasta llenarse. Mi papá empezó a azadonar otra vez; esto era la señal de que el descanso se había terminado. Mis hermanos, sin ganas, empezaron también. Yo caminé de regreso con la cubeta vacía. Pronto llegarían al final del surco y por unos minutos, compartirían mi espacio.

Cuando los escuché acercarse a la orilla del campo, el panorama cambió. Escuché a mis hermanas hablándose una a la otra. Pero estaban todavía bastante lejos y no podía oír lo que se decían. Entonces Rudy dijo algo chistoso y todos ellos se reventaban de risa. Los celos me hacían arder la barriga. Ellos se tenían el uno al otro todo el día, mientras que yo no tenía a nadie. Entonces le pregunté a mi papá si podía caminar con ellos en el siguiente turno de una milla. Él parecía molesto, porque si caminaba con ellos, no habría nadie que les llevara agua. Pero dijo que sí y les dijo a todos que tomaran un trago antes de empezar su siguiente surco.

Yo llevaba puesto un vestido de tirantes que mi mamá me había hecho con los sacos de harina de veinticinco libras que comprábamos. Ella trataba de encontrar el mismo dibujo cada vez que íbamos a la tienda. Esto casi nunca era posible, pero siempre lo intentaba. Yo no usaba zapatos cuando estaba sola a la orilla del campo, pero para caminar con ellos por un turno, tenía que sacar mis zapatos del carro o se me quemarían los pies en la tierra caliente. Usaba chanclitas, zapatos que en algún tiempo habían sido para vestir, pero que ahora estaban viejos y pisados del talón.

Apá siempre hacía dos surcos de betabel al mismo tiempo, caminando entre los dos surcos y cortando tres veces a la derecha y tres a la izquierda, como un baile. Él había sido muy popular en los bailes mexicanos en sus días de juventud. En el campo de betabel, no se apresuraba pero tampoco se detenía, su paso era uniforme y continuo. Mi mamá casi siempre hablaba muy poco, a menos que cogiera el último surco de los que nos pertenecían y hubiera otra señora en otro grupo de trabajadores a su lado. Amá era una gran oyente, podía hacer hablar mucho a la otra mujer para descargar todo el chisme que sabía en una sola línea. Mi mamá sólo decía «ah-ha» y «¡no me digas!» y le ponía mucha atención y le daba unas miradas de asombro. Delia y Diamantina hablaban juntas. Rudy y Delmira trabajaban rápido, más rápido que todos los demás. La charla de Luis no paraba.

Para cuando regresamos a la orilla del campo donde estaba el carro, yo estaba lista para estar sola otra vez.

Yo encontraba cosas en la tierra que me interesaban. No había juguetes; nadie siquiera pensaba en juguetes. Un adulto que observara la escena miraría una niña sin nada en que ocupar la mente. Pero yo encontraba mil cosas que me interesaban. Las libélulas, los pájaros de alas rojas con su cuerpo negro brillante y sus cantos de esperanza. No había dos hojas en los árboles a la orilla del campo que fueran iguales. El viento suspiraba como mi mamá mientras soplaba entre las hojas. Las nubes cambiaban y se movían sin parar. El cielo cambiaba de colores todo el día: azul de bebé antes del amanecer, después anaranjado y amarillo al amanecer, azul claro a media mañana, casi blanco deslavado a mediodía y rosa, morado y anaranjado, al acercarse la puesta del sol. De lejos, la tierra parecía sólo tierra. Pero de cerca, como yo estaba, estaba llena de vida y olores. Había hormigas ocupadas haciendo su trabajo, gusanos comiendo y escarabajos jugando. La tierra era barro negro pesado que batallaba para absorber agua. Entonces cuando llovía, la tierra detenía el agua por mucho tiempo. Cuando el sol horneaba y rajaba la tierra, la superficie era como millones de fragmentos de cerámica quebrada, cada uno diferente. Me encantaba el olor de la tierra, sencilla y de alguna manera limpia. Trataba de recoger los tepalcates intactos y construir cosas con ellos: casas, ciudades, soperas y platos, todo mientras le echaba un ojo al pañuelo de mi papá.

Mis hermanos mayores tenían que trabajar duramente sin misericordia, mientras que yo tenía tiempo de soñar y crear de la nada, sólo porque yo era la más pequeña. Sentía que no era justo ser tan afortunada.

Pronto estaba completamente sola con mis pensamientos otra vez. Haciendo recuerdos solitarios. Sellada con soledad.

El sol ya se había ocultado detrás de los árboles que separaban un campo del otro. Mi familia estaba casi a la orilla del campo donde yo los esperaba, así que caminé hacia ellos para acompañarlos por un rato. Las piernas y brazos flacos de los muchachos estaban adoloridos y se sentían pesados, aunque no pesaban nada. La hora había llegado cuando el azadón se sentía bien pesado. —Ya Apá, di que es hora de irnos a casa —Delmira dijo en voz baja para que Apá no la escuchara. Se oyó como un rezo. Pero Apá nomás siguió azadonando como si fueran las nueve de la mañana.

Yo había escuchado historias de los sobrinos de mi papá de cuando él pizcaba algodón. Él tenía fama de ser el mejor y el más fuerte. Apá tenía un carácter competitivo, una necesidad de ganar y una fuerza física difícil de igualar. Tal vez era un poco exhibicionista también. Empezaba a pizcar antes de que amaneciera usando las lámparas del carro para poder ver. Cuando pesaban sus sacos de dieciséis pies de largo, 500 libras era la meta que todos se esforzaban por conseguir. Sólo los mejores pizcadores lo lograban y sólo raramente. Apá por lo regular pesaba sus sacos y lograba seiscientas o setecientas libras de puro algodón limpio. Uno de los sobrinos de Apá dijo que mil libras. De seguro estaba exagerando. Pero por la admiración y el respeto en su mirada, era claro que él veía a Apá como a un Hércules.

Nadie hablaba. Todo lo que se podía escuchar era el ruido de los azadones partiendo la tierra. Diamantina, rebelde porque estaba cansada, cortaba las plantas grandes y fuertes y dejaba las más débiles. Me di cuenta y ella me miró hoscamente como diciendo—: ¿Qué me importa?

Cuando llegábamos casi a la orilla, nos dimos cuenta de que otra gente había empezado a poner sus azadones en las trocas y carros y esperaban por los conductores. Pero nosotros teníamos nuestro propio carro. Nos podíamos quedar tan tarde como Apá lo decidiera.

Yo podía ver que todos tenían miedo por dentro. Sus rostros decían:

—¿Y si Apá dice que un surco más? O me desmayo o lloro, no sé cuál de los dos.

—Por favor Dios, hazlo que diga que nos vayamos a casa.

—¡Los surcos son tan largos! No puedo terminar otro.

Apá terminó su surco primero. Por la tarde él trabajaba más rápido que los demás, no porque se apresurara, sino que porque todos los demás se hacían más lentos. Sacó su pañuelo y se secó el rostro para poder ver mejor cuánta luz del sol quedaba. Los demás al terminar su surco se recargaban sobre sus azadones y esperaban la decisión de Apá. Pero el sol ya se había ocultado. Ya había anochecido.

—Bueno, hijos, por hoy, nos vamos a casa.

—Gracias a Dios —dijo mi mamá en voz alta y nosotros con nuestros pensamientos.

—Lo único que yo sé es que no hubiera podido terminar otro surco —dijo Delmira al poner su azadón en la cajuela del carro.

Nadie más dijo nada cuando nos subimos al carro. Todos estaban aletargados excepto Apá, que, como siempre, estaba lleno de vida y energía. Miró al campo mientras manejaba y dijo—: Aquí la tierra está suavecita pero no está muy mojada; el azadón entra bien. En la mañana vamos a marcar más surcos de los que hicimos hoy. Si nos apuramos nomás un poco podemos hacer más.

Delia cerró los ojos y se veía como si se quisiera morir.

Cuando llegamos a casa, Delia y Delmira se tiraron en la cama como muertas. Luis las miró y salió corriendo por la puerta de enfrente hacia el patio de la casa para poder llorar a solas. Yo corrí detrás de él. Las lágrimas se le salieron rápidas y calientes y apretó fuerte los dientes para no gritar—: ¡Él no debe, no debe! ¡Apá no debe hacer a las muchachas trabajar tan duro! Yo y Rudy sí; somos hombres. ¡Pero ellas son muchachas y no debería tratarlas así!

No me miraba mientras hablaba, pero observaba el cielo desesperadamente, como si fuera a encontrar una respuesta escrita allí. La rabia en sus ojos se transformó en desesperación. Se fue a esconder en la letrina para terminar de llorar.

Apá se sentó en los escalones de enfrente para afilar los azadones para que entraran más fácil el siguiente día.

Para Amá, todavía había mucho más que hacer ese día. Se lavó las manos y la cara y se fue a ver qué había para la cena. Papas fritas y frijoles guisados… lo mismo de siempre. Ella miró a Delia y a Delmira. Entonces me miró y dijo—: Las muchachas se ven tan cansadas. ¿Qué les haré especial hoy? Gravy… no he hecho gravy hace tiempo —y midió la harina blanca para hacer tortillas para ocho.

Delia se arrastró de la cama cuando escuchó que Amá sacaba harina del bote. —Amá, ¿en qué te puedo ayudar? —su voz era suave y sus ojos se miraban envejecidos, aunque todavía era adolescente.

—En nada, mija, yo no estoy cansada… acuéstate un rato.

El próximo día amaneció nublado y amenazador. Podíamos oler la lluvia que venía. Apá trabajaba rápido y les exigía a los demás que también trabajaran rápido. Él quería que hiciéramos la mayor cantidad de surcos posible antes de que viniera la lluvia. Llegó en la tarde, junto con un viento fuerte y frío. No llegaron al carro sin empaparse. Nos fuimos a la casa y nos sentamos por un rato a observar la lluvia por la puerta abierta. Después se puso muy frío así que la cerramos.

Nada que hacer. Lluvia, lluvia y más lluvia. La estufa de leña no nos quitaba los escalofríos y la carne de gallina. Uno se acostaba aquí, otro se sentaba allá. Todos aburridos pero contentos que por una vez no hubiera trabajo. Pero si paraba, el próximo día sería peor. No importaba cuando parara, el siguiente día sería peor.

Mirábamos por la ventana a las trocas que se atoraban en el barro negro. Los hombres les ponían tablas y piedras debajo de las llantas para sacarlas.

Sólo había una rebanadita del día en que mi mamá tenía tiempo para mí: al final, después de la cena y de que los platos estuvieran lavados. Estaba ya oscuro y pronto estaríamos en la cama. Pero por unos momentos, todos se sentaban y platicaban.

A la luz de un solo foco descubierto, Rudy nos enseñó a hacer cunitas con una cuerda, tal como lo había aprendido de los hijos de otros trabajadores. Luis nos contaba adivinanzas y nosotros tratábamos de adivinarlas. Apá, con sus ojos neblinosos y con una melancolía anhelante, nos contaba historias de su niñez en México.

Mi mamá empezaba a relajarse en su silla a un lado de la estufa de leña. Yo iba hacia ella, me sentaba en el piso y la tomaba de la mano. Las puntas de sus dedos estaban suaves y sensibles aunque tenía cuatro callos duros en cada palma por el azadón. Recorría mis dedos por sus callos. Todas las mujeres usaban guantes de tela para trabajar, lo que les permitía desarrollar callos, en lugar de ampollas que se reventaban y escurrían.

Ella me dejaba poner la cabeza en su regazo. Le pedía que me revisara la cabeza para ver si tenía piojos. Pienso que ese era otro trabajo para ella, pero yo me decía que a ella no le molestaba. Nos gustaba pensar que hallaríamos todos los piojos y acabaríamos con ellos. Pensaba que quizás yo era la única que los tenía porque era la más pequeña.

Sentía su delantal contra mi mejilla. El delantal era viejo, suave y siempre limpio. Ella siempre usaba delantal para cocinar, pero era tan escrupulosa que parecía que nunca lo ensuciaba. Conversaba con todos mientras me revisaba la cabeza con los dedos, buscando. Cuando Rudy decía algo chistoso, yo sentía sus carcajadas a través de su cuerpo. Me encantaban estos momentos con ella. Mi mamá masajeando mi cuero cabelludo. Deteniéndome la cabeza con una mano, mientras que con los dedos de la otra recorría mi cabeza. Yo me sentía contenta cuando ella pensaba que había encontrado algo, porque eso quería decir que ella seguiría buscando por un buen rato. Tratábamos de ser limpios.

Cuando ella estaba lista para irse a dormir, me decía que no encontraba nada más y me mandaba a dormir también. Me alistaba para dormir con la sensación de sus dedos en la cabeza y el olor de su delantal en la nariz.

—Ya… todos a dormir —Apá dijo—. Mañana nos vamos a levantar muy temprano para ver si hay un campo que tenga buen drenaje y que no esté muy mojado.

Sin sueño, pero obedientes, todos nos fuimos a dormir.

—Hasta mañana, Apá.

—Si Dios quiere, mijita.

—Hasta mañana, Amá.

—Si Dios quiere —y Amá suspiró profundamente.

Delmira le dijo algo a Delia que la hizo reír. Apá las regañó—: ¡Ya! —y todo estaba en silencio otra vez, excepto por el suspirar ocasional de mi mamá y sus queditos «Ay mamacita».

Pronto empezaron los ronquidos de mi papá. —Ahora nunca nos vamos a dormir —susurró Diamantina.

La mañana llegó rápidamente, fría y clara. Mientras Delmira se ponía sus calcetines, sabía que en media hora estarían empapados y negros y escurriendo lodo. Quería llorar, pero detenía las lágrimas por dentro. —Yo no voy a seguir los pasos de mi mamá. Juro que no me voy a casar con un hombre que tenga tierra debajo de las uñas y que me arrastre de campo en campo. ¡No señor, yo no! Yo voy a salir de aquí de un modo o de otro —escupía las palabras ya que Apá se había salido y no escuchaba. Terminó de ponerse sus zapatos de lona, ya no triste, sino enojada. Arrancaba con furia el papel encerado para los tacos del almuerzo, jurando que ella saldría de allí.

No dijo nada más. Por ahora, ella se iría a donde Apá dijera. Pero pronto… no.

Todos nos subimos al carro sin hablar. Esta familia nunca hablaba. Trabajo duro, tristeza y silencio.

Cuando llegamos al primer campo, los primeros treinta pies eran un lago. —Vamos a hacerle la lucha. Nos vamos al pasito. Empezaremos del otro lado —dijo Apá. Del lago quería decir. Mi papá es terco y determinado. —Para esta tarde o para mañana, se secará y podremos acabar este pedazo —continuó. Nosotros mirábamos el lago dudosos.

Pero no dijimos nada. Como sonámbulos marchamos alrededor del lago, pero no había donde pisar que no estuviera lodoso. Los pies se hundían. Y cuando los sacabas, salían cubiertos de barro pesado. Después de dos o tres pasos, cada pie estaba cargado con varias libras de lodo. Y no se caía, no importa que tan fuerte sacudieras el pie, se pegaba como un pedazo gigante de chicle negro. Caminábamos como si lleváramos puestas botas negras bien pesadas. Como pájaros larguiruchos con patas pesadas y desgarbadas.

—¡Mírenme! ¡Llevo zapatos de tacón alto! —dijo Delia mientras se levantaba un zapato y luego el otro para enseñarnos los terrones debajo de los talones.

El primer azadonazo en el barro tuvo el mismo resultado. El azadón salio pesado con una masa pegajosa de lodo.

Don Panchito tenía los surcos a un lado de los nuestros y preguntó—: ¿Qué piensa, compadre? Me parece que todavía está muy mojado.

Apá sin querer parar, pero viendo que era inútil, dijo—: Sí, parece que... Sí, vamos a otro campo para ver si está mejor. ¡Vamos!

Y otra vez alrededor del lago para el carro. Delmira se miró los pies negros empapados y se juró nuevamente.

Otra familia estaba poniendo sus azadones en la troca. Apá dijo que se acordaba de haber visto al hombre el año anterior. Él hombre había dicho, «¡Yo ya no vuelvo aquí, ni de rey!»

—¿Entonces qué, lo hicieron rey? —Apá le gritó. El hombre se sonrió avergonzado y lo saludó levantando la mano sin decir nada.

Cuando llegamos de regreso al carro todos trataron de quitarse el lodo de los zapatos con el filo del azadón. Pero claro sólo los terrones grandes se despegaron. Todo el día anduvimos con los zapatos arruinados y con los dedos negros y arrugados por dentro. En Pearsall nos avergonzaríamos, pero aquí todos estábamos en las mismas condiciones.

Llegamos al próximo campo. Delmira, sin poder detenerse, dijo—: ¡Ay, Luis! ¡Está igual!

Mi papá no dijo nada, sólo abrió la cajuela y empezó a sacar los azadones. Supimos que nos quedaríamos allí, no importaba en qué condición estuviera.

Esa tarde la lluvia regresó como si fuera una venganza. Nos forzó a irnos a la casa otra vez. Dos días después, el sol por fin brilló en un cielo azul sin nubes. Era un día hermoso de verano, con bastantes brisas frescas. Había llovido tanto que por unos dos o tres días no habría trabajo hasta que los campos se secaran un poco. Apá empacó unas provisiones y se llevó a Rudy a la pesca al Río Rojo. El resto de nosotros nos quedamos a lavar la ropa, a descansar y a pasarla con los amigos.

Cuando empezó a oscurecerse, mi mamá dijo—: Ay, ¿por qué ese viejo no llega? —y puso su cara de preocupación. Nosotros no dijimos nada. Ella empezó a hacer tortillas.

Mientras lavaba los platos después de la cena, su preocupación nos empezó a contagiar a todos. Delmira enjuagaba y Delia secaba. La conversación había cesado. Nadie quería hablar ni escuchar a nadie hablar; todo lo que queríamos escuchar era el ruido del carro que venía y la voz de mi papá. Pero sólo había silencio.

Ella seguía limpiando, limpiando, limpiando. Nosotros estábamos tiesos, esperando. ¿Qué tal si se hubieran ahogado? Tal vez la corriente había estado demasiado fuerte después de las lluvias y se los había llevado. Quizás chocaron mientras que rebasaban a alguien en la carretera de dos sentidos y están tirados sangrando en el hospital.

Un estruendo de truenos nos hizo brincar. Los relámpagos lanzaban destellos por las ventanas. Todavía una tormenta de verano más. Cuando escuchamos las primeras gotas enormes de lluvia, Amá empezó a llorar. La tormenta agarró furia y empezó a soplar lluvia de lado por la puerta. Luis se apresuró a cerrarla. Nuestro temor por Apá y Rudy se convirtió en temor por Amá. Nos temblaban las narices y nos estremecíamos porque podíamos oler la ansiedad y sabíamos lo que venía.

Trastornada. Esa era la palabra para el mal de Amá. Y encendía terror en nuestros corazones. Nos derribaba como un golpe de machete. Mi mamá era la única persona en mi corta vida que yo había visto trastornada. Que palabra tan horrible y aterradora. Yo pensaba que se iba a morir y llena de temor, yo me quería morir también.

La primera señal era que ella mojaba una toallita y se la ponía detrás del cuello. Luego sacaba una botella de alcohol y empezaba a olerla… la inhalaba como si los olores pudieran salvarla de lo que vendría. Y entonces se ponía como todos temíamos que se pondría. Los gritos del fondo de su alma empezaban—: ¡Ay!… ¡Ay!… ¡Ay mamá!… ¡Ay mamacita!

Cada grito se llevaba un pedazo de cada uno de nosotros. Se cayó en la cama donde había estado sentada y perdió la razón. Todos corrimos a la cama, queriendo salvarla del abismo en el que se caía.

Horrorizados, observábamos el proceso familiar. El lado izquierdo del cuerpo se le ponía duro, duro, con la mano y la pierna extendidas. Luego empezaba a gritar cosas locas—: ¡LLAMA A TU PAPÁ!… ¿DÓNDE ESTÁ ALFREDO? ¿POR QUÉ NO VIENE? ¡¡¡DÍGANLES A TODA ESTA GENTE QUE SE VAYAN!!!

Bueno, no había otra gente además de nosotros, pero pronto habría. Sus gritos llamarían al campamento entero, como habían llamado el vecindario en Pearsall.

Nosotros, también locos, nos apresurábamos en asegurarle que mi papá llegaría pronto, que su hermano Alfredo estaba en Texas, no allí, y que sí, en seguida corríamos a toda esa gente.

Sus gemidos continuaban—: ¡¡¡Ay… ay… AIEEE!!! ¡¡¡Me duele MUCHO el brazo!!!

Mi hermana, peleando con las lágrimas, le daba masaje al brazo duro y a la mano apretada en un puño fuerte que no se podía abrir.

Y entonces la gente empezó a llegar. Las comadres y los vecinos. Los gritos los llamaron, aun entre los truenos, los relámpagos y la lluvia. —¿Qué les pasa? —preguntaban con las cejas y frentes bien arrugadas.

—Pues, Amá… está trastornada. Apá se fue a pescar y no ha regresado.

Entonces las comadres empezaron a preparar té de manzanilla para calmarla. Nosotros las dejamos, aunque sabíamos que no iban a poder abrirle las quijadas.

Otras rezaban en voz baja a una distancia considerable de la cama. Pero Amá no sabía de nada. Había perdido por completo el contacto con este mundo y estaba en su propio infierno. Nadie podía alcanzarla. Seguía con sus suspiros profundos y gemidos. Mis hermanas y yo estábamos llorando, especialmente yo. Me hice bolita en una de las otras camas y lloraba arrodillada. Ellas trataban de consolarme, pero ¿cómo iban a poder? Mi papá perdido y mi mamá muriéndose al otro lado del cuarto.

Pareció continuar así por horas. Afuera, los hombres hicieron una gran fogata cuando paró la lluvia. Querían estar cerca de la casa, donde sus mujeres estaban cuidando de mi mamá. Afuera, ellos podían fumar sus cigarrillos.

Para cuando mi papá y mi hermano llegaron al fin, mi mamá ya no parecía ser parte de este mundo. Aunque todavía estaba respirando, parecía muerta. No se movía, ni hablaba, ni respondía de ninguna manera. Mi papá estaba avergonzado con toda esa gente en su casa y su esposa tan enferma… y todo por él. Se fue directamente hacia ella, entre la gente. Nosotros casi no nos movíamos, pero lo seguimos con la mirada. Nuestra familia es del tipo que esperan a ver qué pasa, no del tipo que se apresuran a abrazarse unos a los otros. —¿Pos qué tienes, mujer? Estoy aquí. No me pasa nada. Anda, levántate.

Y mi mamá como muerta.

Mis lágrimas se secaron y empecé a odiarlo. ¿Cómo podía llegar tan tarde, tan lleno de vida y cerveza y mi mamá con tanto dolor? Todo era su culpa y de mi hermano también, con todos sus pescados en el sedal.

Amá no despertó, pero pronto el brazo y la pierna volvieron a la normalidad otra vez. Abrió la mano que había estado congelada en un puño por horas. Entonces supimos que se había dormido y que estaba descansando.

La gente empezó a despedirse. Pronto amanecería. Los hombres le echaron agua a la fogata afuera y nosotros finalmente cerramos la puerta sólo con nuestra familia adentro. Todos se empezaron a ir a dormir. Cuando la última luz se apagó, el temor regresó. ¿Qué tal si se moría en la noche, sola, sin que nosotros lo supiéramos? Lo único que yo quería escuchar era su quedito respirar, hacia dentro y hacia afuera, hacia dentro y hacia afuera. Yo trataba de escucharlo entre los ruidos que todos hacían mientras que se acomodaban para dormir. Cuando mi papá empezó a roncar profundamente con olor a cerveza, lo odié otra vez. Si ella se moría, sería él quien la habría matado.

En la mañana, mi mamá se levantó antes que todos y empezó a hacer masa para tortillas y a prender la estufa, como siempre. La escuché de mi cama en la nueva luz de la mañana diciéndole a mi hermana Delia que le dolían mucho el brazo izquierdo, la mano y la pierna, pero no sabía por qué. Mi hermana le dijo que había estado muy trastornada.

—Pos no me acuerdo —dijo ella.

—Qué bueno —me dije quedito y sonriendo. Dios me había regresado a mi mamá.

Capítulo 4

De músico, poeta y loco
todos tenemos un poco.

Sobrevivimos el segundo verano en Minnesota y Wisconsin. El olor a huevos friéndose en la grasa de tocino me despertó en casa de Tío Alfredo. Cuando abrí los ojos sólo un poquito, me encontré con la madera sin pintar del piso a la luz del amanecer. Estaba en mi hogar.

La madrugada era la parte más fresca del día en el calor de septiembre en Texas. Mi cuerpo se sentía fresco de una manera húmeda. Estaba acostada de lado con los ojos abiertos y escuchaba. Tío Alfredo le estaba diciendo a Apá que todavía necesitaban ayuda para las cosechas. Él podía empezar ese mismo día. Amá no decía nada, pero yo sabía que estaba allí con ellos porque la podía escuchar extendiendo tortillas. Una de mis hermanas caminaba descalza por el pasillo y pasó por encima de mi petate cuando salía rumbo a la letrina. Rudy se levantó y fue a lavarse la cara en la llave de agua del solar. Me levanté y me asomé a la cocina.

—Lávate la cara y vístete —dijo Apá cuando me vio. Le molestaba particularmente que la gente anduviera en ropa de dormir sin lavarse la cara. Obedecí.

Mi tío y mi tía nos vinieron a visitar esa misma noche. Tía Nina y Tío Nides vivían a sólo tres cuadras de la casa de Tío Alfredo donde nosotros seguíamos viviendo. Las dos familias se visitaban casi a diario. Nina era la hermana más chica de mi mamá y Nides era el hermano más chico de mi papá. Ellos se casaron varios años antes de que mis papás se casaran. Algunas cosas de Nina no se hablaban cuando ella estaba presente. A mi mamá no le gustaba mucho contar historias pero tenía una caja de zapatos, llena de fotos viejas, que su mamá le había heredado y algunas de ellas tenían largas historias que contar.

Había una foto de la tienda de Tío Leonardo en Uvalde. Nina se fugó de allí cuando tenía diecinueve años para escaparse de planchar, lavar y del control. Ellos estaban visitando a Leonardo y Sofía en Uvalde y ella nunca regresó cuando Doña María la mandó por azúcar y café. Se había puesto de acuerdo con Leonides «Nides» Treviño de verse con él allí. Cuando mi abuela, Doña María, supo lo que Nina había hecho, dijo que tenía una hija menos y regresó a terminar el vestido que estaba cociendo para Sofía.

Tan pronto como Doña María regresó a Pearsall, Don Manuel, como patriarca de la familia Treviño, pasó a visitarla. Él le pidió con mucho respeto que aceptara a Nina y a Leonides como sus hijos casados. Aunque lo había recibido con todo el respeto con cual él había llegado, ella se levantó y le contestó que no sabía de qué le estaba hablando y se regresó a desyerbar su jardín de flores. Él se fue muy callado.

Varios años después, Leonides y Nina pudieron visitar de nuevo la casa de Doña María como si nada hubiera pasado. Nunca más se habló de eso, excepto en broma, y nunca en la presencia de Doña María.

Otra foto mostraba a Nina tratando de verse glamorosa mientras se reclinaba en una gran roca en la orilla del mar. Nina y Leonides tenían grandes deseos de tener un hijo. Pero por diez años, no les llegó ninguno. En el décimo año, en lugar de eso, Dios les dio mucha prosperidad. Leonides tuvo una abundante cosecha de cacahuates. Ganaron tanto dinero que decidieron ir a la ciudad de México para hacer una manda y luego a Acapulco por un mes.

Nina había hecho un trato con La Virgen de Guadalupe, cuya imagen estaba pegada en una veladora bendita. Nina prometió ir a la Basílica de La Virgen de Guadalupe en la ciudad de México y caminar treinta yardas de rodillas, desde la entrada hasta la puerta de la iglesia, con tal de que se le cumpliera su deseo de embarazarse. Esto fue después de años de hechizos, tesitos, curanderos y polvitos que rociaba debajo de su cama y alrededor de su casa sin resultado.

La promesa se había hecho y sellado y ambas cumplieron su parte del pacto. Nina fue a la basílica (tenía las cicatrices en las rodillas para comprobarlo) y luego fue a Acapulco por su recompensa y allá concibió al bebé.

Mi mamá se embarazó al mismo tiempo.

Nueve meses después, los dolores del parto le vinieron a Nina muy rápido y fuerte. El bebé estaba muy grande y no logró pasar por el canal vaginal. Le hicieron una cesárea y prácticamente le hicieron pedazos el cuerpo para sacarle el bebé muerto. Nina casi se murió. Unos días después, mi mamá dio a luz a Rudy, su quinto hijo y el más saludable y vigoroso de todos.

Yo he visto fotos de la pequeña tumba, con Leonides parado a un lado, con su sombrero agachado para cubrirse los ojos. Todo el tiempo que lo conocí, él siempre hacía lo que Nina decía. A su alma la enterraron con ese bebé.

Nina nunca se embarazó otra vez. Ella le rogaba a mi mamá que le permitiera adoptar a uno de nosotros. Amá flaqueaba, sintiendo pena por ella. Casi le permitió llevarse a Rudy y después casi le permitió llevarme a mí. Pero después cambió de opinión, dos veces, al último momento. Ya hasta había permitido que Nina me pusiera el nombre, en el hospital, en anticipo de la adopción. Mi mamá me quería poner Diana, para que todas sus cuatro hijas tuvieran nombres que empezaran con la misma letra: Delia, Delmira, Diamantina y Diana. Pero después de que Nina me puso mi nombre, mi mamá no me dejó ir.

Nina se sentía sola, así que Amá le permitía llevarme a su casa seguido. Tenía una colección de muñecas con las que me dejaba jugar. Un día caliente de verano, me quitó la ropa y llenó una tina de agua para que yo jugara en ella. Ella y Leonides la pusieron arriba de un catre viejo de metal oxidado que tenían en su solar. Luego ella empezó a colgar la ropa en el tendedero. Uno de los botes de hojalata que había estado usando para echarme agua se me cayó por un lado. En lugar de llamar, decidí que yo lo recogería. Pero al salirme, los pies mojados se me resbalaron y al caerme hasta el suelo, la esquina oxidada del catre de metal me abrió una cortada larga y sangrienta entre las piernas. Yo gritaba mientras que la sangre me corría por las piernas. Nina me envolvió entre su delantal y Nides nos llevó a la clínica del Dr. O'Connor. Después de eso ya no quise quedarme con ella.

Después de que la Virgen de Guadalupe le falló, ella le hizo promesas a la Virgen de los Lagos en el valle de Texas. Tenía santos y velas por toda la casa. Su santo favorito era San Martín de Porras, el santo de piel negra. Le llamaba «Martincito» familiarmente, como si fuera su santo particular.

La plaga de su existencia era su vecina, que, según mi tía, le mandaba hechizos y malicia por medio de los estolones del pasto de San Agustín que conectaba los dos solares. Nina se vio forzada a arrancar el pasto y a tener un solar de pura tierra pelona para protegerse.

Había varios tipos de curanderos en Pearsall, algunos en quienes mi mamá confiaba incondicionalmente, mucho más que en un doctor, y otros en quienes no confiaba para nada. La palabra curandero significa curar, pero algunos relacionaban la palabra con la magia, no del todo blanca. Estaba El Cieguito, que veía con sus dedos. A él se le confiaba cualquier mal de los huesos y músculos. Podía masajear dislocaciones y torceduras o te decía cuando no lo podía resolver. También estaba Doña Tacha, que trabajaba con rezos y hierbas. La gente confiaba mucho en ella. También estaba Manuelito en el pueblo de al lado. Había filas afuera de su casa para verlo. Para llegar al cuarto de consulta, uno tenía que pasar por una recámara. La gente dejaba su dinero en el centro de la sobrecama de felpilla. Siempre estaba abultada con monedas y billetes. Él nunca cobraba. Uno pagaba de acuerdo con el grado de cura o magia que uno esperaba. Manuelito recetaba polvos para rociar en el solar del responsable de tu mal a la medianoche, lo cual le regresaría el mal al que lo hubiera mandado y se enfermaría.

Había también el tipo de curandero que trabajaba con plumas de lechuza y con hígados de conejo silvestre a la luz de la luna nueva. Amá nunca se acercaba a estos curanderos. Pero Nina sí.

Nosotros no íbamos, pero Nina nos traía la magia del curandero. Mi mamá me sometió, dudando en todo momento si funcionaría, a la curación de mal de ojo de Nina. Los síntomas del mal de ojo eran fiebre, escalofríos y vómito. Empezó prendiéndole velas a San Martincito. Después rezó unos Padre Nuestros y Ave Marías mientras que, con su mano cálida, me pasaba un huevo blanco de gallina sobre el cuerpo. Yo sentía el calor de su mano mientras el huevo pasaba suavemente sobre mi cuerpo tembloroso. Nina parecía perfectamente cómoda mezclando la magia del ritual del huevo con rezos de la iglesia católica y yo me preguntaba qué diría el sacerdote católico de la ceremonia del huevo.

Y aun así yo lo deseaba. Quería que sus manos se deslizaran sobre mí y escuchar su voz sedosa entonando los rezos familiares. No quería que terminara. Sentía que la curación llegaba a través de la atención que recibía.

Cuando los rezos terminaron, ella rompió el huevo en una taza y tiró la cáscara. Luego le arrancó una pajita a la escoba que estaba parada en la esquina e hizo una simple cruz y la acostó con mucho cuidado directamente arriba del huevo en la taza. Luego puso todo eso debajo del sofá donde yo estaba acostada.

Para entonces yo estaba adormilada debajo de las cobijas calientitas. La curación ya había comenzado. Siempre funcionaba. Las mujeres se retiraron al otro cuarto para chismear y esperar un buen resultado. La taza con el huevo se quedó toda la noche debajo del sofá donde yo dormía.

A la mañana siguiente, Nina saludó a todos desde la puerta con la buena noticia de que la paciente estaba completamente bien. Sacó la taza y los ojos le brillaban. Por medio del huevo bajo la cruz, los espíritus habían mandado un mensaje. La forma del huevo y la cantidad de cuajadura le indicaba la severidad de la enfermedad y la posibilidad de una curación. Todos soltaron un grito ahogado al ver el huevo cuajado con una forma grotesca que parecía un ojo malvado. Esta era una señal segura de un malísimo mal de ojo y también de una cura profunda. Ella interpretaba los contornos y los colores. La paciente tenía mejillas chapeteadas y estaba completamente sana. Todos salieron del cuarto asombrados de la curación y de los misterios de la vida.

Las heridas de Nina la convirtieron en la curandera de la familia. El resto de nosotros vivíamos cerca de la madre tierra, pero luchábamos contra esa proximidad, tratando de mantenerla a cierta distancia. Tía Nina la abrazaba. Cuando las nubes de tormenta se reunían en el cielo, iba al patio interior y cortaba las nubes con un cuchillo de carnicero, para dispersarlas en cuatro direcciones mientras rezaba.

Nina nos daba té de un herbario que tenía en su alacena. Manzanilla para los males del estómago, yerbabuena para la debilidad, anís para otra cosa. Nunca aprendimos su ciencia, sólo seguíamos sus instrucciones. Nina conseguía sus hierbas para té con los curanderos y con sus amigas. Nosotros tomábamos cualquier té que Tía Nina dijera que deberíamos tomar, porque no queríamos arriesgarnos. Ella tenía una reacia confianza en sus artes de curación. Una determinación del tipo de «alguien lo tiene que hacer».

A pesar de todas sus tragedias, Nina tenía una risa bulliciosa y era una chismosa empedernida. Tenía la costumbre de alisarse el cabello por encima de las orejas al escuchar un chisme particularmente jugoso. Los familiares que la observaban decían en broma que esto era para quitar hasta la más pequeña obstrucción que le previniera escuchar y recordar hasta el último detalle de un chisme.

Nueve años después de que el bebé de Nina murió, una amiga de otro pueblo vino a visitarla.

—Conozco a una muchacha que se encuentra en problemas —dijo la amiga—. Está embarazada y no puede mantener a su bebé. El bebé va necesitar una mamá y un papá.

Nina dijo que sí inmediatamente, ella se haría cargo del bebé. Cuando la bebé nació, Nina fue al hospital y se llevó a la bebé, recién nacida, a su casa.

Yo tenía tres años en ese entonces. Tío Nides era el hermano de mi papá y Nina la hermana de mi mamá. Así que Hilda, lo cual yo pronuncio «Ilda» en español, se convirtió en mi prima por partida doble. Todos estaban locos por esa bebé, especialmente los nuevos papás. Pronto llegó a tener más ropa que la de toda mi familia entera. El primer Halloween de Hilda, Nina se pasó días haciéndole un vestido de papel crepé color anaranjado y negro, con holanes crujientes por todos lados y un sombrero que hacía juego. Su vestido desechable de Halloween era magnífico y mucho mejor que cualquier vestido que yo había tenido. Ella era la adoptada, pero era yo quien me sentía como una huérfana.

Todos sentían compasión por Hilda porque ella era la única adoptada en la familia. Yo no podía pelear con ella de la forma normal en que lo hacían los primos y hermanos. —Pobrecita, es adoptada —era la excusa de siempre para protegerla.

Ella era posesiva con sus nuevos juguetes. —Déjala, está chiquita —decían.

Cuando lloraba o hacía travesuras, su mamá decía—: Está cansada, mijita.

Todos los que estaban presentes disculpaban sus travesuras. Pronto empecé a negarme a jugar con ella y sólo la observaba de lejos. Ella no podía entender por qué.

Me dio la varicela. Me recostaron en las almohadas de la sala y me compraron nieve. Princesa por un día. Nina, Nides e Hilda vinieron a verme en el bien preciado carro Modelo T de Nides. Todos se sentaron en un semicírculo alrededor de la cama. Yo era el centro de atención e Hilda la intrusa por primera vez. Amá, sintiéndose próspera ya que nos íbamos al norte cada verano, había comenzado a coleccionar figuritas de porcelana, de una a tres pulgadas de altura. Las había puesto de adorno sobre un almidonado pañito blanco en la sala. Sin advertencia, Hilda tomó un elefante de porcelana y me lo tiró. Increíblemente, me pegó en el puente de la nariz, justo en medio de los ojos y me rompió un pedacito de hueso. Todos gritaban mientras que la sangre me escurría por la cara. Me envolvieron en colchas y me llevaron en el carro Ford Modelo T de Nides directo a la casa del Dr. O'Connor. Él me curó la herida y me llevaron de regreso a casa y me recostaron en las almohadas de la sala otra vez. Decidí que nunca iba a perdonarla.

Ella supo desde un principio que era adoptada y que nunca tendría hermanos. Era una herida que nunca le sanaría. Yo tenía una familia grande y ruidosa, con muchos hermanos y hermanas y sus amigos. Amá era la primera que visitaban cuando los tíos y parientes lejanos venían de fuera del pueblo, tal vez porque vivíamos en el lugar donde mi abuela había vivido. Hilda adoraba el compañerismo escandaloso que había en nuestra casa y odiaba el vacío y el frío de la suya, por eso hacía que Nina pasara todo el tiempo posible en nuestra casa. Yo no podía comprender su soledad de ser la única niña adoptiva.

Con el tiempo empecé a decirme que esto era temporal y que en realidad yo era adoptada. Pronto mis verdaderos padres, quienes seguramente serían ricos y me habrían extrañado terriblemente, regresarían por mí.

Creí que recordaba cómo eran ellos. Mi verdadera mamá era linda y elegante y siempre llevaba puestos pendientes que relumbraban con el sol. Mi verdadero papá llevaba puesto un traje negro a todas horas del día y un sombrero negro, ladeado con gracia sobre la cabeza.

Los detalles de sus vidas crecían y se multiplicaban en mi mente. Vivían no en casa de dos pisos como las que siempre había codiciado, sino en una mansión de tres pisos con acres de cuartos. Empecé a buscar su carro, el cual estaba segura de que sería un Buick negro con blanco, con asientos de piel blanca.

Ellos sólo tenían una pena en la vida y era que me habían regalado. Había un detalle de la historia que pasaba por mi mente y al cual no me acercaba tanto. Y esa era la razón por la cual me habían regalado. ¿Acaso sería porque yo era muy corriente y ellos habían deseado tener una hija hermosa como ellos? O tal vez porque no tenían tiempo para mí en sus fascinantes vidas y sus viajes alrededor del mundo.

No importaba, cualquiera que fuera la razón original, ellos regresarían pronto por mí.

La Navidad después de nuestro segundo viaje a Minnesota fue la primera que mi familia festejó de forma especial. Antes de ésta, la Navidad era sólo una ocasión en que mi mamá y mis hermanas iban a la misa de gallo en la iglesia. Yo había escuchado historias de Santa Claus. Él daba regalos en Navidad y bajaba por la chimenea. Estaba muy preocupada porque nosotros no teníamos chimenea. No teníamos luces de colores en nuestra casa y tampoco árbol de Navidad —nada que le indicara a Santa Claus que éramos importantes y que debería venir a nuestra casa—. Todos me aseguraban que dejaríamos la luz del portal prendida y que entonces él vendría.

Como yo era la menor por siete años y habíamos ido al norte y teníamos un poco de dinero, me dieron regalos. En la Nochebuena, me distrajeron en la cocina mientras que mi hermano sacaba algunas cosas del escondite y las ponía en el portal. Entonces todos actuaron como si hubieran escuchado ruidos y campanitas sonando en el portal. Me dijeron que saliera a ver si era Santa. Salí corriendo y encontré una estufa de cartón pintado y un juego de té hecho de hojalata. Me sentí mal ser la única en la familia que recibió regalos ese año.

La única ocasión que se celebró mi cumpleaños fue cuando cumplí seis años. Fue el último año que estuvimos en la casa de Tío Alfredo. Yo creo que mi mamá me tenía lástima. Invitamos a cinco de mis amigas y a cuatro niños pachucos que vivían al cruzar la calle. Ella me compró un vestido gris que tenía una aplicación de un perrito caniche de encaje color de rosa. Fue mi primer vestido que fue comprado en una tienda. Nina, que era famosa por su habilidad para hacer pasteles de bodas, hizo el pastel y hasta tuvimos piñata. El niño que vivía al cruzar la calle me regaló un collar y una pulsera de perlas de plástico. Me dio mucha pena y me avergoncé de que ellos hubieran gastado tanto dinero en mí cuando eran tan pobres que raramente se ponían zapatos.

En la primavera, Goyo Vargas, el mayordomo del rancho en Minnesota vino a preguntarle a mi papá que si se anotaría para ir al norte otra vez. Claro que iríamos. Como lo había hecho cada año, el mayordomo le preguntó a Apá que si estaría dispuesto a irse a principios de mayo y quedarse hasta octubre. Apá contestó como lo hacía cada año después del primero. Nos iríamos un día después de que se terminara la escuela y regresaríamos el día antes de que empezara de nuevo. Apá le dijo a Goyo otra vez lo importante que era para él que sus hijos terminaran la preparatoria. Goyo sonrió, sacudió la cabeza al escuchar los sueños tercos de Apá y consintió.

Capítulo 5

La conversación es el pasto del alma.

Fuimos a Minnesota y Wisconsin por varios años más. En Minnesota, todos los días eran iguales. No había domingos, ni días de fiesta, ni días de descanso. Todos los días, de sol a sol, eran lo mismo. Trabaja todo el día, come lo que puedas y cae muerto al anochecer. Hazlo otra vez el siguiente día.

Solamente los días de lluvia o de ir a comprar comida lo aliviaban a uno del trabajo que lo dejaba hecho polvo. Mi familia nunca hablaba mucho; nomás trabajaba silenciosamente, sin parar. Parecía que no había mucho de que hablar. Solamente el tema de «¿te acuerdas cuando...?» nos conectaba a todos. Lo mejor era cuando Apá y Rudy se iban de pesca después de una lluvia porque entonces podíamos contar historias de Apá, lo cual nunca haríamos en su presencia. Nos decíamos que era por respeto, pero en realidad era por temor.

—¿Te acuerdas cuando vivíamos en el rancho y Apá nos castigaba haciéndonos hincar en las piedritas de grava? —alguien preguntaba. Mis oídos se aguzaban. Me encantaba oír las historias y yo siempre fingía nunca haberlas escuchado. Luis aportaba los detalles —él siempre recordaba los detalles— pero dejaba el relato para las mujeres.

—¿Delmira, qué es lo peor que te ha pasado en la vida? —yo provocaba.

—Lo peor fue cuando Apá me amarró las manos a la espalda. Cada vez que Delmira contaba esa historia, parecía que Delia iba a llorar, como si sólo contarlo la hiriera profundamente.

Volteé a ver a Delia. —¿Y tú, Delia, qué fue lo peor para ti?

Amá interrumpió—: ¡Lo peor para mí fue vivir con mi suegra! —y nos arrancábamos hacia la historia.

Apá nació para narrador, como lo había sido su papá antes de él. Don Manuelito («Güelito Melito», como lo llamaban sus nietos) reunía a todos sus nietos, que eran muchos, a su alrededor y les contaba historias de su vida en México.

No teníamos televisión ni radio. Lo único que había que hacer y el único entretenimiento, era contar historias después de la cena. Mis hermanos, hermanas, Amá y Apá se olvidaban de las penas del día por las noches cuando jugábamos «¿te acuerdas cuando…?» Les brillaban los ojos, se animaban y el cansancio parecía abandonar sus músculos. Sentir el amor y la unidad en el cuarto era como nadar en un mar templado.

Apagábamos el foco pelón que colgaba de un cable café. La luz del fuego que se vislumbraba a través de la puerta abierta de la estufa de leña, bailaba en los rostros de la gente que yo amaba. Atenuaba, un tanto, el dolor que atravesaba sus rostros cuando recordaban algo doloroso. Yo nunca quería que las noches terminaran.

Estas son las historias como yo las recuerdo.

Apá nació el sexto día del siglo veinte en las afueras de Villaldama en el estado mexicano de Nuevo León. Su familia había vivido allí por generaciones. Los registros en la iglesia de Villaldama datan de 1780. Él tenía cinco hermanos y una hermana. Sus papás fueron rancheros prósperos. Tenían miles de cabras y cientos de vacas. Tenían una reata de caballos que tenían cada uno sus nombres y cada uno de los seis hijos tenía su montura favorita. Dos de sus hermanos mayores, Tiburcio y Eulalio, llevaban pistolas en las caderas.

Mi papá fue a la escuela en Sabinas sólo por tres años. Se hospedaba en el pueblo con una pareja que no tenía hijos. Después de eso sus papás le permitieron regresar al rancho, donde podía montar caballos con libertad y pasar la noche en las laderas de las montañas con los pastores de cabras.

Esos años en México estaban grabados en su memoria. Nos contaba que él y su papá iban de Villaldama a Sabinas en sus caballos favoritos. Una vez fue después de una lluvia y el río estaba crecido. Mi papá se quitó la ropa y nadó para cruzar agarrándose de las riendas de su caballo. Esta era su historia favorita, así que lo dejábamos que la contara una y otra vez.

Tenía una reserva inagotable de historias.

Los melones. Hubo una inundación y el río crecido arrastró los melones. Mi papá y sus amigos se tiraban al agua para recoger melones. Apá se echó un clavado y agarró lo que él pensaba que eran dos racimos de melón. Salió a la superficie con una serpiente en cada mano. Para colmo de males, su mamá le dio una buena paliza por ponerse en peligro de esa manera.

El arroz. Sus papás se habían ido a Lampasos para comprar más caballos. Apá y Tío Manuel planearon darles una sorpresa preparando la cena. Prendieron el fuego afuera, como su mamá siempre lo hacía. Llenaron una olla de arroz y la pusieron a hervir. Al absorber el agua, se rebosó del sartén, así que lo dividieron entre dos sartenes. Después, cuatro sartenes. Para cuando llegaron sus papás, todos los sartenes estaban llenos de arroz a medio cocer. Mi papá jamás comió arroz; decía que le provocaba dolor de estómago.

El clarín. Una actividad favorita del recreo en la escuela era ver quién llegaba primero a la cumbre de la montaña. El niño de la trompeta siempre ganaba. Y él anunciaba su victoria tocando su trompeta a pleno pulmón del punto más alto. Sus ojos eran azul índigo, igual que los de sus once hermanos.

Los chivos. Un hombre llegó a comprar cien cabras del papá de Apá. Pero este hombre sólo podía contar hasta diez, así que después de cada diez cabras, cerraba la puerta y añadía una piedra al montón de piedras para contar. Después de que el montón tenía diez piedras sus compras habían terminado. La mamá de Apá guardaba las ganancias de las ventas de ganado en un costal de papas debajo de la mesa de la cocina.

Ellos lo dejaron todo en 1911 sin siquiera hacer maletas. Pancho Villa y sus revolucionarios andaban reclutando hombres jóvenes para pelear. Los villistas avanzaban por el campo rápidamente. Mi abuelo tenía tres hijos en edad de ser reclutados y no quería perderlos en una guerra. Dejó todo para salvar a sus tres hijos y se escapó a los Estados Unidos con sólo su familia de equipaje. Mi papá tenía once años. Nunca regresaron.

Apá no se casó hasta que tenía treinta y cinco años. Sin embargo, él tuvo bastantes novias. De vez en cuando, mi mamá sacaba un sobre de seis fotos en blanco y negro de mujeres. Ella las había sacado de la cartera de mi papá cuando se casó con él.

Había una historia que me encantaba escuchar. Mi papá mantenía una «querida». Esta querida tenía tuberculosis y todos sabían que se moriría pronto. En la foto ella se veía hermosa y elegante, vestida como una joven a la moda de los años veinte. Llevaba un sombrero y un collar largo de perlas. Me preguntaba si mi papá la habría amado. Seguramente sí la amó, porque se quedó con ella hasta que ella murió a los veintiséis años. Yo trataba de imaginar sus vidas juntos. Ella, sabiendo que iba a morir y él sabiéndolo también. Era un picante amor del que todo el pueblo hablaba. Me preguntaba si él podría olvidar un amor que se había muerto así en sus brazos. Quizás mi mamá era sólo una sustituta.

Pero no, él estaba tratando de casarse con mi mamá cuando Petra todavía vivía. Después de todo Petra debe de haber sido sólo una «querida». Yo le pedía a mi mamá que me contara más. Pero ella guardaba el sobre y de pronto se volvía muy hacendosa, haciendo otra cosa con su rostro implacable.

Apá tenía cincuenta años cuando yo nací. Para entonces él se había convertido en un señor respetado y todos lo llamaban Don Luis.

Amá, «La Chata», nació en las afueras de Pearsall en el camino Tilden en un rancho llamado Las Conchas. Ella era la cuarta hija en una familia de nueve. Su sobrenombre era «Chata» por su pequeña nariz chata. Sus papás, María Victorina Bazán y José María Pérez, vinieron de México. Ella era de Agualeguas y él de Mier en Tamaulipas. José María era descendiente de una familia próspera que poseía extensas fincas en los dos lados de la frontera que separaba Texas y México. Su papá fue el alcalde de Mier por muchos años y era masón del nivel treinta y tres, el rango más alto que se puede lograr. José María había sido bien educado en las escuelas de Laredo y su diario está salpicado de poesía apasionada: «la tierra temblaba con entusiasmo cuando ella caminaba por encima».

Pero José María también jugaba póker. Y las cartas estaban en su contra más seguido que a su favor. Las pérdidas de sus apuestas incluían tierras, casas y dinero. Para cuando mi mamá nació, ya eran humildes y vivían como aparceros en el rancho de un gringo en las afueras de Pearsall. Se habían convertido en los parientes pobres.

Mandaron a mi mamá y su hermana, Cidelia (Chela), a la escuela de Laredo por unos años. Se hospedaron con su Tía Teresita, la hermana de José María, en su gran casa cómoda. Pero se sentían solas y extrañaban el rancho y su mamá y ansiaban regresar a su casa. Así que regresaron después de dos años.

Cuando José María estaba ya en su lecho de muerte, con cáncer del colon, sus hermanos vinieron al lado de su cama y cerraron la puerta del cuarto. Le dijeron que en vida había gastado más que lo que le correspondía de la fortuna de la familia y que ahora que estaba a punto de morir, la única cosa honrada que podía hacer era firmar para ceder sus derechos del resto de la fortuna familiar. Para cuando abrieron la puerta, él ya había firmado y murió poco después.

Después de esto, sus hijas empezaron a lavar y planchar ropa ajena. Los hijos trabajaban en el rancho. Mi mamá y su hermano Alfredo se quedaron en casa y permanecieron solteros por mucho tiempo después de que todos sus hermanos se habían casado y separado, mucho después de que mi abuelo murió. Mi mamá limpiaba la casa y planchaba ropa ajena. Mi abuela cocinaba para los tres. Tío Alfredo trabajaba en el rancho y tenía muchas novias.

Mi mamá no se casó hasta que tenía treinta años. Y todavía entonces se resistía.

Apá pasó a ver a mi abuela y le dijo—: Doña María, yo quiero mucho a su hija Chata. Pero yo creo que ella no me quiere.

—¿Qué puedo hacer yo? —contestó mi abuela. Después que Apá se fue, mi abuela llevó a mi mamá a un lado y le dijo—: Mientras que Petra viva, no te cases con él.

Mi mamá apartó la mirada y suspiró. Ella no quería casarse. Pero la gente empezaba a decir que era una vieja solterona. El «¿qué dirán?» era muy importante para mi mamá.

Cuando Petra murió, mi mamá se casó con él.

El juez vino a la casa de mi abuela. Sólo mi abuela y dos testigos estuvieron presentes. Después de la boda, Apá se fue solo a su casa. Tres días después, sin muchas ganas mi mamá al fin se fue con él.

Él todavía vivía con sus papás en una casa de dos cuartos. Esperaban que mi mamá fuera a trabajar con él en los campos. El único trabajo pagado que ella había hecho era lavar y planchar ropa ajena. Extrañaba el olor del jabón y el vapor que salían de la ropa mientras planchaba en la casa de su mamá. El escenario estaba listo para los campos de trabajadores migratorios.

El papá de mi papá, Don Manuelito, era de carácter dulce y amable. Mi mamá pronto llegó a quererlo. Él reunía a sus nietos y les contaba historias de México y de las peleas contra los indios.

Su esposa, Doña Sarita, era otra historia. Su fama de ser autocrática, sarcástica y brusca se extendía por todas partes. Tenía voz muy fuerte y personalidad todavía más fuerte. Cuando mi mamá y mi papá regresaban de trabajar en los campos, ella ponía una sartén con comida en la mesa y decía—: ¡A la que no le guste, que coma mierda!

Bueno, mi mamá era la única «la» en ese lugar. Pero se tragaba sus lágrimas y comía mientras anhelaba la libertad de sus días de soltera lavando la ropa con su mamá.

Mi papá no se quedaba con nada del dinero que él y mi mamá ganaban. Se lo daba todo a su mamá, como buen hijo mexicano que era. Su mamá compraba la comida y le daba su dinerito a mi papá; a mi mamá no le daba nada. Después, mi mamá se quejaba amargamente conmigo de que en aquel tiempo si ella necesitaba calzones, tenía que pedirle dinero a su suegra.

Cuando mi mamá iba a dar a luz a mi hermana mayor, Delia, dos años después de casada, se fue a casa de su mamá. Después que nació el bebé, dijo firmemente que jamás viviría de nuevo en la casa de su suegra y jamás lo hizo. En vez de eso, se fueron a pizcar algodón a Arizona. Siguieron yendo a las pizcas allí cuando nació Delmira. Se llevaban su propia cabra hasta allá, así podían tener leche fresca para las dos niñitas.

Después, mi papá encontró un trabajo como capataz en el rancho de los McKinley, llamado para siempre «El Rancho» en nuestra familia. Apá era el aparcero residente de allí. En recom-

pensa por su trabajo en el rancho le dieron un terreno para traba-
jarlo como él quisiera y veinticuatro dólares por semana, más el
domingo libre. Este trabajo incluía una casa de una recámara en la
propiedad. Se mudaron allí y esa fue la casa donde el resto de
nosotros nacimos y donde se hicieron nuestros primeros recuerdos.

Mis hermanos y hermanas llegaron a ser quienes eran en «El
Rancho».

Delia tiene la piel morena oscura. La de la piel morena en una
familia mexicana era siempre «La Prieta». El sobrenombre de
«La Prieta» era de cariño. Y cada vez que la llamaban así era en
una voz como de caricia.

Delia y Delmira tenían dos vestidos cada una para la escuela.
Amá lavaba y planchaba los dos que no llevaban puestos. La mayoría de su ropa era ropa usada de las hijas de los McKinley.

Delia tenía que caminar muy lejos para tomar el autobús para
ir a la escuela. Ella iba sola hasta que Amá se dio cuenta de que
los coyotes a veces la vigilaban de lejos. En pocos años, todos mis
cinco hermanos caminaban juntos a la parada del autobús. La
casa de una recámara alojaba entonces a una familia de ocho.
Pero tenían vergüenza de la casa en que vivían. Una vez ellos les
dijeron a sus amigos que la casa de los McKinley era nuestra
casa. —¡No puede ser! —los niños respondieron. Así que un día
se bajaron del autobús y se metieron corriendo a la casa de los
McKinley antes de que el autobús se arrancara para comprobar su
mentira. Mi papá los castigó, haciéndolos que se hincaran sobre
cortantes piedritas de grava.

Tenían un perro llamado Ranger, que era juguetón con ellos,
pero feroz con los extraños. También tenían un cerdo de mascota
que se desapareció de repente. Los muchachos sospechaban lo que
le había pasado, pero claro no le podían preguntar nada a Apá.

Todos ellos aprendieron a nadar en la pila, el depósito de
agua del molino de viento, con un mecate atado a su cintura que
mi papá sostenía mientras ellos aprendían. Excepto Delia, que
nunca le perdió el miedo al agua, así que nunca aprendió a nadar.

Tío Alfredo también trabajaba en el rancho de los McKinley.
Ellos tenían un radio viejo y por las noches, cuando salía su pro-

grama favorito, Tío Alfredo se quedaba a escuchar «La Sombra». Apagaban las luces para que fuera más espantoso y se amontonaban alrededor de la radio en la oscuridad a escuchar «La Sombra».

Luis y Rudy jugaban afuera en la lluvia. Los podíamos ver desde el portal jugueteando alegres y libres en el lodo y brincando en los charcos. Yo estaba en los brazos de Delia y los miraba junto con mis hermanas. Les rogaba que me dejaran jugar afuera en la lluvia también, pero no. Esa no era forma de jugar para las niñas.

En el otoño, los mezquites dejaban caer sus vainas cafés con rayas rojas. A todos los niños nos mandaban con soperas y recipientes para recogerlos como alimento para los animales, la vaca y el cerdo. Las vainas gordas estaban muy dulces y los muchachos se las comían mientras recogían más.

Para hacer mantequilla, mi mamá ponía la crema en un bote con tapa. Uno de los muchachos caminaba agitando el bote con las dos manos hasta que se convertía en mantequilla. Amá hacía jabón, de lejía y sebo, afuera en una caldera negra enorme. Era una vida sencilla.

Para mi papá, Delia era una hija mexicana modelo: obediente, cortés y callada. Con ella se podía contar. Nos cuidaba a todos cuando el trabajo ya era demasiado para mi mamá.

Delmira era la del espíritu libre en nuestra familia. Tío Alfredo le puso el sobrenombre de «La Pongi» cuando era pequeña, porque siempre andaba trepándose en las cosas.

Una vez cuando Delmira tenía tres años, mi mamá, mi papá, Tío Leonides y Tía Nina fueron a la oficina de impuestos del condado, que estaba al lado de la estación de bomberos, para averiguar sobre una factura de impuestos. Nina y Amá estaban hablando con Doña Rosa afuera mientras que Delia y Delmira corrían alrededor del estacionamiento. Doña Rosa acababa de caminar ocho millas de Derby a Pearsall y traía noticias de un amigo que había muerto.

Después de un rato, sólo Delia estaba allí, muy calladita. Empezaron a llamar a Delmira y escucharon su voz indistinta que venía de arriba. Se había trepado fácilmente a la plataforma de tres pisos que era para la enseñanza de los bomberos y estaba parada allá arriba saludando. Mi mamá, que estaba embarazada, comenzó a respirar aceleradamente y casi se desmayó. Mientras que Doña Rosa corría a avisarle a mi papá, Nina le hablaba dulcemente a Delmira diciéndole que se sentara en la plataforma de ocho por ocho pies y que no se moviera. —No te muevas, Chulita, allí quédate, mi amor, no te muevas —ella se sentó muy contenta, columpiando las piernitas en la orilla.

Mi papá salió corriendo y se trepó temblando. Todos los demás le hablaban dulcemente desde abajo, rogándole que no se moviera. Ella se agarró de mi papá como un chango mientras él la bajaba.

Ella lo hizo otra vez ese mismo año en el rancho, cuando trepó la escalera del molino de viento y se sentó en la tablita que estaba al lado de la rueda que daba vueltas.

Le encantaba su cuerpecito atlético. Lo movía constantemente, corriendo, brincando y trepando, mientras que se chupaba los dedos de la mano derecha y se levantaba el vestido con la mano izquierda para acariciarse el ombligo. Se sentía conectada de esta manera.

Mi papá pensaba que este era un vicio vergonzoso y le gritaba constantemente que no lo hiciera. Ella empezó a esconder su vicio pero no lo dejó.

El verano antes que ella empezara la escuela, mi papá ya no aguantó y aun en contra de las suplicas y las lágrimas de mi mamá, le amarró las manos por detrás de la espalda con un pedazo de mecate. Delmira lo aceptó silenciosamente, pero por dentro prometió no dejarlo ganar.

Esa noche trató de encontrar una forma de dormir, pero no había forma. Sobre el estómago, de lado, sobre la espalda, todas estas formas la lastimaban. Trató de sentarse, pero le dolía el cuello. Después de horas de ronquidos fuertes de Apá, al fin se sintió derrotada y empezó a llorar en silencio. Él había ganado. En medio de la oscuridad, Delmira sintió las manos de mi mamá que le desataba los nudos. Esto le rompió el corazón y empezó a sollozar. Mi mamá se sentó a su lado hasta que se calmó. Cuando Amá se retiró, Delmira se durmió chupándose los dos dedos y jugando con su ombligo, con su camisón de dormir levantado.

En la mañana Amá la despertó mientras que cuidadosamente le amarraba los nudos de nuevo, disculpándose con ojos cabizbajos mientras lo hacía.

Cuando Apá le desamarró los nudos para que pudiera desayunar, notó que los nudos habían cambiado, pero no dijo nada.

Durante el día, Delmira corría, brincaba y saltaba igual que siempre, con su cuerpo nuevamente discapacitado. Cuando se caía como babosa, Delia y Luis la ayudaban a levantarse. Delia lloraba pero Delmira se reía de su propia desgracia, pero solamente durante el día.

Era en la noche cuando se desesperaba, sintiendo que no podía respirar. Pateaba las cobijas y se escapaba al portal de mosquitero donde podía agarrar grandes tragos de aire libre.

Por tres días, Apá y mi mamá pelearon por el cuerpecito de Delmira. El tercer día Delmira ya no pudo aguantar más. Su temor a la reclusión sobrepasó su espíritu y el amor a su cuerpo. Ella le rogó a mi papá que le quitara el mecate y le prometió que nunca más se chuparía los dedos, ni jugaría con su ombligo. Jamás lo hizo.

Mi papá había ganado. Ella estaba lista para el primer grado.

Luis, «El Prieto», era el hijo primogénito. «El varoncito», como dicen en México. Se espera mucho del hijo mayor en una familia mexicana. Se espera que él sea el preferido. Y lo era, es decir, lo era hasta que llegó Rudy. De todas las fotos familiares, la más lujosa es la de Luis a los cuatro años en su fiesta de cumpleaños. Lleva puesto un traje completo de pantalones cortos, chaqueta entallada, calcetines a la rodilla y zapatos de salir. Está parado, muy orgulloso, al lado de su pastel de cumpleaños, con una raya bien hecha en el cabello. Rudy siempre se quejaba de que no hubiera una foto así de él. De hecho, no hay fotos de él hasta que empezó la escuela. Como respuesta a lo que la familia esperaba de él, Luis presentaba valentía por fuera, pero por dentro era inseguro.

Luis esperaba hasta que mi papá regresaba de la cantina para que le diera su palmada en la espalda antes de darse las buenas noches. Una noche cuando Luis tenía como cinco o seis años, mi papá llegó con hambre y muy alegre. Las tortillas de la cena se habían terminado, así que sacó salchichón de la hielera, empezó a enrollar rebanadas y se las comía con sal. Luis, queriendo ser como su papá, seguía comiendo rebanadas enrolladas también.

Amá se levantó de la cama y regañó a mi papá por darle tanto salchichón a Luis, tan tarde en la noche, le dijo que era malo para un niño.

Efectivamente, media hora después de que se fueron a la cama, Luis se acercó a la cama de mis papás para decirles que no se sentía bien. Cuando prendieron la luz, mi mamá gritó. Luis tenía los ojos cruzados. El grito nos despertó a todos y nos reunimos alrededor mientras que mi papá trataba de hacerlo que se enfocara en objetos por las esquinas de sus ojos, pero los ojos no se le descruzaban.

No esperaron hasta la mañana. Lo llevaron a una curandera a medianoche.

Luis estaba acostumbrado a curanderos. Mi mamá lo había llevado seguido. Luis se había dislocado el codo dos veces antes, y «El Cieguito» se lo había compuesto. Él palpaba el brazo con cuidado de arriba abajo y luego lo doblaba del todo, haciéndolo caer en su lugar y después lo masajeaba para quitar el dolor.

Pidiéndole perdón, levantaron a Doña Tacha de la cama. Era muy anciana y las arrugas en su cara eran tan profundas que parecían cortadas. Ella miró a Luis y puso más leña en la estufa. Después empezó a calentar dos cobijas sobre la estufa. Cuando ya estaban tan calientes que casi no se podían tocar, las extendió sobre una cama y le dijo a Luis que se acostara rápidamente en el medio. Envolvió un lado sobre él y por debajo de él, bien apretado. Luego el otro lado, hasta que parecía un tamal bien envuelto.

—¡Está muy caliente! —se quejó él.

—¿Quieres ojos torcidos para siempre? —respondió ella—. ¡Cierra los ojos! —le ordenó. Entonces empezó a rezar sobre él. Incómodo, Luis se retorcía y pronto empezó a sudar abundantemente. Ella continuó rezando y él pronto se empezó a relajar. Cuando las cobijas estaban sólo tibias, lo apretado se empezó a sentir como seguridad. La voz de Doña Tacha era suave y consoladora. Él se durmió. Ella rezó una última oración y gentilmente guió a mis papás a su cocina.

Mientras ponía café, dejó que Amá y Apá contaran cómo había sucedido todo. Ellos también necesitaban curación. Doña Tacha les aseguró que Luis iba a estar bien. Cuando lo despertaron en una hora, ya estaba bien.

La atención médica de rutina, los chequeos y los exámenes no fueron parte de nuestro crecimiento. Un diente con una caries grande no se rellenaba, se sacaba, porque era más económico. Mi mamá no sabía nada sobre nutrición; nosotros éramos libres de comer o no comer lo que quisiéramos. Luis y Delmira jugaban para ver quién podía mirar fijamente al sol por más tiempo. Luis siempre ganaba.

Cuando mi papá era aparcero en el rancho de los McKinley, teníamos una vaca. De ésta venía toda la leche y la mantequilla para la familia. Nunca era suficiente. La vaca se mantenía en un pastizal cercado. Todos los muchachos se turnaban para ir a traerla por la tarde para ordeñarla. Los demás esperaban que la trajeran y después seguían a mi papá, como pollitos a una gallina, hacia el granero. Cada uno de los muchachos traía una taza. Apá les daba la espuma de leche caliente de la superficie de la cubeta. Eran sólo burbujas y aire, pero ellos sentían que era algo muy especial.

Todo esto funcionaba bien hasta que llegaba el turno de Luis de ir a traer la vaca. Su vista estaba fallando mucho y no quería que lo supiéramos. Nadie en nuestra familia usaba anteojos. En la escuela él se tenía que sentar en la primera fila de la clase, aunque sus amigos lo llamaban «¡lambiache!» Y aun así tenía problemas para enfocar la escritura del maestro. Para los exámenes, los maestros escribían las preguntas en el pizarrón. Él apenas podía descifrar lo que decían. Después de escribir la respuesta, leía la pregunta otra vez. Al levantar la mirada, los ojos se le desenfocaban y la pregunta parecía decir otra cosa. Rápidamente borraba y volvía a escribir. Sus trabajos estaban incompletos y tenían muchos borrones. Luis estaba silenciosamente desesperado.

Por eso, Luis tenía problemas en encontrar a la vaca. Su estrategia era caminar el perímetro de la pastura calladamente, esperando escucharla. Sus oídos se volvieron más agudos y podía escuchar pájaros, insectos y la tierra crujiendo bajo sus pies. Pero a veces la vaca estaba exasperadamente callada. A veces él caminaba alrededor de todo el perímetro sólo para descubrir que la vaca estaba al lado de la puerta de la entrada. Luis maldecía su ceguera y su suerte, preguntándose hasta cuándo guardaría su secreto.

Para cuando Luis consiguió sus anteojos de vidrio grueso, ya tenía una reputación no merecida de ser un torpe desmañado y Rudy se había convertido en el hijo predilecto.

Diamantina era la pequeña, la bonita. «La Bebé» era su sobrenombre aún después que Rudy y yo nacimos y ya no era la bebé. Su otro sobrenombre era «La Muñeca» porque era bella como una muñeca. Ella era pequeña y nerviosa.

Diamantina tomó gasolina cuando ya era lo suficientemente grande como para saber que no debía haberlo hecho y fue necesario lavarle el estómago. Se metía pedacitos de pañuelos de papel en la nariz y mi mamá pasaba apuros para sacárselos. Siempre se mordía las uñas abajo del crecimiento, hasta que le sangraban y luego se mordía la parte interior del labio.

Diamantina tenía orejas de duende que hacían juego con su pequeña cara de niña. Sus orejas no hacían curva en la parte superior como las orejas humanas normales; eran planas con orillas delgadas que la hacían verse como una pequeña hada de las flores. Se avergonzaba de ellas, así que se dejó crecer el cabello y constantemente se agarraba el cabello y se doblaba las orillas de sus orejas, con la esperanza de que se desarrollaran curvas normales como las de nosotros. Sólo consiguió que una oreja lo hiciera. La otra todavía es oreja de duende.

Fiel a sus orejas de duende, Diamantina era una artista mágica. Tomaba pequeñas flores multicolores de lantana que crecían en el solar y hacía collares y pulseras. Yo nunca tuve joyas que fueran más hermosas que las creaciones que ella hacía tan fácilmente. Cuando yo trataba de hacerlas, se veían toscas y apachurradas y no se quedaban unidas. Ella tenía un toque tan ligero que las de ella todavía se veían frescas cuando las ponía en mi cuello ya terminadas.

Hacía muñecas de trapo y ropa de muñeca con retazos de una caja de Amá. Nuestra abuela materna la enseñó a coser. Sus costuras derechitas tenían millones de puntadas minúsculas y parejitas. Y era rápida —iba de una idea a una pieza terminada el mismo día. La ropa parecía ropa de gente de verdad en vez de ropa de muñeca. Y por las expresiones de las muñecas que ella cocía, éstas parecían tener vida.

Diamantina tenía un juego de té hecho de vidrio opaco. Cada pieza era de diferente color. Le hacían falta piezas, pero era un tesoro. La esposa del ranchero, la señora McKinley, se lo había regalado cuando sus hijas ya no lo quisieron.

Nos íbamos detrás de la casa y nos sentábamos donde la tierra era muy arenosa y suavecita. Ella hacía tortillas de lodo, perfectamente redondas y me las servía en un platito rojo con huevos revueltos hechos de lodo. Después, en una tacita sobre un platillo, me daba café hecho con un poco de lodo (para darle color) remolinado en agua. Pretendíamos tomar pequeños bocadillos y sorbos mientras jugábamos a las «comadritas» y hablábamos de la salud de nuestros bebés.

Me encantaba ser la invitada en sus meriendas de té.

El nombre verdadero de Rudy es Rudolfo, pero nunca nadie lo llamaba así. Rudy era el «valiente» de la familia, el muchacho macho tipo Emiliano Zapata, aun a los seis años de edad.

Los niños mexicanos se tenían que sentar en la parte trasera del autobús para ir a la escuela. Delia, Delmira, Luis y Diamantina habían aceptado que así era la forma de ser. Ellos eran los primeros en abordar el autobús de esa ruta y todos los días, obedientemente, se sentaban atrás. Un día, mientras esperaban el autobús en la parada, Rudy preguntó—: ¿Por qué tenemos que sentarnos atrás y los gringos se pueden sentar al frente? —se miraron uno al otro. Así eran las cosas.

—Yo me voy a sentar al frente —dijo Rudy, con firmeza.

—Si tú te vas a sentar al frente, entonces yo también —convino Delmira.

—¡Vale más que no! —dijo Delia, la obediente.

Pero mientras el autobús se acercaba, la convencieron de que tenía que ser un esfuerzo de equipo. El conductor del autobús no podía pelear contra todos.

Rudy fue el primero en subir y se plantó firmemente en el primer asiento. Los otros, de pronto tímidos, se sentaron alrededor de Rudy. El conductor vio lo que estaba pasando, puso el freno de mano y se levantó—: ¿Qué demonios hacen aquí? ¡Los mexicanos atrás! ¡Ya lo saben!

Rudy, con fuego en los ojos y en el corazón, y con calma, pero también mucha determinación en la voz, dijo—: Si tú quieres que me siente atrás, tendrás que levantarme y llevarme.

Para el conductor, y para todos los demás que permanecían tensos y callados, Rudy parecía un perro bravo, listo para morder. Silencio. Entonces—: ¡Maldita sea! ¡No me pagan lo suficiente para esto! —gritó el conductor, mientras se columpiaba hacia su asiento y ponía en marcha el autobús.

Después de eso, se sentaban al frente todos los días y nadie les decía nada.

Pero Rudy tenía un lado tierno. Sus papás.

Mi papá tuvo algunos episodios de donjuanismo. Mi mamá lo dejó y se llevó a sus cinco hijos a la casa de su abuela. Rudy no dejaba de llorar lastimosamente por su papá. Mi mamá dice que esa fue la única razón por la que regresó con mi papá... por Rudy.

Después de que yo nací, mi mamá se puso muy enferma varias veces. Creíamos que de seguro se iba a morir. Entonces salía el niño de tres años que Rudy ocultaba dentro de sí mismo. Y mi hermano, el muy macho grande, que físicamente podía con todo lo que el mundo le presentaba, lloraba inconsolablemente como si fuera un bebé.

En cuanto a mí, a mi mamá le dio vergüenza que yo naciera. Yo era la prueba viva que todavía permitía que mi papá le abriera las piernas y eso la avergonzaba. Ella hubiera querido que el mundo pensara que había terminado con los bebés y con el sexo. Rudy ya tenía siete años. Mi mamá tenía cuarenta y cinco años y mi papá tenía cincuenta años cuando yo fui concebida.

Mi mamá esperaba vehementemente que la causa de la falta de su regla fuera la menopausia. Pero no lo era. Era yo. No se lo dijo a nadie. Me escondió debajo de vestidos vueludos, suéteres, delantales y gordura continua. Amá es buena mentirosa. Cuando me trajo a la casa del hospital, les dio un susto a mis cinco hermanos.

Amá estaba cansada de bebés pegados a su pecho. En vez de eso, me entregó, con biberones, a mis hermanas durante el día. Ellas jugaban a la casita conmigo y me peinaban el cabello como una muñeca por algún tiempo, pero después se cansaron. Mi mamá ya estaba cansada de lavar y cocinar para ocho. Mis hermanas me dicen que antes de que yo naciera, Amá cantaba mientras lavaba. Su canción favorita era el corrido «Santa Amalia» de Los Relámpagos del Norte. Para cuando yo nací, ella ya no cantaba. Sólo hacía su trabajo tenazmente y con muchos suspiros.

Mis hermanas se pelearon por años, averiguando a quién le tocaba peinarme el cabello. —¡Es tu turno; yo lo hice la última vez!

Mi cabello era largo, rizado y enredado, por eso me pusieron el sobrenombre de «Greñas». A veces me lo peinaban en dos trenzas. Si estaban de buenas me hacían rizos de Shirley Temple alrededor de la cabeza.

Yo crecí con un vago sentimiento de no ser querida y me preguntaba si alguien podría amar a una niña como yo. Me pasé mucho tiempo sintiendo que molestaba a todos; las únicas ocasiones que estaba bien era cuando estaba sola. Y estaba sola mucho tiempo.

Capítulo 6

Al son que me toquen bailo.

La señorita Esther había sido la maestra de primer grado de mis cinco hermanos y la mía también. Los maestros de primer grado en la escuela de Westside tenían un gran reto porque casi todos los estudiantes nuevos sólo hablaban español. La educación bilingüe no había llegado a Pearsall.

Estábamos segregados hasta que entré al quinto grado. Los niños mexicanos iban a la escuela de Westside y los niños gringos, a la de Eastside. Una vez a la semana, más o menos, mi familia pasaba en el carro por la escuela de Eastside cuando íbamos a un rancho donde vendían huevos. Había pasto verde por todo alrededor de la escuela de Eastside. En el patio de recreo en la escuela de Westside había tierra roja y hierbas. Por la calle de la casa de mi amiga Margie, había una escuela de negros de un solo salón, pero la cerraron antes de que empezáramos la escuela. En nuestro pueblo sólo había dos o tres negros en edad de ir a la primaria. Ellos iban a la escuela Eastside con los niños gringos. En Pearsall, los mexicanos eran los últimos.

La noche antes de mi primer día en el primer año, Delmira me advirtió que no hablara nada de español. Como yo hablaba solamente tres o cuatro palabras en inglés, esto quería decir que iba a estar principalmente callada. Me dijo que había un corral en el patio de recreo con una etiqueta que decía «pigs» y me explicó que esa era la palabra para cerdos en inglés. Allí era donde ponían a los niños que hablaban español en la escuela. De cualquier manera, yo era una niña normalmente callada, así que podría manejar esta situación.

La señorita Esther sostenía ilustraciones recortadas de revistas y libros ilustrados y nosotros teníamos que repetir lo que ella decía. «Cow... Cat... Bird». Nosotros repetíamos. La primera palabra de Helen Keller fue «agua». Mi primera palabra en la clase fue «armadillo» porque la pronunciación era casi la misma en inglés y en español. Ya nos estábamos comunicando.

Gilberto se sentó a mi lado con su camisa almidonada y sus pantalones bien planchados. Él tampoco hablaba inglés. No llegó al descanso de tomar leche con chocolate. Nomás siguió sentadito allí, callado, con su raya bien hecha en su cabello alisado y empezó a sollozar cuando el charco amarillo empezó a extenderse de su silla al piso. Se lo llevaron y no estoy segura qué hicieron con él después de eso. La señorita Esther regresó y nos llevó a nuestra primera excursión a los baños. Con muchos ademanes nos indicó que debíamos levantar la mano.

La escuela de Westside estaba situada en una cuadra de la ciudad de polvorosa tierra roja. Estaba rodeada de calles de polvorosa tierra roja y algunos cuantos árboles de mezquite. Sólo una mitad del patio de recreo se podía utilizar, porque la otra mitad estaba enyerbada y llena de cardillos, bolitas picudas que se pegaban a los calcetines y te sangraban los dedos cuando te los sacabas. Así que nos manteníamos lejos de la hierba y jugábamos en la parte del patio que era pura tierra sin hierba.

Nuestro juego favorito era «Ring». Para jugarlo, se dibujaba un gran círculo en la tierra con una piedra, un círculo bastante grande para que pudieran caber la mitad de los jugadores. La otra mitad de jugadores se paraban afuera del círculo. El objetivo era que un jugador «adentro del círculo» corriera afuera del círculo alrededor del patio y regresara al círculo sin que lo tocara un jugador de «afuera del círculo». Sin embargo, tan pronto salías, todos corrían detrás de ti. Si te tocaban, te tenías que inmovilizar hasta que un miembro de tu equipo saliera y te tocara. Entonces estabas libre y podías correr de regreso a la seguridad del círculo.

Este era un buen juego porque no requería equipo, el cual no teníamos, de todas maneras. Como tampoco requerían de equipo, también jugábamos al «Red Rover» y a la pata coja. Dibujábamos los rectángulos con una piedra en la tierra para brincar a la pata coja. Las niñas preferían jugar a la vieja Inés, pero solamente podíamos jugar cuando las maestras no nos escuchaban porque únicamente sabíamos jugarlo en español.

Al final del primer grado, nuestra clase tenía que participar en la Feria de Mayo en la preparatoria. Los niños iban a ser duendes y las niñas hadas y además íbamos a bailar en un círculo alrededor del «mayo» mientras que otro grupo le tejía listones. La señorita Esther nos formaba del más bajo al más alto. Hasta donde yo me acuerdo, siempre fui la más alta de mis compañeros de grupo. Ella dijo que yo tenía que conducir a todas las bailarinas hacia la cancha porque yo era la más alta. No quería ser la líder y nunca he querido serlo. Sin embargo, me dijo que debería hacerlo por ser la más alta.

Ahora que habíamos regresado de Minnesota, las visitas de acá para allá con los parientes empezaron. Mi mamá tenía ocho hermanos y mi papá tenía seis. Todos ellos estaban casados, excepto Tío Alfredo. Siete más seis son trece y el doble son veintiséis, así que yo tenía veintisiete tíos y tías que visitábamos o que nos visitaban, sin mencionar a los primos, muchos de los cuales eran mayores que yo y tenían hijos de mi edad o mayores.

Tío Blas era el mayor de todos. Primero lo visitábamos a él porque andaba en una silla de ruedas. Él era el hermano mayor de mi papá y ya estaba casado y tenía una hija cuando se vinieron de México en 1911. Cuando yo lo conocí, era un pequeño anciano marchito con piel muy morena. Se sentaba en la silla de ruedas en medio de su tienda de abarrotes y supervisaba todo lo que pasaba y saludaba a los clientes. Tío Blas fue el primer patrón de Delmira, además de los campos de trabajadores migratorios. Ella trabajaba en la carnicería rebanando salchichón y haciendo carne molida. En una ocasión se cortó el dedo y Tío Blas le pagó extra para compensarla.

El primer fin de semana que regresamos al pueblo, fuimos a San Antonio a comprar útiles escolares para mis hermanos. Después de ir de compras, nos quedamos con uno de nuestros parientes de la ciudad, la Tía Chela. Ella y Tío Emilio alquilaban una casa en San Antonio. Ellos pagaron renta por cincuenta años, hasta que murieron y derribaron la casa para abrir paso a una autopista. No sé cuál era el trabajo de Tío Emilio. Él ya se había jubilado cuando lo conocí. Trapeaba el portal con el agua más negra y sucia que yo jamás había visto. Su piel también era morena, pero casi negra, no café como la de nosotros. Tenía diabetes y con el tiempo los dedos de los pies se le pusieron negros, muy negros, por falta de circulación. Murió poco después.

Tía Chela era la más blanca de la familia. Su piel era casi tan blanca como un gis. Mi mamá, siempre traviesa, le cambió el polvo de maquillar por la harina de tortillas «White Wings» y luego la observó mientras Tía Chela se polveaba la cara cuidadosamente con una borla después de bañarse. —Ay, ¿por qué está tan grueso este polvo? —Tía Chela empezó a decir mientras que Amá se deshacía en fuertes carcajadas.

Junto con Tía Nina, Tía Chela era una gran creyente de las curanderas. Estaba convencida de que la gente trataba de hacerle brujerías diabólicas. Si encontraba polvo en algún lugar inusual, creía que alguien perverso lo había rociado para conjurar un hechizo maléfico.

Esa noche, Delmira se levantó en la madrugada para ir al baño. Cuando abrió la puerta, miró un enorme chile rojo en el piso, clavado con alfileres y rodeado de velas encendidas. Ella ahogó un grito, regresó a la cama y se aguantó toda la noche. En la mañana, todos actuaban de manera normal, así que regresó al baño para comprobar lo que había visto. No había chiles ni velas, pero sí unas cuantas gotas de cera, así que supo que no había estado soñando.

Mis hermanas me dicen que anteriormente Amá cantaba, pero había dejado de cantar cuando yo nací. Sólo la escuché cantar una vez en la casa de Tía Chela en San Antonio. Mi mamá me dejaba sentarme en su regazo a pesar de que yo ya era grande. En realidad ella no me lo pedía, sólo me lo permitía. Se sentó conmigo en la mecedora del portal de Tía Chela. Me dejó sentarme en su amplio regazo y me cantó mientras bamboleaba la mecedora con los pies y me apretaba con sus grandes brazos. Cantó «Las Mañanitas».

Mientras cantaba, yo sentía su amor y su calor y su cariño elemental. Así era el amor de mi madre hacia mí, elemental. Pero estaba bien. Ella siempre estaba allí. Un lugar seguro del cual yo podía depender. No lo ofrecía, pero yo siempre lo podía obtener, si se lo pedía. Su pecho se sentía cercano y dulce.

Mientras Amá seguía cantando, sus pensamientos parecían llevarla muy lejos. Yo me preguntaba si ella se imaginaría la vida que había soñado de muchacha. Tal vez pensaba en el joven de Uvalde que le había dado el anillo, el cual me acababa de enseñar hacía poco tiempo. Lo sacó con reverencia del fondo de un baúl de madera, donde estaba envuelto en una tela suave de algodón. Aquel joven había insistido en que se quedara con el anillo a pesar de que ella había rechazado su propuesta. ¡Qué diferente pudo haber sido su vida!

Amá, inconscientemente, me sostenía más fuerte y más cerca de ella mientras sus pensamientos se la llevaban cada vez más lejos. Yo disfrutaba la cercanía, su calor y la canción, aunque ella estuviera muy lejos de mí. Era tan raro tenerla toda para mí.

La canción terminó y ella seguía callada, todavía muy lejos. Sólo se escuchaba el rechinido de la mecedora. Cerré los ojos, queriendo quedarme en el momento y sentirlo todo. Mi mejilla en el pecho de mi mamá, sus brazos estrechándome, el calor de su cuerpo y las notas de la canción todavía ondeando en el aire. Me preguntaba cuánto tiempo así habrían pasado mis hermanas con Amá.

Regresó al presente y parecía sorprendida de encontrarme calladita en su regazo. Se rió un poco, sintiéndose ridícula de su cantar y de sus meditaciones, supongo. Ambas cosas eran poco comunes para ella —un lujo raro—. Me encantaba verla sonreír contenta, su rostro abierto hacia mí.

Un día de la siguiente primavera, Amá me mandó a comprar champú a la tienda de Danchack's al centro de Pearsall. Lavarnos el cabello con champú en vez de jabón era uno de los pocos lujos que mi mamá nos permitía.

Caminé por detrás de la casa de Tío Alfredo y crucé el callejón. Después caminé por el solar de Lenita; ella nunca se molestaba por eso. Cruzando la calle de tierra de su casa estaba un ancho espacio vacío al lado de los rieles. Había una vereda entre la hierba alta, árboles de mezquite y chaparro prieto que crecían en el lote baldío. La hierba estaba tan alta en ambos lados, que me ocultaba completamente, pero la vereda estaba muy usada y serpenteaba alrededor de los árboles y los matorrales más altos.

Al final de la vereda estaban los rieles del tren que dividían el lado mexicano del pueblo y el otro lado, donde estaban las tiendas de los dueños gringos. Podía ver el tren que venía, pero estaba bastante lejos, así que pensé que podía cruzar corriendo sin peligro. Caminé una cuadra más que corría paralela a los rieles. Al final de la cuadra vi a un hombre que caminaba hacia mí; era uno de los hombres que siempre se la pasaban en la esquina de la tienda de Danchack's, la única esquina en el pueblo que tenía un semáforo. No sé cómo se llamaba ese hombre, pero parecía que le faltaba un tornillo. Era alto, desgarbado, descuidado y uno de sus ojos siempre estaba medio cerrado. Traía la cara y las manos sucias, así que no podía distinguir si era gringo o mexicano.

Al acercarme más, volteó a mirarme con su ojo medio cerrado. No me gustaba caminar junto a él, pero estaba directamente en la ruta por donde yo iba. Me acerqué con la mirada baja. Cuando alcé la mirada, él estaba agarrando y moviendo su pene erecto y morado hacia mí. Yo me quedé inmóvil y traté de gritar, pero sentía como si tuviera la garganta llena de melaza. Como mi cuerpo parecía no estar funcionando bien, me caí en la banqueta al tratar de darme la vuelta. Me levanté y corrí hacia la casa.

El tren se había parado. Violé una de las reglas primordiales de mi mamá para ir al centro. Me arrastré por debajo del tren hacia el otro lado, justo antes de que el tren empezara a moverse. Cuando el tren estaba corriendo, yo sabía que aquel hombre ya no me podría alcanzar y me di la vuelta para mirarlo. A través de las ruedas del tren, podía ver sus pantalones y sus polvorientos zapatos viejos. Cuando el tren aceleró, me arrastré debajo de la hierba lejos de la vereda y me encogí para esconderme. Entonces me puse a llorar. Nadie me escuchó debido al ruido del tren.

Cuando vi que venía el cabús, corrí a la casa.

—¿Dónde está el champú? —preguntó Amá.

—No fui.

—¿Por qué no?

—Vi una víbora de cascabel entre las hierbas —y empecé a sollozar otra vez. Además de no arrastrarme por debajo del tren, también debía tener cuidado con las víboras de cascabel al pasar por los lotes baldíos camino al centro del pueblo.

Fue difícil comer mis tacos esa noche. Los ojos se me hacían más grandes al acordarme de esa terrible experiencia. Por la noche me desperté gritando a causa de las víboras moradas que, en mis sueños, me subían por las piernas y me mordían en el pecho y en la cara.

Amá decidió que yo había sufrido un gran susto al ver la víbora, así que temprano por la mañana me llevó con Doña Tacha, la curandera, que sabía curar el susto. Amá decía que no creía en curanderas, pero para enfermedades de veras malas le sacaba la vuelta a los doctores y recurría a sus mejores armas. Iba directamente con Doña Tacha o con El Cieguito, dos curanderos que nunca le fallaban. Doña Tacha le dijo a Amá que me llevara al oscurecer, pues ya tendría todo listo para entonces.

Doña Tacha había encendido velas en el rincón donde tenía la estatua de Nuestra Señora de Guadalupe. Me pidió que me pusiera de pie mientras me barría con una escoba de arriba abajo y por los lados repetidas veces. Mientras me barría, le cantaba al espíritu que había entrado a mi cuerpo.

—Ven, ven, no te quedes, ven.

—Ay voy —dijo que yo contestara, en respuesta a cada exhortación.

Ella hizo un hechizo para que el espíritu saliera de mi cuerpo y me dejara en paz. Allí, en presencia de Nuestra Señora de Guadalupe, el espíritu fue expulsado. Después de un rato y de muchas barridas y cantos, di un profundo suspiro y empecé a relajarme.

Doña Tacha se persignó y después me persignó a mí. Puso la escoba a un lado y siguió limpiándome, ahora sólo con sus manos, para ayudarme a sentir que mi cuerpo ya era mío de nuevo. Ella le dio a mi mamá una bolsita con hierbas. Amá debía preparar el té en las próximas nueve noches, darme una taza y rezar un Ave María a la hora de dormir.

Me sentí la misma de siempre después de dos días. Ya no quería el té que tenía un sabor repugnante, pero mi mamá me obligaba a tomarlo.

Capítulo 7

El que anda entre miel,
algo se le pega.

Kit. Colitas apretadas y rubias con pelitos parados alrededor del cuero cabelludo. El olor de una niña blanca sudada. Sus manos cortas con las uñas recortadas. Piel tan desconocida para mí. Nunca había visto una niña blanca tan cerca. Sus ojos azul-verdes me fascinaban. Sentía que me jalaban hacia adelante hasta que tenía que usar los dedos de mis pies para no caerme en su cara. Tenía algunas pecas —lo suficiente para parecerse a los niños rubios de los libros de cuentos ilustrados—. Y siempre un color rosa que florecía a través de la piel traslúcida de sus mejillas.

No me atrevía a tocarla; estaba contenta con olerla, mirarla y escuchar los sonidos que hacía. Nunca había estado tan cerca para examinar el discurso de una niña blanca. Los sonidos que ella hacía eran chillones, no cantarines como los de mis compañeros que hablaban español.

Fuerte. Sus pantorrillas eran bien firmes. Sus manitas y brazos fuertes; hasta su cara y cuello eran claramente definidos y musculosos.

Ella se montaba sobre Estrella, el pony pinto de colores blanco y café. Estrella era bajo, fornido y confiable. Kit hacía juego con Estrella y tenía agilidad y fluidez también.

Kit me invitó a montar con ella. Cuando guió mis manos y las puso firmemente alrededor de su cintura, yo me sorprendí de la cercanía. Nunca había estado tan de cerca de una niña de otro color o raza. Sus cabellos rociaban mis mejillas y su olor llenaba mi nariz.

Me encantaba montar a Estrella en compañía de Kit. Entonces tenía que tocarla.

Kit era la hija del ranchero y cuando llegamos por primera vez, a ella no la dejaban jugar ni comer con los niños de los trabajadores migratorios. Pero Kit estaba fascinada con nosotros y le encantaban los tacos de tortillas calientes, así que frecuentemente desobedecía esas órdenes. Además, no tenía a nadie más y se sentía sola.

Yo sentía pena por ella y a veces la envidiaba, por ser hija única en esa enorme casa.

Ella no estaba interesada en mí el primer año. Yo era de su edad, pero yo no hablaba inglés, así que ella prefería a mi hermana de once años, que sí hablaba inglés. Pero yo me pegaba detrás de ellas.

Una vez hizo algo bien malo. Nos llevó a su casa cuando su mamá había salido a un mandado, lo cual le estaba estrictamente prohibido. Nos dio sándwiches de pan blanco y leche. Derramó la leche en el piso y lo limpió con una toallita de lavar trastes. Mi mamá se hubiera escandalizado. Nuestra toalla de lavar trastes nunca tocaba el piso. Sorprendida, pensé que ella era una niña sucia.

Escuchamos el carro de su mamá que se acercaba. Nos rogó que nos escondiéramos en la planta alta. Nos llevó por la sala y subimos la escalera hasta su cuarto. Era el cuarto de una niña salida de un cuento de hadas, con cortinas de holanes y muñecas por todas partes. Hizo que nos escondiéramos en el ropero de su cuarto. Yo sabía que su mamá no nos maltrataría; sólo se enojaría con Kit. Así que me di gusto oliendo el aroma de cedro del ropero y tocando su ropa suavecita y sus vestidos adornados. Me gustaba estar en lo oscuro, arrimadita a mi hermana. Podía sentir que ella tenía miedo y quizás estaba molesta con Kit.

Escuchamos voces apagadas y después de un rato Kit nos sacó a escondidas por la puerta de al lado. Diamantina no volvió a jugar con ella después de eso.

Delmira cuidaba a Kit cuando sus papás salían por la noche. Ellos le pagaban, aunque ella lo hubiera hecho gratis, sólo por la experiencia de estar rodeada de tanto lujo y limpieza por esa noche. Ella no quería dormirse pues tenía un trabajo que hacer. Al siguiente día, estaba muy cansada para ir a los campos.

A la hora de la cena, Kit llegaba a nuestra puerta montando a Estrella. Parecía que Estrella la había traído desde otro mundo. Ella pedía la comida de mi mamá. Los olores del comino, el ajo y las tortillas calientes llenaban los alrededores de nuestro jacal.

—Huele rico. ¿Qué es? —preguntaba tímidamente.

—Tortillas con papas guisadas y frijoles —contestaba Rudy con arrogancia.

—¿Puedo probar?

—Creía que tú no debías comer de nuestra comida.

—La escondo y me la como rápido. No me pescarán.

—Bueno.

No paraba con el primero; pedía más. Casi siempre a su perrito, Tippy, también le tocaba un bocado. Esto hacía reír a mis papás.

Mis papás me hubieran golpeado hasta quedar morada si yo anduviera pidiendo comida en cualquier lugar.

Después de ese primer año, ella me invitaba a montar a Estrella. Siempre montábamos a pelo, su perrito corriendo detrás de nosotros. A veces yo iba detrás de ella, abrazando su cintura y con sus trenzas rozando mi cara. En otras ocasiones me sentaba enfrente y me agarraba de la melena de Estrella. Entonces Kit sostenía las riendas con la mano derecha y me agarraba de la cintura con la mano izquierda. Trotábamos por un pequeño bosque que rodeaba el rancho por dos lados, evadiendo las ramas bajas. Ella gritaba y daba alaridos y yo me reía y me carcajeaba mucho. Todavía no teníamos un lenguaje común, pero nos sentíamos cómodas andando juntas.

Estrella era un pony achaparrado blanco con café, pero yo me sentía como si voláramos. Me encantaba la cercanía de Kit y su olor tan desconocido.

Los otros niños del campamento nos observaban a distancia. No sé por qué ella me escogió a mí, pero yo estaba contenta de que lo hubiera hecho. Creo que se sentía sola y me necesitaba. Yo la hacía sentirse mejor.

La primera vez que me invitó a montar, jaló las riendas de su pony hacia mí. Con gestos y gruñidos, me indicó que me montara. Yo no tenía ningún miedo del pony, pero tenía temor de ella. ¿A dónde me llevaría? ¿Sería buena conmigo? ¿Estaría bien que la tocara?

Mi papá vino y me empujó hacia arriba para subirme al pony. Ella se encaramó delante de mí. Su cabello rozaba mi cara cada vez que ella volteaba. Me ordenaba que me mantuviera bien agarrada tomándome las manos y colocándolas firmemente alrededor de su cintura. Entonces entendí que todo estaba bien. Yo le caía bien. Aún no estaba segura de que ella me cayera bien, y a esta distancia era difícil decidir. Me dejé llevar. Ella estaba a cargo de mí como compañera de juego, como su padre estaba a cargo de los trabajadores.

Kit hacía trotar al pony. Me encantaba y reía y me agarraba más fuerte. Ella también se reía al inclinarse hacia adelante para ordenarle al pony que corriera más rápido. Mi amiga Gloria miraba desde la puerta del jacal junto al nuestro. No quería mirarla directamente, para evitar ver un reproche en sus ojos. De reojo, podía verla retorcer nerviosamente un rizo negro de su pelo enredado sobre su cabeza entre dos dedos y su pulgar. Sabía que si volteaba a mirarla, se desaparecería por dentro inmediatamente.

De pronto me acordé del agujero en la rodilla de mis pantalones y me llené de vergüenza. Traté de cubrirlo con la mano, pero era imposible porque tenía que usar ambas para sostenerme.

Empecé a ver que yo tenía ventaja. En el campamento yo tenía muchos niños con quien jugar. Ella era hija única y no había otros niños blancos de su edad en varias millas a la redonda. Kit tenía un pony, pero me quería a mí. Yo no tenía nada que ofrecerle más que mi compañía y ella la compraba con paseos en el pony.

Me acomodé y disfruté del paseo. Ella me sintió relajarme a través de su cuerpo, inevitablemente parejo contra el suyo. Kit se rió otra vez y meció su cuerpo de un lado a otro, izquierda y derecha, como sonsonete. Yo sostenía la cabeza hacía atrás lo más lejos posible, tratando de evadir su cuello que tenía unos pelitos finitos aplastados de sudor.

Ella le dio media vuelta al pony y desfilamos enfrente de mi familia, presumiendo. Ellos se rieron y Gloria desapareció dentro de su jacal. Ya no me gustó nada. La vergüenza se apoderó de mí. Me quería bajar, pero no sabía cómo decírselo. Me rehusé a hablarle con señas y gruñidos.

Así que avergonzada, la dejé hacer lo que ella quisiera, volteando la cabeza para no ver a mi familia.

Una vez, después de que Kit y yo habíamos sido amigas por un tiempo y sus papás lo aceptaban, me invitaron a otro rancho. El hermano del dueño de nuestro rancho tenía una propiedad cerca de allí. Él tenía dos hijos, uno que gateaba, llamado Júnior, y una de tres años, llamada Twyla. Me invitaron a su casa ese día para jugar con ellos. Mis papás aceptaron de mala gana.

¡Oh, ser una niña llamada Twyla! Querida, adorada, mimada que nunca había conocido carencias en su vida. Todos sus deseos se le cumplían. Mi mamá tenía poco tiempo o energía para mí. Se levantaba antes que todos y era la última que se iba a dormir. Y entre tanto, ella trabajaba tenazmente con la cabeza baja. Amá hablaba poco, excepto por pequeñas exclamaciones desesperantes que ocasionalmente salían con un suspiro: «Ay Díos mío», «Ay mamá», «Ay mamacita».

Mi papá siempre exigía más de sus hijos de lo que parecía justo. Él quería que siguiéramos su ritmo —fuerte, muscular, en la flor de la vida y nosotros niños huesudos y trabajados más de la cuenta—. Tratábamos; queríamos ser tan fuertes como él quería que fuéramos.

El único que lo lograba era Rudy. Rudy era una versión en miniatura de mi papá. Aun a los once años, nunca se quedaba atrás y parecía que tampoco le costaba mucho. Incluso hacía los surcos de Diamantina hacia atrás para que ella saltara un pedazo y alcanzara al resto de la familia.

Diamantina era la más pequeña y la más débil. A veces lloraba por el frío, la humedad y el agotamiento. Generalmente mi papá le ayudaba, pero una vez le gritó—: Llorar no ayuda para nada; trabajar más duro sí. Si quieres llorar, ve y llora a un lado del campo a solas. Nosotros hacemos tu trabajo. La avergonzó tanto que la hizo tragarse sus lágrimas, y trabajó al paso de la familia por el resto del día. Pero le costó. Yo la escuché llorando en silencio esa noche después de que todos se habían dormido.

Mi mamá nunca flojeaba, nunca demostraba su agotamiento. Ella sólo dejaba de platicar. El resto de nosotros tampoco platicábamos mucho. Todos aprendimos a mantenernos callados.

Pero ese día era un día de fiesta para mí. Yo pasaría el día con Twyla y Júnior. Me recogieron temprano en la mañana, en su flamante carro. Júnior se quería sentar en mi regazo.

Cuando llegamos allá, traté de ser útil, como a mi papá le gustaba que yo fuera. La mamá estaba tendiendo las camas, así que yo empecé a ayudarle. Mi mamá me había enseñado a desvestir la cama hasta la última sábana para sacudirla con la otra sábana y sacar toda la tierra que la gente se había llevado a la cama. Bañarse era un lujo poco usual para nosotros. La mamá me vio haciendo esto y dijo que no era necesario, todo lo que tenía que hacer era alisar las sábanas. Allí no había tierra. Me sentí turbada. Había cometido mi primer error.

Las camas estaban tendidas con sábanas tan blancas como la nieve y con colchas bien suavecitas. Se sentían como los dos conejitos salvajes que Rudy había agarrado para mí. Las almohadas eran altas. Me encantaba tender las camas caminando alrededor sobre la alfombra suavecita.

Enseguida lavó los trastes. Yo limpié la mesa. Acomodé la salsa de tomate y la azucarera lindamente en el centro de la mesa, encima de un guardamanteles con rosas. Ella dijo que no, que se levantaba todo de la mesa y se limpiaba. Mi segundo error.

Los niños se colgaban de mí, así que nos dijo que nos fuéramos a jugar en el portal de atrás hecho de tela mosquitera. Twyla tenía todo. Una casa de muñecas llena de muebles y gente de juguete y bebés pequeñitos con vestidos de holanes y sombreros de encaje. Nosotras jugábamos encantadas mientras que Júnior andaba en su triciclo a nuestro alrededor. El portal era fresco y parcialmente asoleado porque la luz del sol se filtraba a través los árboles que lo rodeaban.

Me llevaron tarde a la casa, pero nunca me invitaron de nuevo. Yo pensé que era por mis errores. Quizás había cometido más de dos.

Gloria era otra niña del campamento con la cabeza llena de rizos castaño oscuro y enredados. Cada año su familia se hospedaba en el jacal de dos cuartos pequeños junto al nuestro. Ella era de mi edad, pero tenía muchas más responsabilidades. Era la hija mayor y su mamá, Cole, estaba embarazada cada verano. Pero eso no detenía a Cole de ir a los campos todos los días y por eso recaía sobre Gloria la responsabilidad de cuidar y darles de comer a sus hermanos menores. Así que se quedaba en casa todo el día, algo que mis papás casi nunca me permitían hacer.

Una vez, cuando tenía siete años, me dejaron pasar el día con Gloria y todos sus hermanos menores. Todos ellos tenían muchísimos rizos, desgreñados como los de ella. Su hermana de tres años, Yolanda, era una versión en miniatura de Gloria, excepto que ella era tan pequeña que tenía que jalar una silla a la mesa para poder lavar los trastes. Nuestro favorito era Armando, el bebé de un año. Nosotras no teníamos muñecas, pero teníamos a Armando. Él era gordo, bonito y feliz. Pero cuando se le gritaba, hacía unos pucheros bien lastimosos. Se veía tan chulo y chistoso haciendo pucheros que Gloria y yo nos turnábamos para gritarle y luego lo abrazábamos para contentarlo otra vez y le secábamos las lagrimas de sus pestañas largas. Sí, era cruel, pero lo recompensábamos dándole un pedazo de tortilla y meciéndolo en la cama. Los adultos se hubieran molestado mucho, pero no había adultos, sólo nosotros.

Gloria tenía tareas que le llevaban casi todo el día. Lavar los trastes del desayuno, hacer el almuerzo para los menores y empezar la cena para su mamá, papá y hermano mayor. Ella lo aceptaba todo con sentido del humor, tomaba algunos pequeños descansos durante el día y les enseñaba a los otros cómo cambiar pañales y cómo pararse en una silla para poder menear los frijoles.

Kit era mi amiga blanca, pero Gloria tenía una amiga blanca en el pueblo. Las familias iban de compras de vez en cuando a Moorhead, generalmente un día después de una gran lluvia cuando era imposible trabajar en los campos. Los comestibles eran más económicos allí que en la tienda de abarrotes de Sabin, donde el dueño del rancho tenía un acuerdo para que los trabajadores compraran sus alimentos fiados. Mientras que andaba de compras, la familia de Gloria la dejaba que fuera a un restaurante pequeño que estaba al lado. Missy era la hija del dueño del restaurante y Gloria le caía bien. Yo estaba celosa; quería a Gloria sólo para mí, pero se hicieron muy amigas, aunque sólo se veían de vez en cuando. Ellas descubrieron que cumplían años el mismo día.

Un año Missy invitó a Gloria a celebrar su fiesta de cumpleaños juntas, en el restaurante, desde luego. Ella le dijo que invitara a sus amigos del campamento. Para que fuera algo especial, todas las niñas llevarían puestos pantalones de mezclilla o rojos. Yo me retorcí por dentro cuando me dijo esto. No tenía pantalones rojos y el único par de pantalones de mezclilla tenía agujeros. Por lo general me ponía vestidos confeccionados con los que desechaban mis hermanas. Tal vez si almidonaba y planchaba mis pantalones de mezclilla…

Pero mi mamá no quería oír nada de eso, aunque lloré y le rogué. Ella no me permitiría ir al pueblo y andar entre gringos con mis pantalones agujerados. Los miré alejarse en el carro, Gloria radiante de felicidad. Corrí al bosque y lloré todo el día, imaginándomelos comiendo pastel y helado y riéndose.

En raras ocasiones íbamos a Fargo a pasar el día. Habíamos sido trabajadores migratorios por cuatro años y habíamos prosperado hasta cierto grado. Mis hermanos iban a tomar una Coca al restaurante. Yo me quedaba con Amá para que no estuviera sola. Nosotros íbamos a la tienda de 5&10 a comprar hilo y agujas.

Adentro de la tienda, miré hacia arriba para ver una chaqueta de demostración que estaba colgada en la pared. Era de color azul cielo. De alguna manera representaba todo lo que no tenía. Era frívola. Cualquier cosa de ese color era, desde luego, frívola.

Yo nunca había pedido juguetes, pero necesitaba esa chaqueta y estaba dispuesta a rogar que me la compraran.

Cuando se la pedí a Amá, me dijo que no, por supuesto que no, y me apresuró al mostrador para pagar los hilos y las agujas.

—¿No podemos ni tan sólo verla y probármela? —le rogué.

—¡No! ¡Te digo que no! —gritó y me estiró de la mano y me sacó de la tienda. Afuera, solté el llanto mientras que ella me jalaba de la mano por la banqueta. No sólo me lamentaba por la chaqueta, sino por todo lo que me hacía falta en la vida. Las cosas parecían tan difíciles y tenía derecho a tan poco. Mi llanto, ese día, no era el de una niña mimada. ¡Cómo quisiera haber sido mimada! Era el llanto de un corazón destrozado.

Mi mamá se detuvo y me miró —directo a los ojos— aún to-mándome de la mano. Y miró hasta lo más profundo de mi corazón. Suspirando, movió la cabeza y me llevó de regreso a la tienda.

No había más en la repisa. —Es la última —dijo la depen-diente. La quitó de la pared y me la probé. Las mangas estaban un poquito cortas. Traté de que no se notara y encogí los brazos hacía adentro.

—Las mangas están un poco cortas —dijo mi mamá.

—¡No! ¡Así están bien! —dije yo, demasiado fuerte, mien-tras que mis ojos se llenaban de lágrimas de nuevo. Ella movió la cabeza mientras sacaba su bolsita flaca.

Me la compró y todavía le estoy agradecida. Amé a esa cha-queta por muchos años. Me la puse hasta que las mangas apenas me cubrían los codos. Azul cielo. Cuando me la ponía, me sentía rica, frívola y querida. Sentimientos verdaderamente raros para mí.

Yo no tenía amigos verdaderos además de Gloria, aunque había muchos niños en el campamento. Pero sí jugaba con todos ellos. Kit no se sentía cómoda con ninguno, excepto conmigo. A veces cuando estaba jugando con ellos, Kit me rogaba que jugara con ella en lugar de hacerlo con los otros niños. Me sentía destruida. Con ellos podía jugar en español. Jugar los juegos mexicanos como la vieja Inés o la pata coja. Pero si ella recurría al llanto y los ruegos, siempre me iba con ella, sintiéndome una traidora. Yo podía sentir las miradas de los demás niños en la espalda mien-tras me alejaba de ellos.

Había un niño en el campamento que quería ser mi novio. Yo estaba bastante molesta, avergonzada e indignada. ¡Cómo se atrevía a avergonzarme de esa manera! Siempre me estaba lla-mando desde el otro lado del patio y yo fingía no escucharlo. Él siempre mantenía su distancia. Me mandaba mensajes con los otros niños que me los decían entre risas y carcajadas:

—Dile que me gusta.

—Dile que la quiero.

—Pregúntale si quiere sentarse conmigo en el tronco.

—Pregúntale si quiere platicar conmigo en el pozo.

¡Ay! ¡Si tan sólo dejara de molestar!

No sé de quién era hijo. No recuerdo haber visto otros trabajadores pelirrojos. Le decíamos «La Mecha» por su flamante cabellera rojiza.

Él me observaba caminar por el campamento. Sentía sus ojos clavados en mí constantemente. Decidió que yo le gustaba. Decidió que me quería. Yo decidí que no.

Había un enorme pedazo de tubo de metal arrugado que quizás un día formaría parte de una acequia. Era una cosa enorme, del tipo que ponen en puentes pequeños sobre arroyuelos para dejar que pase el agua. A los niños del campamento les encantaba sentarse adentro, todos en fila mirando para el mismo lado y platicando. Hacía un poco de eco, como si estuviéramos en el fondo de un pozo. Él era tímido, así que se sentaba en una orilla. A mí no me gustaba, así que yo me sentaba en la otra orilla. Los otros ocho o nueve niños se sentaban en medio. El juego era que él me mandaría un mensaje secreteándose con el niño a su lado. El mensaje se pasaba entre risas por toda la fila, por medio de niños de tres, cuatro y cinco años. «Dile que no me gusta», «¡No, yo no me quiero sentar cerca de él!» y «¡No, no, no! ¡No me puede besar!» Eran mis respuestas. Él parecía un poco abatido pero determinado y me observaba aun más por el resto del día.

Me daba pena pues él era tan diferente a los demás y porque andaba más harapiento y desaseado que nosotros. ¿Por qué me tuvo que escoger a mí? ¿Por qué no le gustaba alguien más? Pero él ya lo había decidido y yo tenía que sufrir su amor y su atención.

Recuerdo a la mayoría de los papás, pero él parecía un huérfano. Desgreñado, despeinado y con muchas pecas. Una parte de mí le tenía compasión. Pero nunca me permití expresárselo. Él quizás lo tomaría como un gesto de amor y se aprovecharía de la situación.

Yo estaba constantemente consciente de él. Tan pronto dejaba el escalón del portal, mi radar interno me decía dónde se encontraba. Miraba hacia arriba y sin duda, allí estaba esperándome y observándome, suplicando en silencio —palabras sin sonido y gestos provocativos que decían «ven aquí».

Parecía como si hubiésemos sido mayores que los demás. Pero de hecho yo sé que esto no era verdad. Sin embargo, creo que yo era muy sabia para mi edad y él estaba actuando de una manera que nunca había experimentado de niña.

Él se sentía solo y nunca sonreía. Siempre estaba solo. Siempre llamándome. Y yo nunca fui hacia él.

Los últimos años que fuimos a Minnesota fueron los mejores años con Kit. Platicábamos fácilmente, gracias a la escuela primaria de Westside en Pearsall. Sus padres ya no se oponían a nuestra amistad. A veces mi papá me dejaba pasar el día con ella, aunque eso significaba que no estaría disponible para traerles la cubeta de agua.

Pasábamos los días soleados, acostadas en la hierba del bosque, platicando mientras masticábamos ramitas dulces de pasto silvestre. Estrella estaba atado no muy lejos, también masticando el pasto silvestre.

Ese fue el verano que ella obtuvo a Júbilo. Habíamos montado a Estrella juntas por varios años. Ella galopó hasta nuestra casa. —¿Te gusta? ¡Su nombre es Júbilo!

Miré a Kit, su silueta negra haciendo contraste con el cielo blanco reluciente. Júbilo era una yegua alta y sedosa, con una musculatura ondulante y una cola que bailaba dando latigazos. Estaba allí parada, meneando su crin y cabriolando con sus pezuñas grandes.

Sí, me gustaba, me encantaba, yo la quería. Era un animal magnífico, sacado de mis sueños más salvajes. Lo que sentía por ella era lo opuesto al temor. Yo la quería montar, ser uno con ella, agarrando su melena mientras que galopábamos tan rápido como ella quisiera. Y yo sabía que ella quería volar. ¡¡¡LIBRE!!! A todo galope y el viento animándonos a las dos.

—Tú montas a Estrella —dijo ella.

—Yo monto a Júbilo —dijo, mientras salía a galope por el camino de tierra, levantando enormes terrones de polvo.

Volteé a mirar a Estrella, achaparrado y confiable. Un pony manso y sencillo. Kit había dado la vuelta en la esquina y ya no la alcanzaba a ver. Yo me quería meter y cerrar la puerta. Quería ir a comer tortillas calientes con papas y huevos, la comida de mi mamá, para consolarme y ahogar este sentimiento de desilusión absoluta.

Una vez más quedaba claro quién era la hija de un trabajador y quién era la hija del ranchero. Mi corazón quería galopar furiosamente con el viento, pero yo estaba arraigada a la tierra. Sólo podía trotar.

Me prometí que un día uno como Júbilo sería mío. Sería negro, enorme y fuerte. Y yo lo dejaría volar por el campo, tan veloz como él quisiera. Su nombre sería ¡El Diablo! Él sentiría que yo confiaba en él y él en mí. Sentiría su enorme musculatura entre mis rodillas y enredaría mi mano en su melena. Y volaríamos juntos. Algún día.

Pero por ahora estaba parada en los escalones de nuestro jacal, mientras que Estrella me esperaba pacientemente. Y yo sólo tenía una opción. Suspiré y caminé hacia Estrella. Lo conduje por las riendas hacia los escalones para poder montarme con facilidad y lo monté. Jalé las riendas hacia la derecha y trotamos por el camino detrás de Kit.

Nunca me monté en Júbilo; ni siquiera pedí hacerlo. Y Kit estaba tan emocionada con ella que jamás ofreció que la montara. Aun así tuvimos muchos momentos felices e inventamos muchos juegos nuevos, ahora que las dos podíamos montar.

No hubo libros en mi niñez. Pero un verano mágico en Minnesota, cuando tenía seis años, tuve a la cuentista.

Era una muchacha joven de dieciséis o dieciocho o tal vez veintiuno. Ella parecía una extraña en el campamento.

Me fijé en ella dos semanas después de que habíamos llegado allí. Unos trabajadores nuevos habían llegado la noche anterior. En la mañana, todos se amontonaron todavía adormilados detrás de la troca con quejidos, suspiros y rostros tristes y amargos.

Ella no encajaba bien con los demás. Me sobresalté cuando la vi. Era la única que se veía completamente despierta y llena de vida aun a las cinco y media de la mañana. Tenía grandes ojos cafés y una cabellera castaña y brillosa. Su piel era de un tono café oscuro. Era la encarnación de «La Morenita» de los corridos mexicanos.

Yo ya estaba sentada en la parte trasera de la troca cuando ella se subió por la escalera. Cuando me topé con sus ojos cafés, me desperté de repente. Se dirigió hacia mí y puso sus dos manos en mi cabeza y me acarició diciendo—: Preciosa.

De repente sentí una fuerte urgencia de llorar. Sentí todo un amor por mí que me consumía y yo no me merecía ese amor. Me invadió un gran sentimiento.

—Mi mamá y yo vivimos en la parte superior del edificio de dos pisos —dijo ella con una voz como campanitas acariciadas por el viento—. Ven a mi cuarto después de la cena y te contaré un cuento.

Ella tocó a los demás niños de la misma manera. Ellos también se despertaron. El nombre de mi bella era Marielena.

Su mamá subió a la troca detrás de ella, quejándose y gimiendo como los demás adultos. Pronto nos enteramos de que no tenía esposo, lo cual quería decir que Marielena no tenía papá. Dos mujeres solas —eso era duro acá y yo me sentí apenada por ellas—. Ellas habían llegado hasta allí por la bondad de Don Tiburcio, que trabajaba en otro rancho.

La mamá de Marielena era bajita, fea y mal formada. ¿Cómo podía ser que esa criatura, tan encantadora, que me había tocado tan profundamente, hubiera nacido de esa cosa tan torcida que parecía no tener alma? Ella parecía tener una obsesión con dos cosas: su colcha y su tronco de árbol de dos pies de largo. La demás gente tenía colchas y troncos que dejaban en la troca en la noche, pero ella era la única que estaba obsesionada con los suyos. —¿Mi tronco, mi tronco, dónde esta mi tronco? ¿Mi colcha, mi colcha, dónde esta mi colcha?

Ella se agitaba en las mañanas después de que alguien le había cambiado sus cosas de lugar la noche anterior. Éstas eran las dos cosas que la confortaban al ir y venir del campo. Las mañanas eran frecuentemente frías y con rocío. El tronco significaba que no tenía que sentarse en el piso, donde sería necesario que alguien le ayudara a levantarse por sus rodillas enfermas. La cobija significaba que estaría abrigada durante los diez o quince minutos que tardaba la troca en llegar al campo. Era una mujer pequeña que parecía no importarle a nadie —ni para reírse de ella. Pero ya que llegábamos, trabajaba duro y con determinación, como todos los demás.

Durante el día, muchas veces vi en mi mente la escena de la mañana en la troca. ¿Por qué esta joven había tenido tanto efecto en mí y me había conmovido tanto? ¿Por qué me habían dado tantas ganas de llorar? Cuando puso sus manos en mi cabeza, me sentí como cuando mi madre me tocaba en nuestros momentos de amor más íntimos. Y ni siquiera la había visto antes de ese día.

La busqué todo el día en los grupos de trabajadores. Traía puestos unos pantalones descoloridos, una camisa vieja y un sombrero garsolé igual que las demás mujeres, así que era difícil distinguirla. Cuando ella y su mamá se aproximaban a la orilla del campo donde yo estaba, me acercaba lo más que mi timidez me permitía.

Una vez que me miró, su rostro se iluminó con una sonrisa. Sentí como si el sol acabara de salir, sólo para mí. El amor me abrumó otra vez. Era demasiado. Corrí de regreso a la troca. Mi corazón palpitaba salvajemente. ¿Qué era ella que me afectaba de esta manera?

El día parecía ser insoportablemente largo. Mis meditaciones solitarias no me dejaban en paz. Sólo podía pensar en ella. Mi familia me parecía ordinaria y sencilla. Cargué la cubeta de agua y calladita hice mis mandados obedientemente. Parecía que la noche nunca vendría.

Pero sí llegó.

Devoré mi comida. Y después esperé ansiosamente, queriendo darle tiempo a ella para que comiera despacio. Cuando ya no pude esperar más, corrí. Los demás niños ya estaban allá. Me maldije porque ellos habían estado con ella un momento más que yo.

Había tendido una colcha y almohadas en el suelo. Traía puesta una falda larga hasta el suelo y un rebozo. Yo quería tocarle el pelo. Perecía haber un aroma suave de flores que llegaba entre los olores que quedaban después de la cena.

Se sentó en el piso y nos acercó a mí y a otro niño. Se me cortó el aliento y quise llorar otra vez al sentir su tacto. Una vez más me invadió el sentimiento abrumador de no merecer todo ese amor.

Los otros niños se acercaron hacia ella.

Mientras que su mamá hacía cosas calladamente en la cocina, nosotros nos callamos y ella empezó.

—Ésta es la historia de «La Gitana». La gitana alta salió del lago, su cabello mojado de color azabache relumbraba con el sol de la mañana. Se dio tres vueltas. Las gotitas que volaban a su alrededor se convertían en diamantes cuando caían. Ella los levantó y los puso en una bolsa de seda roja. Es decir, todos menos uno. Un sapo verde y gordo se tragó el que le faltó...

Nunca había oído cuentos de princesas, reinas, hadas, gigantes, dragones, magos y pícaros. Nos llevaba a lugares de los que nunca habíamos escuchado o imaginado. Los volvía realidad y nos transportaba a ellos en el círculo de su abrazo.

La colcha salía del cuarto y volaba hacia el cielo de la noche. Volamos en una alfombra mágica por las estrellas, con el viento acariciando nuestras caras y nuestro cabello volando hacia atrás. Nos llevó a lugares lejanos donde montamos caballos veloces y bestias mágicas. Parecía seguir por horas interminables, saltando de un cuento a otro. Queríamos que nunca terminara.

Demasiado pronto, nos besaba y nos mandaba a casa. En mi vida jamás me habían besado. Nos tropezábamos bajando los escalones y caminábamos a casa bajo las estrellas con los ojos llenos de sueños.

No nos dejaba ir todas las noches. Pero nos invitaba a menudo. A veces nos sentábamos bajo el árbol grande de sicomoro, donde el aire de la noche de verano, la luna y las estrellas se unían a la magia. Su repertorio de cuentos parecía ser ilimitado; yo estaba segura de que cada vez le llegaban de nuevo y completos. Ella los vivía con nosotros.

Despertó mi imaginación. Yo no sabía que existían otros mundos además del de mi familia. Sentí que mi corazón y mi alma eran transportados al otro lado del mundo mientras que mi cuerpecito permanecía en el campamento.

La única fantasía que había tenido era con mi muñeca hecha de un calcetín viejo de Rudy, al cual mi mamá le bordó unos ojos y una boca roja. Mi hermana Diamantina le hizo un vestido. Esta muñeca era interesante para mí porque contenía partes de mi familia, pero nunca tuve la fascinación con muñecas y juguetes como la que sus cuentos despertaron en mí. Los carritos de mis hermanos habían sido pedazos de madera de dos por cuatro pulgadas con fichas de soda en lugar de llantas. Mis hermanas jugaban a la casita.

Llegué a amar esos mundos como nunca había amado al mío.

No regresó el verano siguiente ni nunca más. ¿Estaría trabajando en otro rancho? ¿Sería el trabajo muy duro para ella? Deseaba poder salvarla, salvarla para el mundo. Oraba para que el mundo la tratara bien. Esperaba que por amarla tan puramente y por ser ella puro amor, mis oraciones fueran directo a Dios, atravesando nubes y todo. Era una mariposa, más bella que las iridiscentes libélulas azules, verdes y amarillas que adoraba tanto. Oraba para que sus alas frágiles no se hubieran roto con el trabajo duro de los campos. Quizás su mamá fue bonita alguna vez; quizás fue una cuentista, pero el trabajo tan duro la volvió fea y deforme. Dios, por favor salva a mi cuentista.

Pensé que los vuelos de la imaginación a los cuales sus cuentos me llevaron se habían perdido para siempre. Estaba condenada a vivir en este mundo.

Pero estaba equivocada. Los encontré nuevamente en libros.

Ahora yo soy la cuentista.

Sus cuentos fueron grandiosos y magníficos y nos expandieron tanto la imaginación que nos lastimaron con un dolor dulce y salvaje. Los míos son cuentos de niñas, pero siento el mismo dolor dulce y salvaje al escribirlos. Ahora no tengo más opción que escribirlos. Si dejo de hacerlo, me moriría.

Ahora ella se revela en mis sueños por la noche y por el día. Sonríe y toca mi cabeza de nuevo y me llama «Preciosa» con su voz que es como campanitas en el viento. Estoy nuevamente abrumada por este amor que no merezco y que nunca podré merecer. Me envuelve en su magia y abre mi corazón y otro cuento sale de mí, pleno.

Estuvieron encerrados allí todos estos años y nunca lo supe. Mis días y años fueron secos y quebradizos. Toda la dulzura estaba encerrada. Ahora estoy bañada en su ternura y esto me permite sentir el dolor al escribir con seguridad los cuentos de trabajadores migratorios. Así, escribir y revivir lo días de trabajo migratorio de mi familia, no me destruye. Estoy a salvo y profundamente amada.

Capítulo 8

Querer es poder.
(Uno de los dichos favoritos de Apá.)

En septiembre de 1958, cuando regresamos a Pearsall de Minnesota y Wisconsin, de veras no teníamos adónde ir. Tío Alfredo se había casado. Él y su nueva esposa se habían establecido en su casa, así que no podíamos irnos con él, a pesar de que nos lo ofreció.

La casa de Tía Nina era un cubito de una recámara. En el solar tenía un cuartito de lavar con las ventanas todas rotas. Corrimos a los pichones que vivían allí y nos mudamos mientras decidíamos qué hacer. Mi mamá lo limpió tan bien como pudo. Después de haber vivido en casas ajenas, en graneros y en viviendas para trabajadores migratorios en varias etapas de ruina y reparación, parecía que podríamos construir un hogar en dondequiera.

Una de las paradojas de la vida es que cuando uno llega a ser totalmente capaz de vivir sin algo, entonces el universo se apresura en darle justamente aquello que uno ha aprendido a no poseer. Apá decidió usar todo el dinero que había ahorrado para construir una casa ese otoño. Él había sido dueño de un solar de un acre en el lado mexicano del pueblo por muchos años, pero nunca había podido construir algo allí, así que habló con mi tío Manuel para preguntarle si podría construirnos una casa. Tío Manuel dijo que se necesitarían dos mil dólares en materiales para construir una casa de dos recámaras. Su trabajo sería gratis. Y con la ayuda de mi papá y la de mis hermanos, por las tardes después de la escuela, la podrían tener casi terminada antes de que llegara el tiempo de frío. Para agregar una tercera recámara, mi papá decidió mover la casa vieja de sus papás a nuestro solar y añadírsela a la nueva casa. La casa de dos cuartos se convirtió en la cocina y la tercera recámara.

Construir la casa fue un asunto familiar. Los muchachos eran aprendices de carpintería. Había una antigua casa inservible que tuvieron que demoler, porque de todas maneras ya estaba casi en el suelo. Guardaron la madera para hacer fogatas y Diamantina y yo íbamos a enderezar cada uno de los clavos viejos, usando un martillo y un ladrillo como base, para usarlos otra vez en la casa nueva.

Mi papá pensó que lo único que necesitaríamos en la nueva casa eran recámaras y una cocina. Tío Manuel lo convenció de que se decidiera por algo que, según él, era el nuevo estilo, que era tener una sala y un comedor. Apá accedió, aunque pensaba que eso era un extravagante desperdicio.

Todo iba bien. Ya habían armado la nueva casa y estaban mudando la casa de dos cuartos. Los de la empresa de mudanzas la habían llevado al lote baldío que había atrás de nuestra casa, donde hacían las fiestas dos veces al año.

Entonces tuve la pelea con Hilda.

Hilda era la hija adoptiva de Tía Nina, que era tres años menor que yo. Lo más importante en la vida de Nina era hacer feliz a Hilda. En su pequeño cubo de casa, tenían un baño dentro de la casa, algo raro para nosotros.

Ya era de noche, después de la cena y Apá se había ido a la cantina. Me levanté para ir al baño, pero Hilda me bloqueó el camino—: Es mi baño. No puedes usarlo.

Esto enfureció a mi mamá y le dijo a Hilda que me dejara pasar. —¡No! —respondió ella. Para entonces Nina también estaba enfurecida pero no decía nada. Empujé a Hilda al suelo y ella empezó a llorar. Nina corrió como una mamá loba y recogió a Hilda en sus brazos.

—¡Vete de mi casa! —le grito a mi mamá—. ¡Y llévate a todos tus huercos!

Hilda lloraba aun más fuerte mientras que Nina nos gritaba. ¿Qué podíamos hacer? No era nuestra casa. Nos fuimos.

Mi mamá me tomó de la mano y todos nos salimos a la calle obscura. Parecíamos codornices (la mamá codorniz con todos sus polluelos en línea) caminando por la calle. Mi mamá no sabía adónde ir. Fue el momento más oscuro para nosotros.

La seguimos estupefactos sin saber adónde ir. Ella empezó a llorar y nosotros también, deseando desesperadamente que Apá estuviera allí.

Al fin, Rudy dijo que deberíamos ir a quedarnos en la casita de dos cuartos, que en ese momento estaba en los terrenos de las fiestas, atrás de donde estaban construyendo nuestra casa. Como no teníamos adonde ir, mi mamá estuvo de acuerdo. Caminamos hacia allá y nos metimos. Estaba en ruedas y todavía estaba amarrada a la troca que la jalaba.

No sé cómo, pero al fin mi papá nos encontró esa noche. Estábamos todavía despiertos y asustados. Nos dijo que nunca más tendríamos que preocuparnos por un hogar; ahora tendríamos el nuestro.

El primer día que nos mudamos, llegué de la escuela, me quité los zapatos y los calcetines como de costumbre y salí a explorar. Lo primero que descubrí fueron los cardillos, unas bolitas picudas que crecen en una hierba que abraza la tierra. Se me clavaron en los pies descalzos y me sacaron sangre cuando los jalé para sacármelos.

Amá miró por la puerta de mosquitero y me vio descalza.

—¿Estás loca, muchacha? ¡Puede haber clavos tirados! Y este lugar está lleno de mala mujer. ¡Ponte unos zapatos viejos!

Después de haber andado descalza toda mi vida, excepto cuando iba a la escuela, odiaba los zapatos. Pero ya me había encontrado con la mala mujer anteriormente y no me la quería encontrar otra vez. Era una hierba de seis pulgadas de altura, con unas hojas dentelladas que parecían ser suaves. La mala mujer parecía inocente, pero ardía como fuego cuando rozaba la piel. La piel alrededor de la rozadura ardía por horas, después la piel se adormecía y picaba por más de un día. Me puse mis zapatos sin ganas.

Cuando salí otra vez, Rudy traía un sapo cornudo agarrado de la cola. —Míralo de lado —dijo él—. Si lo miras de frente, te escupe sangre en los ojos y te deja ciega.

Yo mantuve la distancia y seguí caminando. Traía un frasco y una cuchara y andaba buscando toritos. La tierra arenosa de nuestro solar era de varios pies de profundidad. Cuando escarbaron el hoyo para hacer la letrina, el excavador rebanaba la tierra como si fuera mantequilla. Encontré un lugar donde la hierba era escasa y la tierra de encima era pura arena suelta. Los toritos dejan huellas que apuntan hacia ellos. En vez de hacer un montoncito de tierra como las hormigas, construyen un cono invertido en el suelo. Agarré la cuchara y cavé hasta el centro del cono invertido. La hormiga león salió de la arena a investigar. Traje la cuchara bien cerca de mí cara para verla de cerca. Recogí seis, dejando más en la tierra para poder encontrarlas más tarde. Después me fui a sentar en los escalones de atrás nomás a observarlas en mi frasco.

Nuestra casa había sido construida sobre pilares y vigas, así que había un espacio entre la tierra y la parte inferior de la casa. Después de unas semanas, una viuda negra hizo su casa en un rincón de atrás. Su telaraña hacía un triángulo entre la parte inferior de la casa y el pilar de la esquina. Había escogido el rincón más remoto como si fuera vergonzosa o si quisiera esconderse. Cuando fui a verla, se colgó de la parte baja de su telaraña y me presumió el reloj de arena escarlata brillante que resaltaba de su abdomen color ébano. Estaba perfectamente formada. Parecía como si un artesano hubiera pintado el reloj de arena usando pintura del color de la sangre. Nunca la molesté, sólo la observaba.

Cuando llovía, salían angelitos. Las arañitas de terciopelo rojo que sólo aparecían cuando la tierra estaba mojada. La Navidad pasada, mi hermana se había puesto un vestido de terciopelo rojo para ir a misa de gallo. Mis angelitos los llevaban puestos todo el año.

Por la noche, a fines de la primavera, si corría con suerte, me encontraba luciérnagas verdes luminosas. Nunca toqué las viudas negras por respeto al peligro que representaban. Tampoco toqué las luciérnagas, porque parecían estar rodeadas de fuego y magia. Fascinada, seguía su avance, lento y pesado, mientras alumbraban su propio sendero.

Como era parte del edificio que había sido el cine mexicano, la pared de una de las cantinas que estaban junto a la casa de Tío Alfredo era de dos pisos. Muchos pichones se habían anidado

debajo de los altos aleros. El arrullo de los pichones me confortaba mientras jugaba afuera. Me gustaba mirar su plumaje gris
suave, con una franja rosa que relucía en su cuello.

No había lugar para pájaros en nuestra casa nueva en la calle
Dávila. No había aleros de dos pisos ni árboles de mora. Ni arrullo de pichones, ni lamentos de palomas, ni graznido de urracas.
Sólo las papamoscas cola de tijera revoloteando encima de
nosotros en las alturas, moviendo las plumas de sus colas como
tijeras en silencio.

El tiempo de frío llegó temprano ese año. La casa estaba armada
y encerrada y la tablaroca estaba levantada cuando nos mudamos,
pero no había gas para la calefacción, ni tubería que funcionara.
Mi papá tenía muchas ideas que frecuentemente no funcionaban.
En las noches frías, tomaba pedazos de madera de dos por cuatro
pulgadas que ya no servían y hacía fuego en una tina. Entonces
metía la tina en la casa para calentarnos. El fuego consumía todo
el oxígeno que había en la casa y mis hermanas adolescentes se
empezaban a desmayar por todos lados. Entonces teníamos que
abrir las ventanas o sacar el fuego de la casa. Ese invierno nos
congelamos la mayor parte del tiempo.

Teníamos un baño, pero como el de la casa de mi tío, no tenía
tubería que funcionara. Mis hermanas les mentían a sus amigas,
manteniendo la puerta cerrada y diciendo que estaba descom-
puesto y que por eso teníamos que usar la letrina de afuera.

Después de haber terminado de pintar la sala, Tío Manuel
llevó a mi mamá a San Antonio para que escogiera linóleo y un
juego de sala. Fue su regalo para la inauguración de nuestra casa.
El linóleo tenía dibujos grandes de color rosa como de helechos y
era muy brilloso. El sofá era azul como los lagos de Wisconsin. En
realidad eran dos medios sofás que se convertían en un sofá
grande si se juntaban o se podían acomodar de la forma que le
gustaba a Amá, en dos lados de la sala con una mesa rinconera.
También había una pequeña silla giratoria tapizada del mismo azul
para completar la decoración. La mejor parte eran dos lámparas de
pared que parecían estar congeladas excepto por las pequeñas
estrellitas claras que tenían alrededor. Habíamos conseguido un

poquito del cielo de la noche que me gustaba tanto. Me senté en el sofá pequeño y me maravillé pensando cómo nosotros podíamos tener todo esto. Cada sábado, todas las hijas enceraban el piso con pasta de cera, hasta debajo de los sofás. Y luego nos resbalábamos por el piso en calcetines. Adorábamos este trabajo porque los beneficios eran completamente para nosotros.

Teníamos una fantasma en nuestra casa nueva en la calle de Dávila. Luis la vio una noche, toda vestida de blanco, y después Delmira la vio otra noche. Yo estaba segura de que era Petra Dávila, la amante tuberculosa de mi papá, que venía a verlo, finalmente próspero y establecido con su familia.

Durante el recreo en la escuela de Westside, jugando a la pata coja, me sentía a un millón de millas de mi familia. Y aún podía ver a mi mamá barriendo nuestro portal con sólo levantar la vista. El patio de recreo de la escuela estaba enfrente de nuestra casa, cruzando la calle Dávila. El viento soplaba por encima de la tierra suelta del patio de la escuela, cruzaba la calle y entraba por la puerta de mosquitero de nuestro portal. Tal cosa enloquecía a mi mamá porque no podía evitar que la arena roja siguiera entrando y formando una capa opaca en su brillante linóleo rosado. Lo barría constantemente y maldecía en voz alta al viento y a la arena. Yo deseaba que fuera posible poner una barrera para proteger nuestra casita nueva, a la que queríamos tanto y queríamos mantener limpia y brillante.

Amá gozaba en ser la dueña de su propia casa. Se habían acabado los días en que tenía que guardarse sus deseos y su personalidad porque vivía en la casa de otra mujer.

La primera primavera después de que nos mudamos a nuestra casa nueva, la iglesia Católica hizo una fiesta en nuestro solar. Bueno, en realidad no en nuestro solar, sino más bien en el grupo de solares que colindaban con el nuestro. Pero para mí, era como si fuera mi propio solar.

Empezaron a cortar las hierbas unas semanas antes de la fiesta. No había mucha hierba porque ese espacio lo utilizaban dos veces al año: una vez para el dieciséis de septiembre para celebrar la independencia de México y otra vez para el cinco de mayo, para conmemorar una importante batalla del ejército mexicano contra la invasión francesa. Los solares estaban casi sin hierba. El escenario de la fiesta era una gran plataforma de cemento para funciones y bailes. Al extremo de esta plataforma, había un cobertizo, para los músicos, que estaba descubierto del lado que quedaba frente a la plataforma. En caso de que lloviera, los instrumentos musicales estarían seguros. Alrededor de la plataforma había bancas bajas de madera para que la gente se sentara y pudiera ver a los que estaban presentando y a los bailarines. Sólo había otro edificio pequeño que tenía una ventanilla que servía para vender comida. Además de esto los solares estaban vacíos. Pero no por mucho tiempo.

La gente empezó a construir puestos a treinta pies de la plataforma de cemento. Estos pequeños restaurantes y puestos de juegos de azar formaban un cuadro alrededor de la plataforma. El efecto era de tres cuadros concéntricos: el cuadro interno era la plataforma rodeada de bancas y la estación de la banda, después un espacio vacío de treinta pies y finalmente los puestos, rodeándolo todo. Los puestos estaban completamente cubiertos con lonas para resguardarlos de la lluvia. Todo estaba decorado con serpentinas multicolores. La fiesta duraba una semana y media, todas las noches y durante el día los fines de semana. Había una fiesta que le hacía la competencia al otro lado del pueblo, cerca de la cantina Buenos Aires. Algunas noches, no sabíamos a cuál ir primero.

La primera noche de la fiesta yo tenía muchas ganas de que el sol se metiera para que empezaran las festividades. Mi papá sólo me dio veinticinco centavos porque dijo que la fiesta duraría muchas noches más. En cuanto el sol se metió, corrí hacia allá pero llegué muy temprano. Los vendedores de comida estaban apenas descargando la comida de sus carros y la gente de los juegos de azar estaban acomodando los premios. No pude encontrar a ninguna de mis amigas de la escuela, así que me regresé a casa.

Parada entre los duraznos recién plantados en mi solar, podía ver cuando los carros estacionados y la gente que llegaba parecieran una fiesta de verdad. Cuando los músicos empezaron a tocar, corrí otra vez hacia allá. Encontré a mi amiga Manuela y sus dos hermanas mayores y empezamos el paseo. Esto era caminar en círculos alrededor del sendero de treinta pies de ancho. Para los adolescentes esto quería decir que las muchachas caminaban en una dirección y los muchachos en la dirección contraria. Dos veces en cada círculo nos encontrábamos y nos sonreíamos... o nos volteábamos a mirar para otro lado a propósito. Este era el cortejo inicial tal como lo hacían los jóvenes mexicanos en la plaza central del pueblo. Pero en Pearsall no teníamos plaza, sólo la fiesta dos veces al año.

Manuela y yo cenamos «pay de chile». Esto era una bolsa de frituras de maíz con una cucharada de frijoles con chile, y sólo costaba quince centavos. Los adultos comían cosas más interesantes como tamales o menudo. Como postre comíamos conos de nieve por cinco centavos. Me quedaban cinco centavos y con eso jugábamos manita. Este juego era una tabla que tenía un círculo de clavos y una flecha de madera clavada en medio, que uno giraba. El lugar donde la flecha se paraba determinaba tu premio. De vez en cuando nos deteníamos a mirar a las parejas que bailaban en la plataforma con la música de la banda.

Después era hora de empezar las funciones. Había un grupo de niños que habían estado practicando sus bailes, con vestuario especial, por varias semanas. Las niñas llevaban vestidos llenos de colores con faldas largas y los niños llevaban chaquetas cubiertas de lentejuelas. Semanas antes le había pedido a mi mamá que me dejara participar en ese baile, pero dijo que no porque era muy caro hacer el vestuario. Los presentadores bailaban y desfilaban alrededor de la plataforma. Unos cuantos elegidos se acercaban al micrófono a dar discursos sobre los héroes revolucionarios y sus ideales. Cada discurso culminaba con un grito de «¡He dicho!»

Después de que los niños habían terminado, las candidatas para «La Reina» desfilaban alrededor de la plataforma en sus vestidos de noche y bailaban con sus acompañantes. Por varias semanas habíamos visto frascos de vidrio con fotografías de muchachas bonitas pegadas en ellos. Estaban en las registradoras de todas las tiendas del pueblo. Uno votaba por su favorita con dinero, cada voto costaba un centavo. La fiesta entera era a beneficio del fondo para el edificio de la iglesia Católica. La noche del cinco de mayo, La Reina fue coronada con una diadema de diamantes de imitación.

Mis papás casi siempre me dejaban quedarme hasta tarde, ya que estaba detrás de nuestro solar. Pero los papás de mi amiga se la llevaban a las diez, así que yo también me iba a casa. Cuando me iba a dormir, recordaba los tiempos en que vivíamos en la casa de Tío Alfredo, con la música de las cantinas por los dos lados. Igual que antes, me iba a dormir con música mexicana, pero ahora era música en vivo que venía de la fiesta en nuestro solar. Las palabras y las melodías se grabaron en mi alma.

Esa primavera mi mamá y mis hermanas empezaron a sembrar pasto de San Agustín, del que habían cosechado en las orillas del patio de mi tía, en nuestra casa nueva. Ellas esperaban que esto detuviera el polvo que se metía a la casa. Mi papá pensaba que era una pérdida de tiempo. A él sólo le interesaba plantar, nutrir y cultivar cosas que uno pudiera comer y además, a él no le importaba si había tierra en la casa. Durante una gran parte de su vida, había vivido en casas con piso de tierra.

Las amigas de mi mamá también empezaron a darle pies de rosas y geranios para plantar. Mis hermanas querían un seto de boj como los que habían visto en libros en la escuela. Esto también ayudaría a no dejar entrar el polvo. El boj vino de algún lado y lo plantamos para formar un margen entre nuestra casa y la calle. De todo lo que plantó mi mamá esa primavera, mi favorita era la gardenia que estaba afuera de la ventana de la recámara de mi hermana. Prosperó y creció hasta tener seis pies de altura. En las cálidas noches de primavera, su fragancia embriagadora llenaba la recámara de mi hermana.

Como mi papá sólo plantaba cosas que uno pudiera comer, empezó con nogales jóvenes alrededor de la casa para que dieran sombra y nueces. Después siguió con árboles cítricos. Teníamos árboles de toronja, limón y mandarina. Después una línea de duraznos a lo largo de los cien pies de ancho de nuestra propiedad. Éstos formaban el margen entre la casa (ya rodeada de árboles recién plantados) y un pequeño huerto de verduras, de medio acre. También plantó árboles de ciruela, pera e higo. Los higos eran mis favoritos. Su oscura y almizclada dulzura era lo primero que se cosechaba de la fruta de verano.

Él trabajaba en el huerto por la mañana antes de irse a trabajar y después de las seis cuando regresaba a casa. Sembraba una abundancia de maíz, tomates, calabazas, pepinos, cebollas, ajos y chiles. Al final de la estación secaba la semilla de las mejores frutas y las guardaba. Al principio de la siguiente estación sembraba las semillas en tazas de cartón llenas con tierra y luego transplantaba las más fuertes en el suelo. Los vecinos venían con frecuencia queriendo comprarle verduras.

El dolor más grande de mi papá, como horticultor, era su incapacidad para cultivar aguacates. En su pueblo natal, Villaldama, en el norte de México, se dormía con el sonsonete de aguacates maduros que hacían un ruido de plaf-plaf al caer pesadamente en el suelo.

Llevar aguacates de México a Estados Unidos se consideraba contrabando. Una vez, a pesar de su miedo a los Federales (el nombre que los revolucionarios le daban a los militares mexicanos; para mi mamá, todos los hombres uniformados eran Federales) mi mamá pasó de contrabando un hueso de aguacate en su pañuelo. Mi papá plantó ese pedacito de su tierra natal a un lado de nuestra casa y lo cuidaba como si fuera un hijo primogénito. Le echó tierra negra de San Antonio y agua de lluvia que acumulaba en barriles colocados bajo los canalones. Cuando el invierno amenazó, mi papá hizo un armazón de casa para el árbol y lo cubrió con plástico.

El aguacate siguió creciendo para él. Apá tenía sesenta años cuando lo plantó. Los aguacates no dan fruto hasta siete u once años después de que los plantan. Pero mi papá siguió sin desanimarse. Él sólo seguía cuidándolo.

Dentro de poco el árbol de aguacate llegó a ser tan alto como la casa (en México crecen mucho más altos). Ahora la armazón con plástico para protegerlo durante el invierno se volvió difícil de manejar, pero él no se daba por vencido. Convenció a su sobrino, que trabajaba para el condado, para que instalara un poste telefónico a diez pies de la casa. Eso sirvió como un poste central del cual él construía su carpa de plástico para proteger el árbol.

Un invierno especialmente frío, Apá compró un calentador usado para ponerlo dentro de la casa de plástico para darle más calor por las noches. Mi mamá despotricó contra todo eso diciendo que Apá iba a quemar la casa. Y también se quejó de que él cuidaba mejor su árbol de aguacate que a ella.

El árbol llegó a ser monstruosamente grande y aún no daba aguacates. Apá recibía muchos consejos de sus amigos: clávale un clavo oxidado en el tronco (esto era para darle el hierro que necesitaba para dar flores) o usa estiércol de chivo como abono, como lo hacen en México.

La peor noticia que recibió fue que algunos aguacates son machos y otros hembras, así que un solo árbol de aguacate que estaba a cientos de millas de retirado de otro nunca daría fruto. Esto fue desmentido el próximo año.

El árbol dio cinco enormes aguacates sabrosos.

Mi mamá, como era de esperarse, dijo que hubiera sido más barato y mucho menos trabajo comprarlos en el mercado Modelo en el centro de Pearsall. Esto sólo oscureció un poquito el júbilo de mi papá.

Nunca más dio aguacates.

Después de cinco años más de enormes coberturas de plástico que parecían cuevas para el árbol (por las cuales mi mamá se quejaba diciendo que eran una monstruosidad), mi papá lo dejó que se helara.

Y después lo cortó, amargamente resignado a su separación de Villaldama.

Después de más de un año en nuestra primera casa, por fin se me hizo familiar. Caminé descalza por el piso de linóleo fresco en nuestra sala. Era brillante y resbaloso y mis pies estaban un poco arenosos por la tierra roja de Pearsall.

Apretando algunas monedas de cinco centavos en mi mano sudada, salí por la puerta de mosquitero de enfrente y como mi papá no había regresado del trabajo dejé que la puerta se cerrara de un portazo. Yo era por mucho la más pequeña, así que muy seguido me daban monedas para comprar dulces.

Amá estaba preparando la cena en la cocina. Con la tarea terminada, pensé que el segundo grado no era tan difícil, al menos no la primera semana. Iba a la tienda de Cande, en la esquina más alejada de nuestra cuadra, a comprar golosinas.

La tierra arenosa de la calle sin pavimento se sentía caliente bajo mis pies, así que tuve que correr de sombra en sombra. No había mucha sombra, sólo unos postes telefónicos y algunos árboles flacos. El sol me quemaba en la rayita donde el cabello, que nunca me habían cortado, se dividía en dos trenzas. Decidí comprar también una paleta de hielo. Tenía suficientes monedas de cinco centavos.

La tierra arenosa de Pearsall era muy diferente al barro de Minnesota. La tierra nunca parecía tan caliente en Minnesota. Podía jalar los cascos que se formaban encima, mientras la tierra se iba secando después de la lluvia, y encontrar barro fresco y húmedo debajo. Pearsall era caliente arena roja sin fin.

Fui a la tienda de Cande y ahí también dejé cerrar la puerta de mosquitero de un portazo. El piso en la tienda era de fresco cemento sin linóleo y estaba arenoso por los pies de los clientes. Dejé que la frescura penetrara en mis plantas. Hizo que me diera un poco de escalofrío.

Cande salió de la parte de atrás de la tienda, entre las cortinas que separaban la tienda de la vivienda. Me acerqué al gran mostrador de vidrio y revisé todos los dulces: caramelos Big Daddy, botones multicolor de azúcar, caramelos Sugar Babies, rompe muelas, chicles de globo… estos eran los dulces que me eran más familiares. Escogí primero los dulces, dejando la paleta de hielo en el congelador hasta el último momento. Se derretiría rápido si la sacara. Escogí los botones multicolores de azúcar que venían pegados en un rollo de papel blanco y chicle para hacer globos.

Después de darle mis monedas a Cande, puse los dulces en la bolsa de mi vestido de tirantes y le pedí que me diera una paleta de hielo de uva, de esas que son dos paletas delgaditas pegadas. Ella me la dio y le quité el papel. Estuvo cubierta de una escarcha de hielo por sólo unos segundos, enseguida el calor del día la convirtió en un morado reluciente. No separé las dos mitades de la paleta porque entonces se derretiría más rápido. Al salir, me detuve frente a la puerta de mosquitero y dejé que mis pies absorbieran lo fresco del cemento por unos segundos antes de salir hacia la arena caliente.

Salí corriendo, mordiendo la paleta mientras buscaba el próximo lugar fresco donde poner los pies. Podía haberme puesto mis zapatos de la escuela, pero prefería las sensaciones en los pies, que alternaban entre frescos, calientes, arenosos y sudados. Mientras descansaba a la sombra de un poste telefónico, dejé que la paleta de hielo se derritiera sobre mis pies, para que se sintieran todavía más frescos. Entonces los pies se me pusieron pegajosos también, con diseños sudorosos y pegajosos. Si me viera, Amá me obligaría a lavármelos.

Era sólo una larga cuadra a mi casa. Crucé la calle corriendo a la última sombra antes de llegar a mi casa, el árbol grande de mezquite a la orilla del patio de la escuela Westside. Me senté a la sombra del mezquite para acabarme la paleta, ya que estaba derritiéndose pronto y despedazándose. Mientras me la comía, vi a dos muchachos que iban por la calle. Ellos iban a pasar justo enfrente de mí. Eran pachucos. Busqué el bulto de las grandes navajas en sus bolsas delanteras. Se echaban demasiada pomada en el cabello y hablaban su propio tipo de argot mexicano. A los policías les decían «la chota», y «¡ponte trucha!» quería decir «¡pon atención!» Ellos eran ese tipo de muchachos de Pearsall que se salían de la escuela antes de terminar.

No se fijaron en mí; para ellos, yo era una insignificante pilluela. Así que escuché todo lo que dijeron. Estaban hablando de una mujer que se había pasado de la raya. No entendí bien qué había hecho. Lo que sí era claro era que ellos pensaban que ella era peor que una basura porque se le había olvidado que era mujer.

La llamaron «presumida».

Me estremecí otra vez bajo la sombra fresca. Sus burlas eran tan fuertes. En mi mente, me imaginaba el objeto de su desprecio. Me la imaginaba parada allí con mucho atrevimiento, diciendo palabras arrogantes en voz alta y comportándose vanidosamente.

Yo quería agradarle a mi papá. Yo quería agradarles a mis hermanos.

Sentada debajo del mezquite decidí que nadie jamás me llamaría «presumida». Nunca se me olvidaría mi lugar. Sería lo que los hombres en mi vida esperaban que yo fuera: una pobre muchacha mexicana que sabía guardar silencio.

Mucho después, cuando ya no pude oír la conversación, me levanté y crucé la calle caminando de regreso a nuestro solar. Me fui a la llave del agua que estaba en la esquina delantera y dejé que el agua corriera a través de la manguera, hasta que ya no salía tan caliente. Entonces me lavé los pies. Me tallé un pie contra el otro para quitarme la tierra pegajosa. Enderecé la manguera y bebí de allí. Cerré los ojos y me lancé un chorro de agua por toda la cara para quitarme lo pegajoso. Entonces me agaché y me mojé la coronilla de la cabeza un poquito. Es una de las supersticiones de Amá, que dice que si te mojas cualquier parte del cuerpo y no te mojas la coronilla, te enfermarás. Yo no lo creía, pero de todas maneras lo hice.

Me senté en la orilla del portal de cemento a comer mis botones de dulce con los pies en la tierra arenosa de nuestro solar, donde no había pasto. Mis pies dejaban huellas pequeñitas en la arena.

Para entonces podía oler el ajo y el comino de la cena de mi mamá. Flotaba hacia la puerta y se colaba a través del mosquitero. Tortillas también. Podía escucharla presionándolas contra el comal para sacarles las burbujas. La podía escuchar incluso a través de la música ranchera que tocaban en la radio.

Los botones de dulce de pronto me parecieron demasiado dulces. Se me hacía agua la boca por una tortilla caliente con mantequilla. Puse los botones de dulce nuevamente en mi bolsa y me sacudí el polvo de los pies antes de entrar. Mis pies estaban siempre polvorientos. Mientras que viví en Pearsall, mis pies siempre estuvieron polvorientos.

Apá trajo su desconfianza de la Iglesia Católica de México. Él me decía muy amargado que todos los sacerdotes eran ladrones. Que los sacerdotes despojaban a las pobres mujeres hasta de su último centavo para que lo depositaran en el plato de la colecta, en lugar de alimentar a sus hijos. Sólo se había parado en la iglesia tres veces: para su bautizo, para casarse con Amá y para bautizar a Hugo, el hijo de su compadre. El casamiento por la iglesia no fue por su gusto; sino porque Amá lo chantajeó para que se casaran por la iglesia mucho después de que sus hijos nacieron. Las reglas de la iglesia y del cementerio en Pearsall decían que sólo a los buenos católicos los podían enterrar dentro de la cerca del cementerio. A los católicos caídos que habían roto las reglas o que eran obviamente pecadores los enterraban afuera de la cerca. Amá se aterrorizaba sólo de pensar en que la enterraran afuera de la cerca, aunque ya estaría muerta para entonces.

Así que ella amenazó a Apá. Él tenía que hacer de ella una mujer honesta a los ojos de la iglesia (originalmente se habían casado por lo civil) o ella nos diría a todos los hijos «el gran secreto». Él la llevó a la iglesia y el sacerdote los casó en la tarde, sin testigos, pero sí se registraron debidamente. Ahora su lugar adentro de la cerca del cementerio estaba seguro.

Nunca supimos cual era «el gran secreto». Delia estaba al cuidado del secreto y ella nos lo tiene que decir cuando Amá muera.

Definitivamente, mi papá creía en Dios, pero no en la forma en que la religión católica lo requería. Amá era una católica tibia. Ella en verdad sólo creía en el trabajo duro, ese era su credo. Iba a misa en Navidad y Pascuas y sólo de vez en cuando durante el año. Quería aparentar que era creyente y una buena católica, pero la verdad es que prefería quedarse en casa los domingos por la mañana y hacer el desayuno para su hermano Alfredo, que nunca faltaba los domingos por la mañana en la mesa de mi mamá.

Así que cuando todos mis amigos iban al catecismo después de la escuela, yo iba para hacerles compañía, no porque me sintiera ligada de alguna manera a la iglesia. Las monjas eran todas de México y llevaban hábitos hasta el suelo de color azul marino. Nos daban estampitas religiosas y unas estatuas pequeñitas de santos por aprender nuestras oraciones. Yo tenía buena memoria y pronto llegué a tener una gran cantidad de santos y estampas religiosas que Amá exhibía en una repisa que estaba colgada en el rincón del cuarto. En aquel entonces la misa era en latín. Pronto memoricé todas las respuestas apropiadas en latín también, sin tener idea de lo que significaban. Pero el Padre Nuestro, el Ave María y todos los cantos eran en el idioma de mi niñez. Llenaban mi corazón de dulzura.

Los niños en México son muy apreciados, queridos y respetados. Las monjas trajeron esta actitud con ellas a Pearsall. Enseñaban en voz baja y esto hacía que todos los niños de segundo grado escucharan silenciosamente. No recuerdo ninguna acción de disciplina. Sus voces suaves y su amabilidad me atraían como un imán. Tenían manos suaves y rostros impecablemente limpios. La sala de la casa en que vivían era brillante, limpia y austera. Lo austero me encantaba; parecía que necesitaban tan poco. Yo quería estar con ellas todo el tiempo.

Pronto comencé a asistir al rosario todas las noches. Todavía era de día a las siete de la tarde cuando se rezaba el rosario y la iglesia sólo estaba a dos cuadras de mi casa. La iglesia estaba tan limpia, las monjas pulían los bancos de madera y el piso hasta sacarles brillo. Yo me hincaba en el banco justo detrás de las hermanas. Todas se arrodillaban en el mismo banco. Para un desconocido, quizá todas ellas parecían ser iguales, pero yo las reconocía aun de espaldas. La Madre Superiora era un poco más ancha, no gorda, ninguna de ellas era gorda. La hermana Teresita era la más alta y delgada y tenía la voz más dulce de todas. Sus clases me gustaban más que las otras. La hermana Inocencia era la más bajita y la más joven, no mucho más alta que los niños. Ella siempre tenía una sonrisa juguetona en su rostro moreno.

El rosario duraba tanto tiempo que me parecía que la iglesia entera se llenaba de un resplandor dorado. Las monjas parecían bañadas en él. Hincarme todo el rato me cansaba y me mareaba de una forma extraña, casi hasta el punto de desmayarme. No resistía esta sensación de estar al borde de la conciencia. Me elevaba a una especie de éxtasis. Caminaba a la casa sintiéndome santa y pura, como me imaginaba que se sentían las monjas en todo momento.

Me uní al coro. Aprendimos a cantar la misa mayor en latín para la Navidad y para la Pascua. Si queríamos comulgar en la misa de gallo, y claro que queríamos, teníamos que ayunar antes. El estómago vacío, la última hora, las nubes de incienso y la misa mayor larguísima me hacían sentirme más cerca al conocimiento de lo que jamás estuve. Mis pensamientos corrían a toda velocidad; verdaderamente podía tener muchos pensamientos en un momento muy breve. Y hacía calor, no calor externo y sudoroso, sino un calor intenso que empezaba muy dentro de mí e irradiaba hacia fuera. Luego el resplandor dorado de la iglesia se encandecía y duraba por mucho tiempo. Me sentía como si pudiera volar al cielo.

La iglesia parecía ser una forma de escapar de la humanidad común de mi familia. Pero a Apá no le gustaba tener a esta pequeña papista en su casa. Mis hermanas eran católicas marginales como mi mamá. Y mis hermanos, como mi papá, nunca iban a la iglesia.

—¿Otra vez a la iglesia? —me preguntó Apá, mientras yo trataba de salirme furtivamente para ir a la práctica del coro.

—Sí —contesté tímidamente, mirándome los zapatos.

—Cuando regreses, más vale que le ayudes a tu mamá a lavar los platos.

—Bueno —y me apresuraba para salir, cerrando la puerta de mosquitero muy suavemente.

Entonces Amá tuvo la operación de su hernia y estuvo en el hospital por algunos días. No es nada, dijo el doctor. Ella iba a regresar a casa el domingo por la mañana. Mi hora regular de misa era a las diez y media los domingos por la mañana. A las diez, iba saliendo de la casa con mi velito circular en la cabeza para la iglesia. Ellos entraron hasta el solar con mi mamá que, en teoría, ya estaba bien.

Cuando se bajó del carro, Apá me lanzó una mirada feroz, más enojado de lo que jamás lo había visto, odiándome de verdad. —¿Esa iglesia es más importante para ti que tu mamá? ¡Quítate esa cosa y ayúdame con tu mamá! —gritó casi escupiendo las palabras. Me arranqué el velito circular de la cabeza y fui a ayudarle a Amá a entrar en la casa; se me derramaron las lágrimas silenciosamente. La acomodamos en su cama y me mandaron a traerle un vaso con agua.

Era verdad. Yo quería más a Dios que a mi mamá.

Los ruidos de temprano por la mañana, ollas y sartenes golpeando y voces en la cocina flotaban en mi somnolencia mañanera. Escuché los pasos de mi papá que venía a levantarme.

—Levántate, hija.

—Sí, Apá.

Me vestí y me senté a comer huevos revueltos y tortillas calientes. Era sábado y era día de lavar.

Amá tenía el agua hirviendo en la estufa y Apá había encendido una lumbre afuera debajo de la enorme caldera negra. Olí el humo de la leña. Amá acarreó agua que había calentado en la estufa y la vació en la caldera. La lumbre bajo la caldera la seguía

hirviendo. Luego ponía más en la estufa. Era necesario separar la
ropa blanca de la ropa de color.

Temprano en la mañana, ella empezaba a fregar la ropa en
el tallador. Parada en la tierra, yo podía escuchar el «rushhh,
rushhh» de sus manos presionando la ropa con mucha fuerza contra el tallador. Después ponía la ropa blanca que ya estaba fregada
en la caldera por un rato en el agua hirviendo. Nosotros la sacábamos, todavía hirviendo, con un palo largo y limpio.

Entonces había que meter la ropa en una lavadora con escurridor que estaba afuera: «whoosh, whoosh, whoosh». Mis
hermanas mayores ya se habían levantado para entonces y nos
ayudaban. Platicaban y se quejaban mientras cambiaban la ropa
de un lugar a otro. La ropa se fregaba, hervía, lavaba y enjuagaba individualmente. Después blanqueábamos la ropa con Clorox
y la enjuagábamos en añil. Los pantalones, camisas y vestidos
eran almidonados. Los colgábamos con nuestras bocas llenas de
pinzas de ropa. Un palo de tendedero, que medía siete pies de alto
y dos por cuatro pulgadas de ancho, se usaba para levantar la
cuerda de alambre del tendedero, para que la ropa no se arrastrara
por el suelo mientras se sacudía con el viento.

Seis hijos y dos papás… aunque no teníamos individualmente mucha ropa, lavar la ropa nos tomaba casi todo el día.

Delia se paraba de un lado del escurridor y Delmira le pasaba la ropa por los rodillos dobles. A nuestra vieja vecina Gorgonia
una vez se le atoró el brazo gordo y enorme hasta el codo entre
los rodillos. Corrieron a desconectar la máquina mientras ella gritaba. Perdió el uso de su brazo. Desde entonces tuvo que lavar con
la otra mano.

Yo observaba los brazos flacos de Delmira pasando la ropa
por los rodillos con mucho cuidado para que agarraran la ropa,
pero no sus dedos.

Era íntimo. Lavar los pantalones de tu hermano y pasar el
corpiño de tu hermana por los rodillos dobles, una prenda
después de otra. Nos conocíamos mejor mutuamente mientras
que cada uno lavaba la ropa del otro. El calzón manchado de caca.
La falda manchada de sangre del periodo de Delmira.

Cada prenda era manejada individualmente por cada uno de
nosotros en nuestros puestos. Los enjuagábamos en agua suave

de lluvia que acumulábamos en un barril bajo el canalón. De regreso a la naturaleza.

Lourdes era tan flaca como un cerillo. Pelo liso, castaño. Un vestido desteñido pero limpio. Ojos grandes, color café en un fondo blanco puro.

Ella venía a jugar cantillos conmigo. Yo no la quería. Sabía que era mejor que ella. Ropa mejor, casa mejor y juguetes mejores. Y lo más importante; sabía más que ella. Yo era más lista. Lourdes era una niña muy sencilla... mucho más sencilla que yo. Ella no tenía pretensiones de nada. Sólo era lo que era. Y nunca esperaba ser nada más. Ella sólo me importaba un poquito. Era una compañera buena para jugar.

Su mamá, Pepa, era grande, no gorda en realidad, pero con pantorrillas y brazos enormes y era tan alta como mi papá. Había sido cantinera en el pueblo.

Pepa era amable y trabajaba mucho. Uno de sus párpados lo tenía caído y tenía un lunar abultado y raro. Yo no podía ver otra cosa cuando ella me hablaba. Siempre se veía lista y animada. Limpiaba y limpiaba su pequeña casa de dos cuartos y luego barría el solar con la escoba. Su solar no tenía ni un árbol, ni una planta y no permitía que crecieran hierbas. Era pura ardiente arena roja sin fin.

Yo no la quería a ella tampoco, porque había sido cantinera. De todas maneras era muy amable. Amá sí la quería. A mi mamá no le importaba que ella hubiera sido cantinera. O quizá la quería todavía más por lo que había sido, porque se podían reír juntas cuando se contaban bromas de cantinas—: ¡Ella camina como la gran María, sin calzones! —y se carcajeaban con alboroto.

Pepa venía a ayudarle a Amá a hacer tamales. Era un gran trabajo que se llevaba todo el día. Quitaban la carne de la cabeza de puerco, la cocinaban a fuego lento en chile, luego untaban cada hoja de maíz con masa. Amá le pagaba con tamales. Pepa también le ayudaba a envasar tomates. Amá le pagaba con frascos de tomates envasados.

Mientras ellas trabajaban, Lourdes y yo jugábamos cantillos en nuestro portal de cemento. El cemento siempre estaba fresco. Yo ganaba y ganaba y ganaba. Como matar una mosca, duro, con el matamoscas. Siempre le ganaba. Ella no parecía sentirse mal. Yo esperaba que ella mostrara sentimientos, como sentirse mal o querer llorar, pero nada. Eso me hacía querer ganarle con más ganas.

Jugábamos a la pata coja. Para este juego de brincos, todo lo que necesitábamos era una piedra para dibujar rectángulos en la arena suave. Jugábamos descalzas y cada una ponía su piedra en el cuadro al que habíamos brincado más antes. Yo podía brincar más lejos que ella. Mis piernas eran más largas, era un poco mayor y mi mamá me alimentaba mejor. Nunca la dejaba ganar. Acababa con ella en ese juego también. Y una vez más ella no decía nada, sólo seguía jugando y jugando. Me enfurecía.

Cuando yo tenía dinero, ella iba conmigo a comprar un cono de nieve en la tienda de la esquina. Ella nunca tenía dinero para conos de nieve. Me daban náuseas de sólo pensar en compartir con ella mi cono de nieve, mezclando su saliva con la mía. Temía que su boca estuviera sucia, aunque sus dientes eran grandes y blancos y se veían muy limpios. Así que puse el cono de nieve en dos platitos con cucharas. A ella le tocaba menos que a mí, claro.

Cuando mi mamá hacía galletas, yo las compartía con Lourdes —dos para mí, una para ella. Nunca decía una sola palabra, sólo se comía lo que le daba.

Pero cuando nomás nos sentábamos y platicábamos, entonces de veras me hacía enojar. —Amá me va a comprar una muñeca para mi cumpleaños este año, una muñeca bebé así de grande. Ya la escogí en la tienda del Danchack —le dije.

—Yo ya tengo una como esa —contestó.

—¡Mentirosa!

—Es verdad —insistió.

Así que la mandé a su casa y no jugué más con ella ese día. Yo quería ser mejor y más rica que alguien más. Y ella no me dejaba.

Yo nunca iba a su casa. Nunca me invitaba. Y de todas maneras, yo no quería ir. Pequeña. Con un portal pequeño. Nunca la habían pintado ni por dentro, ni por fuera. Cuando todos se acostaban, con todos esos niños, estoy segura de que no había ni por dónde pisar. Sólo había dos camas; yo las podía ver cuando abrían la puerta de mosquitero de enfrente.

Yo sabía que no tenían nada. Las camas se veían tendidas con mucho cuidado, pero no había nada más en el cuarto además de una silla mecedora donde Pepa se sentaba en las tardes.

Sólo había otro cuarto, la cocina. Esto lo podía ver cuando abrían la puerta de mosquitero de la cocina. Una mesa pequeña con un mantel de hule encerado, dos sillas y una estufa. Eso era todo. A veces nos pedían que les guardáramos algo en el refrigerador. Ellos no tenían uno.

Lourdes siempre mantuvo su distancia de mí y de mi familia. Parecía que siempre nos observaba, estudiándonos. Miraba cada movimiento silenciosamente con esos ojos cafés y grandes. Estando en exhibición, y para un público tan compasivo, me volvía exhibicionista. Hablaba más fuerte de lo normal, me reía más libremente y corría más riesgos. Después de todo, si Lourdes me criticaba no significaría nada. Pero yo sabía que no lo haría. Ella soportaba todo lo que yo hacía.

Yo tenía tanto más que ella: una casa pintada, muebles nuevos, un pasto verde, un carro y un papá. A su alrededor era el único tiempo que me sentía como una princesa privilegiada.

Pepa y Lourdes caminaban juntas a la tienda de abarrotes. No tenían carro. Los músculos se ondulaban en las pantorrillas de Pepa mientras caminaba. Parecía que no tenía problemas cargando las bolsas pesadas a su casa. Lourdes era ligera como una pluma; parecía que caminar no era un gran esfuerzo para ella.

Cuando Pepa estaba ayudándole a Amá y mi papá estaba en casa, él les contaba bromas de cantinas. Los tres se carcajeaban y se palmeaban las rodillas mientras se reían. Era entonces cuando Pepa se veía más feliz, riéndose con todo su ser de las bromas de cantinas. Supongo que se acordaba de sus tiempos alegres de cantinera.

No me gustaban las bromas de cantina. Yo no me reía… mejor me salía. Lourdes no decía nada.

Con el tiempo Pepa se mudó. Supongo que no pagó la renta. Cuando se fue, el dueño de la casa se la vendió a otra familia. Ellos demolieron la casa vieja y construyeron una nueva.

Pepa volvió a ser cantinera otra vez. Entones, cuando venía a ver a Amá, no entraba al solar. Hablaban en la cerca. Amá quería que pasara a la casa pero ella no lo hacía. No se vería bien, decía ella, que una cantinera entrara en la casa de la gente decente.

Cuando yo estaba en la preparatoria, Amá me dijo que Lourdes se había vuelto cantinera también. Ahora Pepa y Lourdes pasaban las noches en las cantinas, sólo que en dos distintas.

Entonces me sentí culpable. Ella me había tratado como si yo fuera algún tipo de princesa. Yo la dominaba con eso. Me pregunto si es parte de la naturaleza humana de comportarse como si uno fuera superior a los otros o si yo era simplemente una niña cruel.

El clasismo fue parte de mi existencia. La gente gringa en el lado este del pueblo tenía más que yo. Yo tenía más que Lourdes. Estaba excluida del mundo de los gringos. Yo le permitía a Lourdes que entrara en el mío. Pero las dos sabíamos que ella era solamente una espectadora.

Más tarde, Lourdes tuvo apuros con los novios. Dos hombres se pelearon por ella. Uno de ellos la golpeó en arranque de celos. Lourdes fue siempre flaca. No hermosa, pero sencilla, con sus ojos cafés en un limpio fondo blanco y sus dientes blancos y limpios. Incluso cuando se volvió cantinera, no usaba maquillaje, ni vestidos escotados. No parecía cantinera; parecía muchacha decente. Supongo que es por eso que los hombres se confundieron; se les olvidó que era una cantinera.

Entonces Pepa dejó las cantinas. Encontró una iglesia… no la católica, por supuesto, porque allí todos eran malos con ella. Otra iglesia, una pequeña. La limpiaba de rodillas todos los días como penitencia. Ya no cantaba canciones de cantinera como antes cuando lavaba la ropa. Ahora cantaba sobre la gracia y la redención.

Capítulo 9

Arriba ya del caballo, hay
que aguantar los respingos.

Parecería imposible ser una adolescente primorosa y a la vez una muchacha mexicana que trabaja en los campos. Pero mis hermanas intentaban serlo. Aun estando en las huertas de betabel, mis hermanas se preocupaban por la limpieza. Cepillaban el lodo endurecido en el doblez de sus pantalones y sus tenis por la noche para que no se vieran muy sucios el día siguiente.

No teníamos agua potable, así que uno de los muchachos tenía que ir por agua al pozo, después de levantarse. De esta cubeta, un poco se vaciaría en una vasija para lavarse la cara. Delia ya había puesto una toalla y jabón a un lado de la cubeta. Todo esto se hacía afuera para que el agua que se salpicaba al lavarse la cara y al cepillarse los dientes cayera en el suelo. El agua del pozo era fría y vigorizante temprano por la mañana, usualmente antes de que amaneciera. Era fácil reconocer quién se había lavado la cara. Mi papá insistía en que todo el mundo lo hiciera porque de otro modo estarían tibios y somnolientos y no estarían listos para ir a trabajar. Era un truco que usaba para que todos estuvieran listos; a él no le preocupaba la higiene para nada.

Pero a mis hermanas sí les preocupaba. Delmira había aprendido en la clase de economía doméstica que uno debería cepillarse el cabello cien veces todas las noches. Se cepillaba su cabello sedoso de color castaño claro, hasta que mi papá la mandaba a la cama. Mis hermanas se arreglaban el cabello debajo del garsolé con pasadores. Llevaban peines en los bolsillos de los pantalones cuando iban a los campos.

Algo que odiaban era beber del mismo cucharón en que bebían los demás.

Frecuentemente, había sólo un barril lleno de agua para todos los trabajadores de un campo determinado. De éste colgaba un cucharón parecido a un cucharón de sopa. Todos lo usaban para beber. El camión que tenía el agua se movía a medida que los trabajadores avanzaban en sus surcos.

Un verano un hombre ya mayor, Don Chano, llegó solo al campamento. No tenía familia que lo cuidara. Su rostro arrugado se veía melancólico y triste, pero era amistoso y hablaba mucho. Hablaba todo el camino rumbo al campo cuando nosotros deseábamos estar todavía en la cama. —Mi hija, la que vive en Houston, tiene cinco hijos. Su esposo no quiere venirse más al norte, pero tal vez el próximo año vengan y ya no tendré que hervir los huevos junto con los granos de café para mi desayuno.

Mis hermanas se miraban una a la otra como con ganas de vomitar.

Lo peor de Don Chano es que tenía llagas en la boca… quizá herpes labial, quizá otra cosa —¿quién sabe?— al borde de sus labios. Era difícil mirarlo a la cara, aunque sentíamos lástima por él. Delia y Delmira sostenían el cucharón con su mano izquierda y bebían del lado contrario para que sus labios no tocaran el lugar donde Don Chano, que era diestro, tomaba.

Una vez, terminamos nuestros surcos al mismo tiempo que él. Platicador como siempre, caminó hacia el barril de agua al mismo tiempo que nosotros. Habían bajado el barril del camión con lazos amarrados de las manijas y lo habían puesto en la sombra del camión para mantenerlo fresco. Cortésmente, él pidió a mi familia que bebiera primero mientras seguía charlando.

—Mi esposa era siempre muy trabajadora aunque estuviera enferma. Sólo tuvimos una hija. El resto nacieron muertos; ella nunca pudo llevar en su vientre a un bebé vivo después de Carmela. Se le partía el alma. Yo creo que eso fue lo que la mató.

Cuando ya habíamos terminado y era su turno, él se disculpaba por tener que tomar del mismo cucharón, pero después de todo no había otra opción. Además, él tomaba del otro lado, sosteniéndolo con la mano izquierda, para que sus labios no tocaran donde los demás lo hacían.

Mis hermanas corrieron al otro lado del camión y disimularon sus náuseas con una tos escandalosa. Mi papá se rió y regresamos a trabajar.

Ellas se quedaron con sed por el resto del día y prometieron amarrarse una taza de aluminio a la gasa del cinturón aunque les molestara todo el día. Trataban de ser primorosas.

El primer año que fuimos a Minnesota, Rudy tenía diez años, dos menos de la edad requerida por la ley para trabajar legalmente en el campo. Acababa de terminar el cuarto grado.

Mi mamá había pensado brevemente en mandarlo con las monjas junto con mi hermana y conmigo. Él era demasiado independiente y ya mayor para eso. Además, insistió en hacer la parte que le correspondía.

Hacía varios años que la ley había prohibido el uso de los azadones cortos. Un azadón corto tiene un mango pequeño; parece una herramienta de jardín. Esto obliga al trabajador a que se agache más al trabajar y a que haga un mejor trabajo. A muchos se les arruinó la cintura al tener que doblarse todo el día.

Pero el azadón corto era perfecto para Rudy, ya que recién había terminado el cuarto grado y sólo medía cuatro pies de altura.

Él insistía en trabajar, así que mi papá ideó una forma para que lo hiciera. La familia ponía estacas con el nombre de «L. Treviño» al comienzo de los surcos que planeaban hacer ese día. Usualmente mi papá hacía dos surcos al mismo tiempo, caminando entre los dos y alternando su escardar, tres toques a la izquierda y tres a la derecha. Todos los demás tomaban un surco.

Pero ellos no empezaban a la orilla del campo; comenzaban treinta pies adentro. Rudy, con su azadón corto, hacía los primeros treinta pies del surco de los demás. Pero él tenía que echarles un ojo a los gringos. Si algún gringo se acercaba o pasaba, tenía que tirar su azadón corto y fingir que caminaba o jugaba. Nosotros no sabíamos lo que íbamos a hacer si a mi papá lo encontraban violando la ley del trabajo infantil.

Rudy hacía muy bien su trabajo. A él sólo le tenían que decir una vez cómo hacer una faena y terminaba antes que todos. Mi

papá lo reconocía; uno lo podía ver en sus ojos y su media sonrisa cuando miraba a Rudy. Eso me ponía celosa.

Rudy era todo lo que yo quería ser y lo que no era: guapo, fuerte y
arrogante, casi hasta el punto de la crueldad. Él aceptaba ser el
favorito de mis papás. Trabajaba más duro que ningún otro y menos-
preciaba a los que se quejaban, aunque a veces silenciosamente los
ayudaba. Podía salirse con la suya sin tener que defenderse de mis
papás. Es difícil atacar a alguien que no se defiende.

La vida parecía ser muy fácil para él. La gente se reía de sus
bromas. Pero yo no podía resistirme a él; nadie podía. Yo quería
caerle bien, que me mirara, que sólo se diera cuenta de que
existía. Él raramente lo hacía. Todos querían lo mismo de él.

Estar en la misma familia de Rudy, era aun más duro para mi
hermano Luis que para mí. Cuando mis papás ponían a Luis a
prueba, encontraban deficiencias. Inmediatamente defensivo,
tenía un millón de justificaciones. Estaba lleno de manierismos y
palabrerías que a mi papá no le gustaban.

Regularmente, Luis se quedaba atrás cuando estábamos
azadonando los campos de betabel. Trataba de ir al paso, pero se
cansaba y se distraía y terminaba hasta atrás con Delia, que era
siempre la última.

Después que Rudy cumplió los doce años, empezó a hacer
sus propios surcos como los demás. Una vez, cuando Rudy y mi
papá habían sido los primeros en terminar sus surcos, como de
costumbre, Rudy decidió regresarse y hacer los surcos de Luis
para hacerlo quedar mal, para apenarlo y forzarlo a trabajar más
rápido. Luis vio lo que estaba pasando y empezó a trabajar rápido, cometiendo errores, dejando sólo una planta en lugar de dos.
Delia le advirtió esto y él se puso furioso. Le gritó a Rudy que
dejara su surco.

Rudy lo ignoró y continuó azadonando. Luis azadonó
furiosamente y cuando se acercaba a Rudy, corrió hacia él y lo
golpeó con el mango de su azadón lo más fuerte que pudo. Rudy
le dirigió una mirada de asesino. Sin decir una palabra y muy
tranquilo, enterró, deliberadamente, la navaja de su azadón en la
delgada pierna de Luis, dejando el hueso al descubierto.

Luis soltó un alarido de dolor mientras se caía y todos vinieron corriendo.

Mi papá miró la pierna y luego miró a Rudy, que no había dicho nada durante todo el incidente. Todavía furioso y lleno de pánico, mi papá no se desvió de su filosofía «ojo por ojo» y dijo—: ¡Tú le hiciste esto, tú lo llevas al hospital!

Rudy tenía doce años. Nunca había estado tras el volante de un carro. El doctor estaba a varias millas de distancia en Moorhead. Mi papá tomó a Rudy del cuello y lo arrastró hasta el carro. Lo tiró en el asiento del chofer como costal de huesos. Rudy, con la cara roja, se quedó en silencio como piedra, los músculos de la quijada contrayéndose.

A Luis lo acostaron en el asiento trasero del carro y a mi mamá la asignaron para quedarse con él. Mi papá se subió en el asiento delantero al lado de Rudy. Nos gritó que siguiéramos trabajando. Él empezó a gritarle instrucciones a Rudy de cómo manejar un carro de velocidades manuales y pobre de él si no aprendía rápido, a menos que quisiera morir a manos de mi papá.

El carro se tironeó alejándose de la huerta y mi papá gritaba instrucciones.

Durante todo el tiempo que Luis no pudo trabajar, Rudy tuvo que hacer dos surcos al mismo tiempo, igual que mi papá, en vez de uno solo como hacía usualmente. Él vio lo que era quedarse hasta el último. Pero no le importaba.

A veces en los sábados, sólo trabajábamos hasta después del mediodía. Después, la gente regresaba al campamento, se bañaba y se iba a comprar comida o lavaba la ropa. El domingo era un día de trabajo como cualquier otro. La hora de levantarse era la misma, antes de que amaneciera.

Bañarse era una puesta en escena. Era necesario traer el agua del pozo y calentarla en una estufa de leña o afuera sobre un fuego. Había que traer la leña para la lumbre y calentar el agua. Los muchachos traían la leña, las muchachas traían el agua y Apá prendía la lumbre. Amá jalaba las camas de la pared en ángulo para que las cabeceras formaran una «V». Luego colgaba sábanas sobre las cabeceras y las amarraba. Esto formaba una esquina casi privada donde uno podía bañarse sin ser visto.

Uno por uno, nos bañábamos detrás de las sábanas. Yo me paraba en la gran tina mientras me enjabonaba completamente, incluyendo el cabello. Luego con una taza de aluminio, tomaba agua caliente de la cubeta a un lado de mi tina y me la vaciaba para enjuagarme. Cuando terminaba, sacábamos la tina en la que me había parado y le vaciábamos el agua. Cada uno de nosotros hacíamos lo mismo uno por uno, hasta que los ocho estábamos limpios.

Amá fregaba la ropa en el lavadero mientras los demás nos bañábamos. Ella se bañaba al último mientras el resto enjuagábamos y colgábamos la ropa que ella había lavado. Esta era la única oportunidad de lavar. Colgábamos la ropa con el cabello todavía mojado.

Mientras el resto de nosotros nos dábamos un baño y lavábamos, Apá hacía cuentas. Con papel y lápiz, calculaba cuántos acres habíamos hecho esa semana, cuántos habíamos hecho en total, cuánto habíamos gastado en comida y cuánto dinero nos llevaríamos a casa. Doblaba el papel con mucho cuidado y lo guardaba en su cartera. Parecía satisfecho y contento de hacer este trabajo. Juntos ganábamos más dinero en Minnesota de lo que él solo podría ganar en Texas. Al levantarse de la mesa, decía—: Lo más importante es que ellos reporten mi seguro social al gobierno. Con eso vamos a poder vivir cuando su mamá y yo estemos viejos.

Él ya tenía cincuenta y seis años, con seis hijos adolescentes, incluyendo a una de seis.

—Bueno, mujer, ¡vámonos! —le decía a mi mamá.

—¡Deja de atormentarme! —contestaba ella, mientras se secaba los pies cuidadosamente.

Finalmente, estaba lista. Cerraba la puerta principal, pero no con llave. No había nada de valor allí. Nuestra poca ropa era la misma que la de los demás y los muebles eran del lugar. No había nada más.

En el carro, todos llevaban puesta su mejor ropa limpia, con el rostro relumbrante, cabello liso y húmedo. Sólo íbamos a la tienda, pero parecía que íbamos a una fiesta. No tener que trabajar por unas horas era verdaderamente algo especial. Tal vez Apá nos compraría un dulce.

Usualmente íbamos a una pequeña tienda de abarrotes que estaba cerca, en Sabin, donde podíamos comprar fiado, pero ese día fuimos a la tienda Red Owl Grocery en Moorhead. Cuando llegamos al estacionamiento, Apá les dio a los mayores un dólar y veinticinco centavos a mí. Nos fuimos contentísimos al restaurante de al lado a tomarnos un refresco mientras él y Amá compraban la comida.

Esto es lo que ellos compraban: veinticinco libras de harina en un costal de algodón, veinte libras de papas, frijol pinto, huevos para toda la semana, papel encerado para la comida del mediodía, café y azúcar. La carne la compraban sólo para la cena de ese día, porque como no teníamos refrigerador, de seguro se echaría a perder. La leche aguantaba por unos días si la poníamos en la solera de la ventana.

Ellos pusieron la comida en el carro y caminaron por la calle hacia el parque para sentarse un rato. Había muchas trocas de trabajadores migratorios estacionadas en fila cerca del parque. Amá se había comprado dos tiras de dulce de goma de regaliz y los comió con gran delicia. Ella escondió la otra en su bolsa de mano secretamente. Entre semana, cuando nadie la estuviera viendo, se la comería y pensaría que estaba sentada en el parque, descansando. A Apá no le gustaba ningún tipo de dulce.

Nos terminamos nuestra Coca-Cola y nos fuimos al parque para ver si Apá estaba listo para irse. —No, hijos, váyanse a caminar, no traemos prisa.

Así que nos fuimos a comprar paletas de hielo y caminamos felizmente. Una vez, Apá nos dejó ir al cine a ver *La dama y el vagabundo,* que se acababa de estrenar, mientras él y Amá nos esperaban en el parque.

Cuando regresamos al parque, Apá estaba listo para irnos. —¿Qué compró? —le preguntamos a Amá. —Lo mismo de siempre —dijo—. Pero hoy compré carne para cocinar en la noche.

A nosotros se nos hizo agua la boca. Hacía una semana que habíamos comido carne.

La vida de Amá era la más dura. Ella daba y daba y daba. —¡Que Dios me dé paciencia! —exclamaba cuando ya todo era demasiado para ella. Una vez dejó de comer tortillas. Dijo que estaba a dieta. Cuando por fin atrapamos la rata en el recipiente de la harina, nos dimos cuenta de la verdadera historia. Ella no podía desperdiciar las veinticinco libras de harina, pero tampoco podía comerse las tortillas.

No nos podíamos bañar todos los días, ya que era todo un espectáculo. Pero ella nos hacía lavarnos los pies todas las noches. Era una regla. Una noche lucía más cansada que nunca y aun así, se quedó limpiando después de que todos ya se habían ido a dormir. Finalmente, apagó la luz y se fue a la cama. Se pegó en el dedo del pie estando ya para meterse a la cama y gritó. Luis se apresuró a prender la luz. —¡AAAMMMÁAA! —dijo y despertó a todos. Ella no se había lavado los pies y se veían bastante sucios a la luz del foco. Pero eso no era lo peor. Traía una naranja pelada que aparentemente planeaba comerse en la cama, una fruta que era un deleite extremadamente raro. Había esperado a que todos estuvieran dormidos para no tener que dividirla en ocho. Pobre Amá.

Después de la temporada de entresacar el betabel en Minnesota, seguía Wisconsin. En contraste a Minnesota, donde nos quedábamos en la casa en forma de señal de alto cada año, nunca sabíamos dónde nos quedaríamos en Wisconsin. Esto era aterrador y a la vez maravilloso; yo adoraba el viaje y lo excitante de la novedad de los lugares desconocidos.

Una de las casas era completamente nuestra por el verano. Era una casa pequeña, con jardín, una cerca y todo lo demás. En una época, había sido probablemente una casa de rancho, pero ahora estaba ya vieja y deteriorada, así que los trabajadores migratorios se quedaban allí. La bomba del agua estaba dentro del gran fregadero de la cocina. No teníamos que ir al pozo a bombear el agua. Había una segunda bomba en el solar, como a veinte pies de la puerta de la cocina. Estaba en medio de un solar lleno de pasto. El pasto era un verde oscuro y deliciosamente suave a mis pies descalzos. Diamantina y yo jugábamos bajo el sol con el agua de la bomba pintada de rojo mientras Amá colgaba la ropa en el tendedero. Ella usaba zapatos para salir a tender la ropa, que se ondulaba con el viento. Yo trataba de convencerla de que anduviera descalza, pero no lo hacía. Muy raramente se relajaba, porque trabajaba muy duro todo el tiempo. Adoraba la ropa perfectamente limpia y le daba un gran placer lavarla para poder tenerla así.

A Apá, las comodidades no le importaban; nosotros estábamos allí para trabajar y ganar dinero. Una cama, una estufa y una mesa era todo lo que él necesitaba. Nunca tuvimos un refrigerador, pero nadie lo extrañaba. El agua, por lo regular, venía de un pozo y la sacábamos con una bomba manual.

Pero para mí, esos meses de agosto en Wisconsin eran como vacaciones. Una cosa que a los niños nos gustaba hacer, era explorar los alrededores. Y yo lo hice. Los lugares donde nos quedábamos en Wisconsin eran más interesantes y variados que la casa de Minnesota. Sólo un año nos quedamos en viviendas para trabajadores migratorios. El resto del tiempo nos quedábamos en lugares que habían sido originalmente otra cosa.

Yo quería explorarlo todo: los gabinetes de la cocina, el ático, el sótano, los armarios, el granero, el bosquecillo de árboles afuera, la bomba de agua adentro, el pozo de afuera, el trigal al pie de la colina. Todo era emocionante y nuevo cada agosto. Por años, éstas eran las cosas que yo recordaba: lo excitante, la novedad, el descubrimiento y lo divertido. Se me había olvidado la vergüenza que se lleva con esa vida.

En Wisconsin, el trabajo era esporádico e imprevisible. A veces trabajábamos varios días seguidos y otras ocasiones no había campos que estuvieran listos para cosechar. En esos días, lavábamos la ropa o nos íbamos a nadar o a pescar en el Lago Holcomb, el Río Chippewa o a alguno de los lagos de Wisconsin.

La ponzoña de la hiedra era un problema. Por varios años, Luis y Delmira colgaban sus pies inflamados por las ventanas del carro de regreso a Texas para curar las quemaduras de la comezón de la hiedra.

A fines de agosto, muchos de los trabajadores migratorios regresaban a Minnesota a trabajar en la cosecha del betabel. Apá nos llevaba de regreso a Texas. Él no quería que faltáramos a la escuela. Su sueño era que todos nos graduáramos de la preparatoria, así que dejaba allá el dinero que podríamos haber ganado al quedarnos otro mes.

En Wisconsin siempre íbamos a diferentes ranchos. Nunca sabíamos que pasaría de un día para otro, de un año al otro, dónde viviríamos o qué haríamos. La noticia sobre qué tipo de trabajo estaba disponible y adónde, llegaba por boca de otros y por casualidad. Esto era estresante para mi papá porque a él le hubiera gustado un trabajo consistente todos lo días, pero era estupendo para los niños porque trabajarían menos.

Para mí era una gran aventura. Mudarse a casas nuevas, ir al lago, nadar, pescar o pasear en canoa. Rudy hacía canoas de ocho pulgadas con la corteza de abedul, hilo y una aguja.

En los días libres cuando no había campos que cosechar, todos se alistaban alegremente para ir al lago. Mi papá buscaba hilo para pescar y una caña. Él y mis hermanos habían derretido plomo la noche anterior para hacer pesas para la caña de pesca. Anzuelos y una pelotita flotante eran el resto de su equipo.

Él y Rudy eran los pescadores. Pero una vez en el río, yo quise intentarlo. Apá enganchó el hilo en la caña, le colocó una pesa de plomo y un anzuelo para mí y yo estaba lista. Quería complacerlo. Quería que me respetara y me quisiera como lo hacía con Rudy.

El resplandor del sol se reflejaba en el agua y mis hermanas se reían, recostadas sobre una cobija junto al carro. Todo estaba bien en el mundo y nosotros estábamos de vacaciones. Pesqué un peje-sol. Me encantaron sus colores.

Mi papá dijo que no tendría mucha carne, pero se veía contento conmigo. Su complacencia era algo que yo buscaba constantemente. Rudy no parecía buscarlo; solamente lo obtenía.

Esa noche cenamos pescado empanizado con harina de maíz. Mi papá se sentó a la mesa. No había espacio para todos nosotros, así que algunos comimos parados o nos sentamos en el suelo, con el plato en las piernas. Apá estaba hambriento, después de un maravilloso día de sol en el río. Se comió el pescado muy rápido y una espina se le atravesó en la garganta.

Mientras se ahogaba, su terror invadió el cuarto. Sus ojos se engrandecieron y enrojecieron. Rudy aventó su silla para ayudarlo. Apá se sacó el resto de la comida de la boca, poniéndola en el plato y movió la quijada furiosamente, mientras masajeaba su garganta. Rudy le golpeó la espalda lo más fuerte que se atrevió.

Entonces hubo ruido. El ahogo de mi papá, Rudy golpeándolo en la espalda, mi mamá gritando «¡Ay Luis!» y nuestro silencio aterrorizado nos dejó sordos. Apá finalmente se sacó la espina metiéndose el dedo grande y sacándolo. No poca sangre salió con todo y espina. Él salió de la casa para esconder su temor de nosotros, pero ya lo habíamos visto. Se enjuagó la boca haciendo gárgaras una y otra vez con el agua del barril que estaba afuera. Nos amontonamos a mirar desde la puerta.

—Nada, no es nada, les digo —dijo entre enjuagadas.

Se metió, se sentó y levantó su tenedor con determinación. Pero no pudo hacerlo. El gran macho, Apá, había sido enganchado por el pescado, justo en la garganta. Sólo masticó una tortilla y tragó una y otra vez tomando agua. El resto del pescado se quedó en el plato y en la sartén.

Nos hizo ir a la cama temprano porque quería apagar las luces. Como siempre, se hizo lo que él decía. Pero no escuchamos sus ronquidos enseguida. Todos nos acostamos con los ojos más grandes que una peseta, mirando al techo en la oscuridad.

Nos imaginamos sin papá, como Marielena y su mamá, dependiendo de la bondad y buena voluntad de los demás. ¿Quién manejaría el carro? Mi mamá nunca había manejado excepto en el rancho en Texas y eso hacía años, cuando Diamantina era bebé y tomó gasolina. Amá la tuvo que llevar hasta el campo donde mi papá estaba trabajando y juntos la llevaron al doctor del pueblo para hacerle un lavado de estómago. ¿Luis? Él sólo tenía dieciséis años. ¿Podría él llevarnos hasta Texas? Luis era el mayor de los hijos. ¿Dejaría la escuela para trabajar con Tío Alfredo en el rancho de Willie McKinley? Yo pensaba que las muchachas también tendrían que dejar la escuela.

Finalmente, mi papá empezó a roncar. Los ronquidos eran grandes y fuertes. Pero me imaginaba lo frágil, suave y rosado de su garganta. Una espinita de pescado justo en el lugar apropiado…

Como todos mis hermanos eran adolescentes, había muchos amoríos y romances. Rudy se inclinaba por las morenitas. Luis se inclinaba por las gringas, como Mary Lou, Jackie y «La Gordita», que era la operadora del teléfono del pueblo. Delia se encontraba con Adrián, «El Prieto», en el pozo para hablar en secreto. Delmira los despreciaba a todos; ella se conservaba para alguien con uñas limpias. Diamantina era muy tímida. Yo era muy pequeña.

El último año que fuimos al norte como familia, Rudy tenía quince años. Había dejado a Carolina en Texas. Le había grabado su sobrenombre «Caro» en el lado plástico, como de mármol, de la navaja que siempre traía con él. Yo le pedía que me dejara verlo cuando sacaba la navaja para pelarme una naranja. Le hacía preguntas sobre Caro, pero no me decía nada.

La familia García se estaba alojando en la casa de al lado en Wisconsin. Habían venido de Midland, en el oeste de Texas. El papá, Epifanio, y Apá se hicieron buenos amigos. Ellos cosechaban ejotes trabajando surcos lado a lado para poder conversar todo el día. Se decían «compadre» y se contaban historias de viejos tiempos en México.

Los García tenían una hija de piel morena, Amalia, que tenía chinos cafés alrededor de la cara. Cuando se reía, se le hacían unos simpáticos hoyitos en las mejillas. Ella era un año mayor que Rudy. Los dos empezaron a cosechar ejotes uno al lado del otro.

Los surcos de ejote en Wisconsin eran más cortos que los surcos de media milla de betabel en Minnesota. Por eso, mi papá me dejaba andar en los campos con ellos en vez de esperar a la orilla, con la cubeta de agua.

Yo miré que Rudy y Amalia se miraban y se sonreían secretamente. Todos los demás lo notaron también y los dejaban que se quedaran atrás de las dos familias. Nadie dijo nada, ni hizo preguntas. Era un acuerdo tácito para que los muchachos se cortejaran en paz.

A mí no me pareció. Yo tenía celos. Rudy era él más cercano a mí en edad, aunque siete años mayor. No jugaba conmigo realmente, pero me molestaba, me hacía cosquillas hasta hacerme llorar y me ponía nombres como «greñas» y «costra». Era atención negativa, pero la deseaba de todas maneras.

Era guapo y fuerte y no me gustaba compartirlo. Especialmente no de esta nueva y desconocida forma de ser. Sus nuevos sentimientos de lujuria adolescente parecían crear un círculo a su alrededor que la gente respetaba y esperaba. Yo lo resentía.

Los alcancé en su surco. Rudy me miró amenazador desde su posición en cuclillas entre los surcos de ejotes. —¿Qué quieres? —me gritó.

Amalia me miró también. Yo la miraba mientras pregunté—: Rudy, ¿por qué tienes «Caro» grabado en tu navaja?

Él me atacó casi tirándome al suelo. Agarró un buen pedazo de cabello chino enredado con su mano derecha y, como si estuviéramos en la lucha libre, me torció el brazo con la mano izquierda. Hizo esto mientras me aventaba de regreso al carro.

—Es algo que no te importa, mugre. ¡Vete de aquí!

Al terminar la temporada, estábamos haciendo maletas al atardecer. Íbamos a salir a las tres a la mañana del día siguiente. Había comentarios que ésta sería la última ocasión que iríamos al norte como familia. El próximo año sólo Apá, Luis y Rudy irían a trabajar en las fábricas de enlatar en Wisconsin. Amalia y su familia fueron a ayudarnos y a despedirse. Ella se la pasaba con Rudy mientras él llevaba paquetes para afuera.

Cuando la cajuela ya estaba llena y nuestro cuarto casi vacío, todos los adultos se sentaron en sillas y colchones descubiertos, conversando de cómo había sido la temporada y las perspectivas del futuro. Rudy se llevó la caja de cartón que tenía nuestros tacos para el camino para ponerla en el asiento trasero del carro. Amalia lo siguió. Los observé desde la puerta de mosquitero. Él se fue por un lado del asiento trasero y se agachó para meter la caja. Ella se fue por el otro lado y se agachó para jalar la caja. Sus manos se tocaron en la caja. Se acercaron más adentro y se besaron… un largo y lento beso de adolescentes. Pensé en mi interior que era su primer beso.

Él le tomó la mano por un minuto en el carro. Entonces los adultos se separaron, se dijeron adiós y buena suerte y todos se fueron a la cama.

Rudy iba callado y miraba hacia fuera por la ventana todo el viaje a Texas.

Nos fuimos seis años juntos al norte. Se convirtió en una rutina familiar. Pero entonces Delia y Delmira se graduaron de la preparatoria. Se mudaron a San Antonio a vivir con Tía Chela y a buscar trabajo. Con sólo cuatro hijos, había más espacio en el carro, pero extrañábamos mucho a Delia y a Delmira.

Entonces Apá cambió de rumbo. Decidió irse a Wisconsin a las fábricas de enlatar y llevarse sólo a Luis y Rudy con él. Era un trabajo terrible, pero pagaban bien. Sólo empleaban hombres, así que Amá, Diamantina y yo nos quedamos en casa.

Ellos revolvían los granos amarillos de elote que se cocían en unos enormes tanques. Tenían que pararse sobre un andamio porque los tanques eran de diez pies de altura. El vapor y el calor cambiaban la forma en que el cuerpo se refrescaba por sí mismo, lo que causaba problemas para dormir en la noche. Vivían en un campo que había sido construido sólo para hombres y entre ellos estaba Tío José, el hermano de mi mamá, que se había ido con ellos.

Después, Luis terminó la preparatoria y se fue de Texas para buscar fortuna en Wisconsin por todo el año. Se fue el día después del último día de la escuela con varios de sus amigos en un carro viejo y deteriorado. Allá, trabajó en algunas fundiciones.

Dos años después, Rudy terminó la preparatoria, se casó y también se fue a trabajar en las fundiciones.

Ahora sólo tenían que mantenerme a mí. Apá dejó de irse al norte. Empezó a recibir la pensión de su seguro social cuando yo tenía doce años y él tenía sesenta y dos.

Capítulo 10

No hay mal que dure cien años, ni cuerpo que lo resista.

Era domingo por la mañana en Pearsall. Amá calentó el menudo que había pasado horas cocinando el día anterior. Mis hermanos, que, aunque no deberían, habían estado tomando el sábado en la noche, se comieron el menudo con cebolla cruda, un limón exprimido y cilantro fresco. El menudo, un poco baboso con la proteína del estómago de la vaca, les ayudaba para la cruda que traían y para que se les quitara lo enrojecido de los ojos.

Tío Alfredo venía a desayunar todos los domingos hasta que murió. Se tomaba su café ruidosamente, aspirando aire para enfriarlo. Yo quería mucho a mi Tío Alfredo; era guapo, chistoso y siempre generoso. Pero me chocaba su hábito de aspirar aire al tomar café. Nos hablaba de la canícula, un tiempo de agosto que pronostica como será el clima en los próximos doce meses. Nos contaba chistes, bromas en español que escuchaba en la cantina, los sábados en la noche o de su amigo Arturo. Me encantaba contemplar su rostro. Para mí, él era más guapo que las estrellas del cine mexicano.

Apá llegaba a la casa con una cabeza de res entera que se había estado horneando toda la noche en un hoyo que hacían en la tierra. Estaba tan bien cocida, que la carne se desprendía de los cachetes. Todos mirábamos mientras Apá sacaba la carne, todavía humeando, de la cabeza de la vaca para ponerla en un platón de barbacoa. Ese era el ritual de los domingos por la mañana. Los niños blancos que vivían en el otro lado del pueblo desayunaban pan tostado a la francesa espolvoreado con azúcar. Nosotros comíamos menudo y barbacoa. Los sesos, que parecían requesón sucio, los separaban para prepararlos con huevos revueltos. Apá se guardaba los ojos para él. Ni siquiera los escondía en un taco, sino que así se los llevaba a la boca, como aceitunas, uno tras otro. La carne de los cachetes era lo único que me parecía que me podía comer. En mi mente trataba de desconectar la carne que estaba en mi tortilla de harina de los huecos en los cachetes de la cabeza de res. Escenas inesperadas se me venían a la mente, en especial la de esta vaca que mugía contentamente en el pasto y después bramaba en el matadero cubierta de sangre.

Más tarde, para la cena, Amá me preparaba una sartén aparte con carne guisada sin ajo, comino, cebolla, chile ni pimienta, porque mis papilas gustativas de niña no soportaban todas las especias. Amá no sabía nada de nutrición. Si yo quería cenar solamente Fritos y gravy, para ella estaba bien, siempre y cuando mi barriga estuviera llena. Ella vivía para llenar la barriga de los demás. Tres veces al día, hacía montañas de fragantes tortillas de harina perfectamente redondas.

Amá atendía todos mis gustos alimenticios desde bebita. No me gustaba lo amarillo de los huevos revueltos, sólo lo blanco, así que ella lo separaba. No me gustaban los frijoles. En las familias mexicanas, los frijoles son un alimento de primera necesidad. Pero ella no me pidió ni una vez que me los comiera. Me preparaba desayunos sencillos y rápidos. Podía escoger lo que quisiera de su pequeño repertorio: huevos revueltos con tocino, huevos cocidos, panqueques hechos en una sartén de fierro, tortillas con mantequilla, tortillas con queso. En realidad ella sólo sabía cocinar unos pocos platillos. Yo era una niña cuando mi tía le dio una receta para hacer galletas y nunca aprendió otra. Siguió cocinando la misma receta toda su vida.

Raramente compraba carne en la tienda de comida. Durante la temporada de la cacería de venado, Rudy traía sus trofeos a la casa y los colgaba de sus patas traseras en los ganchos instalados sólo para este propósito en el techo del portal del patio. Después de sacarle las entrañas al venado, le quitaba la piel, toda de una sola pieza. Apá frecuentemente traía una vaca a la casa después de matarla. La ponía de lado sobre una mesa para cortarle los mejores retazos para hacer bistec y el resto se molía para hacer hamburguesas que se congelaban. Amá también participaba en la matanza. Ella arrinconaba una gallina que cacaraqueaba en el gallinero y la tomaba firmemente de las dos patas con una sola mano. Luego la llevaba a un tronco de árbol. Agarraba el hacha con la mano derecha, mientras acomodaba el cuello de la gallina en medio del tronco, sosteniéndola de las patas. Un solo hachazo de su mano fuerte y la cabeza salía rodando del tronco. A veces la gallina se le escapaba de las manos en este momento y corría por todo el patio, loca y sin cabeza. Cuando la gallina finalmente se moría, la tomaba otra vez de las patas y la sumergía en una olla de agua hirviendo. Esto ablandaba las plumas, que despedían un olor muy desagradable por todo el patio. Amá se sentaba en los escalones a desplumarla. Desnuda, la gallina parecía tener frío con su carne de gallina.

Después de los años cuando la familia trabajaba en los campos, Apá trabajó en la cantina Buenos Aires, los fines de semana de verano. Los miércoles, después de la cena, Chilino y Manuel Tafolla venían a recoger a mi papá. Los tres se iban a la Buenos Aires a jugar cartas y dominó y a tomarse unas cuantas cervezas. La cantina estaba cerrada para el público, excepto los viernes y sábados, así que tenían todo el lugar para ellos solos. Parecían disfrutarlo mucho, riéndose juntos al irse en el carro. No creo que tomaran mucho; Apá nunca llegó borracho después de sus salidas de los miércoles. Sólo se divertían y hablaban mucho. Su amistad era vieja y profunda. Apá y Chilino juntos habían pizcado algodón en Arizona mucho antes de que se casaran. Su historia en común y su sufrimiento los había unido como un voto de hermandad de sangre. Ellos eran compadres antes de que Amá y Apá llevaran a Hugo, el hijo de Chilino, a la pila bautismal. Esto los hizo compadres de verdad y también de sentimientos.

Cuando Chilino venía a recoger a mi papá, él nos dejaba a su esposa, Amparo, y a su hija, Margie. A veces Tío Leonides nos dejaba a Nina y a Hilda y se reunía con ellos en la cantina.

Amparo y Tía Nina se sentaban en las sillas del jardín con mi mamá. Hilda, Margie, y yo extendíamos una vieja cobija de retazos en el pasto y nos acostábamos a mirar las estrellas y a platicar.

La luz pública todavía no había llegado a la calle Dávila, así que en las noches claras de verano, el cielo oscuro y las estrellas abrazaban nuestra casa y nuestro jardín. Esas noches gentiles pintaron mi niñez de magia. La Osa Mayor se parecía al cucharón de manija larga que Apá usaba para derretir el plomo sobre la hoguera de campamento para hacer plomos de pesca. La Osa Menor se parecía al cucharón pequeño que llevaba con la cubeta de agua a los campos de betabel. Con las mamás al lado, hablando de cosas familiares como nacimientos, muertes, casamientos, amoríos, las muchachas, Margie, Hilda y yo, nos sentíamos seguras, nos contábamos secretos y nos reíamos a la luz de las estrellas.

En uno de esos atardeceres, Margie me llevó atrás de la casa y me dijo como se concebían los bebés. Yo me carcajeé en voz alta—: Eso es lo más absurdo que he escuchado —dije—. La que te dijo eso te estaba tomando el pelo.

El siguiente día, en la luz fría de la mañana, ella me enseñó unas caricaturas, que le había robado a su hermano, donde se veía gente «haciéndolo».

Mis papás no. Claro que mis papás no. Mi mamá era tan asexual. Ella dejó de bañarme cuando yo tenía tres años; parecía que le daba pena mirarme. Me decía que me lavara las «partes sucias», los pies y entre mis piernas, muy bien.

El siguiente día le conté a mi amiga Manuela lo que Margie me había dicho. Ella me lo confirmó y añadió más detalles. Yo me la pasé pasmada por algunos días, observando a los adultos de una forma muy distinta. Me quedaba viendo a mi mamá cuando barría el portal. ¿Sería posible? ¿Mi tía y mi tío también? ¿Todos ellos?

No me gustaba el personaje de baboso que estaba bajo la cara que esta gente ponía durante el día. Me parecía imposible reconciliar las dos.

Margie era la niña más cerca de ser niña mimada que yo conocí en Pearsall. Su mamá le había puesto de nombre Margot, que era francés, igual que el nombre de su hermano, Hugo. Ella tenía el juego completo de la enciclopedia *Libro del Conocimiento* de la que nunca me hartaba. Yo leía sola y muy contenta, mientras ella tomaba prolongados baños. Ellos tenían un enfriador en la ventana de la sala que producía aire fresco al evaporar agua. Era el único lugar fresco al que yo tenía acceso durante el verano ardiente de Texas. Margie iba a las clases de baile de tap y usaba unos zapatos que hacían clic, clic, clic por toda la casa. Mi mamá no me dejó tomar esas clases. Dos dólares a la semana era demasiado. Sólo pude ir a la primera clase, que fue gratis. Margie tenía una bicicleta roja con llantas gruesas en la cual aprendimos a andar en bicicleta, turnándonos alrededor de la cuadra. Yo nunca tuve una bicicleta y sabía que nunca tendría una.

Un día antes de que a Hugo, el hijo de seis años de Chilino y Amparo, lo operaran de las anginas, su familia entera vino a nuestra casa. Hugo estaba estrenando botas vaqueras. Él llegó muy orgulloso y mis hermanas se rieron porque se las había puesto al revés, con las puntas hacia afuera.

Las risas regresaron a mi mente el próximo día cuando me enteré que había tenido una hemorragia mientras estaba solo en su cama del hospital. Yo quería regresar el tiempo, abrazar su pequeño cuerpo y acomodarle los zapatos. Quería acallar las carcajadas de mis hermanas en mi mente.

Ellos fueron por Margie a la escuela.

—Tu hermano está muerto.

Vi el carro alejarse, Margie con un gran aullido. Gritando con la boca tan grande como su cara. Su llanto se mezclaba con las carcajadas de mis hermanas, que no se desaparecían de mi mente. Chilino, su papá, siempre macho y orgulloso, se retorcía de dolor.

Mis papás me llevaron allá después de las clases. Podía escuchar a Amparo gritar antes de que nosotros nos bajáramos del carro, todos aterrorizados.

—¡El doctor, él mató a mi bebé! ¡Mi bebé! ¡Mi bebé! ¡Mijito! ¿Por qué no me quedé con el? El doctor me dijo que lo dejara descansar. ¡Ay Dios mío, no!

Estaban inconsolables por el duelo, todos ellos. Nosotros no podíamos ayudarlos, estando heridos también.

Teníamos que estar con ellos. Eran parte de nuestra familia aunque no nos uniera ningún parentesco. Nos quedamos con ellos casi todo el tiempo hasta el funeral. Amparo nunca dejó de gritar. Nosotros le ayudamos en todo, cualquier cosa que necesitara.

Yo había estado celosa de Margie y quería ser como ella. Ahora estaba contenta de ser yo. Mi familia entera estaba bien de salud. Mi mamá estaba sana y ocasionalmente me abrazaba. Su mamá estaba loca de dolor y perdida para todos.

La muerte fue una parte primordial de mi crianza. Tía Chela murió el mismo día en que nació el bebé de mi hermana. Tío Blas, Tío Rey, Tío José, Tía Sofía… yo estaba constantemente en velorios y entierros.

Segunda Parte

MIGRACIONES MÁS LEJANAS

No le tengan miedo al chile,
aunque lo vean bien colorado.

Capítulo 11

La esperanza no es pan, pero alimenta.

La señora Frances, mi maestra del tercer grado, permitió que la clase votara por quien debería ganarse la «Insignia de Honor» por ser el mejor estudiante de la clase. Mis compañeros votaron por mí y me eligieron. Fue la primera vez que me distinguieron por ser buena estudiante.

La señora Winters, mi maestra de cuarto grado, tenía fama de ser la maestra más estricta de la escuela. Era la maestra del grupo «A» del cuarto grado. La administración de la escuela descaradamente dividía los estudiantes de cada grado en A, B, C, y D. Los del «A» eran los más listos y los del «D» eran los niños que no salían muy bien. Yo quería estar en grupo «A», pero le tenía miedo a la maestra. Ella tenía un cuerpo anguloso con orillas afiladas, nariz puntiaguda y hombros picudos.

Pero, como mi papá me había enseñado como comportarme al estar con gente mala, decidí trabajar duro, tratar de desaparecerme en mi asiento lo más posible y ser callada. Eso funcionó muy bien y enseguida le caí bien. Nunca levantaba la mano, hablaba sólo cuando me lo pedían y casi siempre me sabía la respuesta.

El año de mi cuarto grado estuvo marcado por una serie de momentos decisivos. Empezó con mi cabello. Hasta que empecé el cuarto grado las tijeras nunca habían tocado mi cabello. Mis trenzas eran largas y muy pesadas. Cada vez que me lavaba el cabello rizado, tomaba casi una hora para desenredarlo y peinarlo.

Diamantina trató de convencerme de que las trenzas eran aburridas y de que podría hacer mucho más con mi cabello si fuera corto. Amá dijo que a ella le preocupaba que el peso de mi cabello fuera lo que me hacía estar tan flaca y que fuera la razón de los dolores de cabeza que ocasionalmente me daban. Además, si no andaba peinada, Rudy me torturaba llamándome «greñas».

Los años como trabajadores migratorios habían terminado. Vivíamos en una casa nueva. Decidí que era tiempo de un cambio, así que le dije a Amá que estaba lista. Ella dijo que había un fotógrafo viajero en nuestro pueblo y quería que me tomaran una foto con el cabello largo para que lo recordáramos así. El siguiente día me puse mi mejor vestido y nos fuimos al fotógrafo. Él dijo que las muestras de las fotos estarían listas en una semana.

Esa noche, Diamantina me sentó frente al espejo y sacó las tijeras de coser de Amá. Me puso una liga en la parte superior de las trenzas e hizo crujir las tijeras al cortar mi grueso cabello justo arriba de la liga. El cabello del lado derecho se soltó desenfrenado y libre. Por poco me muero de la impresión cuando me vi con el cabello corto y rebelde. Me solté llorando y me alejé del espejo. Lloré inconsolablemente por dos horas.

No podía explicarlo con palabras, pero yo sabía que era un momento clave en mi vida. Las niñas tenían trenzas. Los adultos tenían cortes de moda con el cual podían batallar por horas. Yo no me atrevía a tocar el cabello del lado derecho de mi cabeza que seguramente estaba volando suelto, sin ancla. Sentí como si mi pelo estuviera sangrando, como si fuera un miembro amputado, traumatizado, agónico.

Después de dos horas, Amá me llamó y me gritó—: ¡No seas bebita! ¡Es muy tarde para cambiar de opinión! ¡Déjala que termine para que nos podamos ir a dormir!

Si me hubiera tratado con compasión, habría llorado toda la noche. Pero el coraje y el razonamiento me hicieron resuelta y estoica. Me sequé las lágrimas y fui a sentarme frente al espejo. Cuando Diamantina hizo crujir las tijeras al cortar la segunda trenza, no mostré ningún sentimiento. Ella siguió cortando hasta que yo tenía rizos cortos por toda la cabeza.

En la mañana, con los ojos rojos e hinchados, me fui a la escuela llena de vergüenza, sintiéndome como si me hubieran arrebatado una capa de protección, dejándome desnuda y vulnerable. Así que empecé a construir otra, por dentro.

Una semana después fuimos a ver las muestras de las fotografías. El fotógrafo le dio un buen susto a mi mamá cuando le dijo el precio del paquete de fotos. Ella le dijo que teníamos que pensarlo y me empujó hacia afuera. Nunca regresamos.

En el otoño de ese año, el director de la banda de la preparatoria vino y nos invitó a tocar algún instrumento musical. A los estudiantes interesados nos llevaron en autobús para escuchar a la banda de la preparatoria. Tocaron una pieza de *Las bodas de Fígaro*. La música mexicana de discos y de conjuntos había sido siempre parte de mi vida. Esta música era diferente y de otro mundo y me enamoré de ella.

Le dije a mi papá que la sala de música estaría abierta al público el próximo sábado de la una a las cuatro de la tarde. Nunca había pedido algo así. Esto se trataba de dinero… mucho dinero. Él lo entendió sin que yo dijera nada.

El sábado Apá llegó a mediodía, después de orquestar las órdenes, entregas y enfriamiento de cerveza para la cantina de Buenos Aires que dirigía los fines de semana para Tío Manuel. Se bañó mientras mi mamá le preparaba la comida. Yo me paseaba de un lado a otro en el portal de enfrente, esperando que se acordara y que quisiera ir, pero sin querer recordárselo.

Comió y después se sentó a sacarles filo a los cuchillos de la cocina con una piedra de afilar. Mi papá nunca estaba desocupado. A las dos y media empecé a llorar quedito en el portal de enfrente. La hora y la oportunidad se me estaban pasando. Nunca podría pedirle tanto dinero otra vez. En realidad no tenía idea cuánto costaba una flauta, pero sabía que era mucho más que los dos dólares a la semana que mi mamá no había querido pagar por las clases de baile para mí.

Mis sollozos atrajeron a mi mamá hacia la puerta de enfrente. Me miró y se fue sin decir nada. Caminó hacía la cocina y le dijo a mi papá que yo estaba llorando. Él dejó su cuchillo y la piedra de afilar y se puso su sombrero Stetson. Salió al portal y dijo—: Vámonos.

Me sequé las lágrimas rápidamente con la bastilla interior de mi vestido y corrí a subirme en el asiento del pasajero mientras mi papá se acomodaba frente al volante.

Él y yo fuimos solos a la sala de música. La mayoría de los papás ya se habían ido para entonces. Mi papá no hablaba inglés y el director de la banda no hablaba español. Mi papá tampoco sabía de instrumentos de banda. Yo le traduje a Apá. El representante de la empresa de música nos echó un vistazo y dijo que posiblemente encontraría un instrumento usado para mí, lo cual sería mucho más barato.

Apá caminó entre la ordenada y brillante fila de instrumentos nuevos de plata y bronce.

—¿Cuál quieres?

Con vacilación señalé a una reluciente flauta de plata.

—¿Cuánto cuesta?

Traduje. El director de música y el representante de la empresa de música nos observaban atentamente. —Ciento cincuenta dólares en efectivo o veinticinco dólares de enganche y abonos mensuales de diez dólares —dijo el vendedor. Se lo expliqué a Apá en español.

—Diles que nos la llevamos en abonos.

Yo traduje y ellos se apuraron con el papeleo. Él tomó veinticinco dólares de su cartera y firmó dondequiera que le dijeron que firmara, sin poder leer una sola palabra.

Salimos de allí. Las expresiones de aprecio y agradecimiento eran muy poco comunes en mi familia. Yo estaba llena de esos sentimientos y no sabía cómo expresarlos.

—¡Apá… muchas gracias! —le dije entre lágrimas, con un nudo en la garganta.

Él, sintiéndose incómodo, me dio una palmada en la espalda con su enorme mano morena—: Yo sólo quiero que seas feliz, hija.

Nos dirigimos a la casa en silencio, probablemente ambos pensando en el dinero. Yo no sabía cuánto ganaba él ahora, pero mi hermana me había dicho que en el rancho, él ganaba cinco dólares al día. Eso quería decir que dos de sus interminables, calurosos y arenosos días de trabajo al mes serían para mi flauta.

No se la debí haber pedido, pero ya estaba hecho. Me sentí codiciosa y exigente.

Cuando llegamos a la casa, mi mamá me preguntó qué había sucedido. Le conté. Ella torció los ojos al oír la cantidad de dinero, pero no dijo nada. Una semana después, la flauta me esperaba en la escuela. Una flauta brillante y nueva. Era lo más glorioso que había tenido. Yo deseaba poder usar guantes para protegerla de mis pequeñas huellas morenas y sudorosas. El sonido se escuchaba en varias cuadras a la redonda. Cuando practicaba mis escalas, mi amiga Irene podía escuchar cada nota a una cuadra y media de distancia.

Mis hermanas sólo habían tenido dos vestidos para la escuela cuando tenían mi edad. Luis había pasado varios años ciego por falta de anteojos. Ahora yo tenía una flauta de plata del cielo gracias al trabajo duro de mi papá y a su generoso corazón. Yo era más afortunada que los demás.

Cada mes él me daba diez dólares y cincuenta centavos en efectivo. Yo caminaba al correo, compraba un giro postal de diez dólares y lo ponía en un sobre con estampilla junto con el talón de la factura.

Mi música no tenía sentido para él, pero la aceptaba como parte de mi educación gringa. Yo adoraba mi flauta y la música que producía tanto como había adorado a la cuentista en Minnesota. Como ella, producía una magia resplandeciente de otro mundo. La limpiaba y la pulía cada día después de practicar y la ponía de nuevo en su estuche de terciopelo, con mucha reverencia.

No se gastaba mucho dinero en el servicio de limpieza de nuestra escuela. Ese año la escuela empezó un programa en el cual los estudiantes recogerían la basura del patio de recreo. La tarea rotaba de clase en clase, de la misma forma que lo hacía la patrulla de seguridad.

Me encantaba la patrulla de seguridad. En el tercer grado me gané la insignia al final de año por ser la más inteligente de la clase, pero yo hubiera preferido la insignia de la patrulla de seguridad. No me gustaba ser inteligente; eso era ser presumida. Al niño que escogían para formar parte de la patrulla de seguridad le ponían una banda que le atravesaba el pecho y le rodeaba la cintura para identificarse como guardia de crucero. También tenía que ponerse una plaquita plateada que decía «Patrulla de Seguridad» y tenía diseños como de pergamino por todos lados. Sólo los del tercer y cuarto grado podían formar parte de la patrulla de seguridad. Los de tercer grado eran los comisionados y los de cuarto los líderes y los capitanes.

Yo ya había sido comisionada por mucho tiempo; ya estaba lista para ser líder y capitán. Pronto sería el turno de mi clase y me tocaría a mí. Íbamos alfabéticamente y como mi apellido era «Treviño» había esperado impacientemente casi todo el alfabeto.

Para el detalle de la basura, nos habían dado un palo con un clavo en la punta para clavar la basura y una bolsa de papel. Lo primero que hacíamos en la mañana era salir al patio de recreo a juntar basura mientras todavía hacía fresco.

Mi hermano Rudy era estudiante del último año en la preparatoria. Como la mayoría de los estudiantes del último año, él era arrogante y pensaba que lo sabía todo. Lo peor era que lo habían elegido como «El Más Guapo» el año anterior.

Lo vi que salió de nuestra casa, que estaba enfrente del patio de recreo de la escuela. Me di la vuelta, esperando que no me reconociera, pero sí me reconoció. Él iba a pie a la escuela, porque la semana anterior había chocado nuestro carro por andar manejando como loco con sus amigos. Mi papá no lo regañó porque Rudy se había ganado el dinero para el carro en la fábrica de enlatar en Wisconsin el verano anterior. Me vio recogiendo basura y pensó que como mis papás no hablaban inglés y no me podían defender era su deber salvarme de ese asqueroso trabajo (entre la basura había papel de baño usado).

Así que, lleno de hormonas, de seis pies de altura, bien musculoso y enfundado en su chaqueta de fútbol americano, caminó al otro lado de la escuela y se metió a la oficina del director, sin preguntar a la secretaria si podía entrar.

—Mi hermanita, Elva Treviño, esta atrás de la escuela recogiendo basura. Ella no es conserje y ustedes no pueden hacerla trabajar de esa forma. Es un trabajo sucio y ella es una niña. Ustedes los gringos piensan que pueden usar a los niños mexicanos para hacer su trabajo sucio. ¡Si la vuelvo a ver recogiendo basura, volveré de inmediato a su oficina y entonces estaré ENOJADO!

Y salió, dejando al Señor Ward mudo. Él no había dicho ni una sola palabra.

Esa tarde la Señora Winters me informó que la próxima vez que mi clase recogiera basura, yo me quedaría en el salón sola. Y tampoco podría vigilar la seguridad, porque eso podría ser considerado como «trabajo» por mi familia.

Yo sentí que esto era lo peor que Rudy me había hecho. Él había atraído la atención hacia mí cuando todo ese tiempo yo había estado tratando de pasar desapercibida. La Señora Winters se sintió traicionada y dijo—: ¿Por qué no me dijiste que no querías recoger basura? Yo te habría disculpado. En vez de eso le pediste a tus familiares que fueran con el director.

Me quedé allí callada, deseando morirme.

No lloré hasta que llegué a la casa. —¡No te metas en mis cosas! ¡Yo puedo cuidarme sola! —le grité, ahogándome con lágrimas y rabia.

Sonrió satisfecho; había ganado otra batalla en contra de los gringos… y no le importaba hacerme infeliz.

Mis papás parecían desorientados por el incidente. Ciertamente no querían que yo recogiera la basura de los demás, pero tampoco habrían entrado en la oficina del director para quejarse por eso.

Me la pasé el resto del año trabajando más duro que nunca en mis estudios y siendo más callada.

Estaba en el tercer grado cuando me dijeron que yo le gustaba a Rey y me molesté. En ese entonces, no quería nada con los muchachos. Él se sentaba en el lugar opuesto del salón en la fila enfrente de mí. Sentía sus ojos sobre mí constantemente. Cuando yo levantaba la mirada, él rápidamente volteaba para otro lado.

En el cuarto grado la Señora Winters inventó un plan para asignar asientos en el salón. A Rey le asignaron un asiento a mi lado. Estábamos constante e intensamente conscientes de nuestra cercanía. Me pasaba papeles, poniéndolos lentamente enfrente de mí. Él hacía una pausa y justo después de que yo leía el papel, él se ponía a leer. Si se me caía el lápiz, él lo recogía y corría a sacarle punta.

Rey despertó en mí el gusto por los muchachos.

Sus camisas almidonadas estaban limpias y bien planchadas. Sus pantalones de mezclilla también estaban almidonados, la raya bien marcada de tanto plancharla hasta que quedaba descolorida. Usaba aceite en el cabello con una delicada fragancia a flores y tenía una raya bien marcada a la derecha. Me encantaba olerlo y escuchar sus crujidos al moverse a mi lado.

Él vivía a dos cuadras. Si yo caminara por detrás de mi patio y dos lotes baldíos, estaría en su casa. La planta más frondosa de mi mamá era una gardenia de cinco pies de altura que estaba afuera de mi ventana. Estaba cubierta de flores blancas y fragantes. Yo soñaba despierta con Rey en las calurosas noches que se llenaban de brisa que entraba por el mosquitero de la ventana perfumando mi cuarto con el aroma de las gardenias de mi mamá. Me preguntaba si él también estaba despierto, pensando en mí.

Me imaginaba a mí misma saliéndome descalza de la cama en mi camisón blanco de algodón. Caminaría descalza por el patio con la luna alumbrando mi camino y sintiendo el calor del día en la tierra arenosa bajo mis pies. Él se saldría de su cama y caminaría hacia mí también. Nuestro mutuo deseo nos atraería como sonámbulos. Él me encontraría en medio de la milpa de mi papá, entre los surcos de maíz que tenían seis pies de altura. Nadie nos vería.

—Sabía que vendrías —diría yo, quedito mientras él estrechaba mi mano.

—Yo también sabía que vendrías —contestaría él.

No tenía la menor idea de qué haríamos después.

Mi frustrante anhelo por Rey me hacía desearlo constantemente. Él estaba tan cerca y tan lejos al mismo tiempo. Nos tocábamos solamente por casualidad. Estaba lista para Manuel.

Lo conocí en la fiesta del cinco de mayo en la primavera del cuarto grado. Compré mi entrada de veinticinco centavos para las sillitas voladoras. Me senté en mi sillita a esperar que arrancaran otra vez. Mis amigas no habían querido subirse, así que yo fui sola. Escuché que él le gritaba a un amigo en el otro lado de la cerca y me di la vuelta a mirarlo. Nuestras miradas se encontraron y casualmente dijo—: ¿Quieres que te empuje?

El corazón me saltó a la garganta. Yo había visto otras parejas jugueteando de esa manera. El muchacho tomaba la sillita de la muchacha y lo detenía hasta que el vuelo ya iba muy rápido. Luego él la empujaba hacía adelante lo más fuerte que podía. Esto empujaba a la muchacha para adelante y a él para atrás, luego las dos sillitas se columpiaban una hacia la otra. Ellos se agarraban las manos para no chocar y luego empezaban otra vez, riéndose de gusto.

—Sí, bueno —contesté nerviosamente, con el corazón a mil por hora. Él era guapo y su sonrisa me calentaba como un sol ardiente.

—¿Cómo te llamas?

—Elva.

—Yo me llamo Manuel.

Las sillitas arrancaron y él se estiró para tomar mi mano. Tomé su mano y el paraíso empezó. Su mano era fuerte, firme y gentil. Me sostuvo la mano sin dejar de sonreír.

—¿Tienes miedo? —me preguntó mientras jalaba mi sillita más cerca. ¡Sí! ¡Estaba aterrorizada! Pero no por la velocidad de las sillitas.

—Un poco.

—No tengas miedo; no es nada.

Y me empujó hacia adelante. Hubo explosiones, chispas y arco iris. Luego se estiró para tomar mi mano de nuevo mientras yo volaba hacia él. Tomé su mano.

—¿Más rápido?

—¡Sí! —le dije. Sentimientos salvajes galopando dentro mí.

Nos fuimos volando. Juntos, separados, juntos, separados. El vuelo terminó demasiado pronto.

Nos bajamos de las sillitas y caminamos juntos hacia la salida, yo con miedo de mirarlo.

—¿Más tarde nos paseamos otra vez? —me preguntó cuando llegamos a la puerta de salida.

—Sí, bueno.

Tropezándome, con las piernas temblorosas, traté de encontrar a mis amigas Irene y Rosa María. Ellas estaban jugando manita.

—Traes las mejillas bien coloradas y el cabello despeinado. ¿Qué te pasó? —preguntó Irene.

—Nada, me subí a las sillitas —contesté, evadiendo su mirada.

Cuando nos cruzamos en el paseo, él se sonrió. Yo también le sonreí para que supiera que me gustaba, luego rápidamente bajé la mirada, de pronto avergonzada.

—¿Quién es ese? —preguntó Irene.

—No sé —contesté, no estaba lista para compartirlo con ellas. Mi mamá me encontró y me dijo que me tenía que ir a la casa porque ya era tarde. Yo protesté, pero ella fue firme.

La noche siguiente era la última de la fiesta.

Él me encontró y preguntó si quería pasearme en la rueda de la fortuna. Él ya había comprado dos entradas. Esto era más peligroso; había besos allá arriba. Nunca me había subido en la rueda de la fortuna con un muchacho. Pero recordé el toque de sus manos en las sillitas y confié en él.

Nos subimos y cerraron la barra sobre nuestras piernas con un fuerte clic. Nos sentamos no muy cerca y no muy lejos. Puso su brazo en la espalda de mi asiento, sin poner su brazo sobre mí, pero casi. Nos subieron un poquito y pararon para cargar el próximo asiento adelante de nosotros. Se subieron un niño y su papá. Aparentemente conocían a Manuel.

—¡Oye, Meño! —gritó el niñito—. ¡Paseándote en la rueda de la fortuna con una muchacha!

Me sonrojé y aparenté estar muy interesada en la fiesta. Manuel se rió nerviosamente y no dijo nada.

La rueda de la fortuna empezó a dar vueltas y viajamos juntos a las estrellas. Supe que la vida nunca sería la misma para mí. Cuando nos pararon mero arriba, el muchachito lo llamó desde abajo. Se recargó hacia atrás haciendo que el asiento se meciera hacia arriba. El movimiento tan repentino y allá tan arriba me asustó y pegué un gritito. Preocupado, me tocó el hombro. —No tengas miedo, no se va a caer —me dijo suavemente. Yo quería acercarme a él y que me abrazara, pero el niñito estaba observando. Manuel me sonrió con su rostro enmarcado por el cielo oscuro y yo también le sonreí agradecida.

—¿Quieres ir a las sillitas otra vez? —me preguntó.

—Sí.

Nos fuimos de la rueda de la fortuna hacia las sillitas. Yo estaba aterrorizada de que alguien nos viera. Mi hermano Rudy sería lo peor. Me lo recordaría eternamente. Pero nadie en la multitud parecía interesarse en nosotros. Cuando jaló mi sillita hacia él, parecía que lo había estirado más cerca de lo necesario, y a mí me gustó, estaba aterrorizada y emocionada.

Parecía que el resto del mundo había desaparecido excepto su sillita y la mía. Estiró mi sillita hasta que quedamos frente a frente. Me apretó la mano contra la barra y después me empujó fuerte. Regresé al él aun con más fuerza. Nos reímos a carcajadas.

Otra vez no estaba preparada para que se terminara. Mientras nos alejábamos, él me sonrió y dijo adiós. Yo dije adiós aunque no estaba lista para dejarlo ir. Ni siquiera sabía su apellido. Parecía un sueño. Ninguna de mis amigas nos había visto entre la multitud y no lo habían conocido.

No lo vi todo el verano. Mi anhelo por Rey no había sido nada comparado a lo que ahora me pasaba. Me ardían las manos cuando recordaba el firme y delicado toque de las manos de Manuel. Mi cuerpo entero ardía cuando recordaba lo cerca que había estado de él en la sillita. El recuerdo de su sonrisa en la rueda de la fortuna, con las estrellas en el cielo negro azulado enmarcando su cara, hacía que se me doblaran las rodillas.

—¿Qué te pasa? —mi mamá me despertó de mi ensueño.

—Nada.

Supe después que él era dos años mayor que yo, que su apellido era Madrigal y que era pobre. Pero para mí, él era una sonrisa brillante, unas manos gentiles y firmes y un sentimiento que me atraía irresistiblemente como una mariposa nocturna.

Rey me atraía, pero Manuel fue mi primer amor.

Rudy se graduó de la preparatoria cuando yo terminé el cuarto grado.

Mi hermana Diamantina hizo un vestido azul de un tejido muy ligero y transparente y un fondo de holanes para mí. Era una costurera de nacimiento y diseñadora de vestidos. El vestido tenía en la bastilla unos pliegues sostenidos por unas diminutas margaritas. Salí a la sala orgullosamente. Apá estaba sentado allí con su mejor pantalón negro, listo para irse. Él dijo—: Tienes unos pliegues en el vestido que no se ven bien. Arréglalos antes de irnos.

En todo caso, ¿qué sabía él de la moda?

Había mucho entusiasmo entre la comunidad mexicana porque la «valedictoriana», la muchacha con las mejores calificaciones, era Dolores Treviño. Ella tenía el mismo apellido que nosotros pero no éramos parientes. Era la primera vez que una mujer mexicana había ganado tal distinción. Lo único que recuerdo de su discurso es que dijo que iba a ir a la Universidad de Texas. Seguí sentada allí entre mi mamá y mi papá con mi vestido azul. La familia de Dolores no era más afortunada que la mía. Yo había ganado las insignias de honor tanto en el tercer como en cuarto grado, por ser la más inteligente de la clase. Quizá, yo también podría ir a la universidad. Ese sería el punto de partida.

Para mi papá, y por lo tanto para mí, a esa edad, graduarse de la preparatoria era un gran acontecimiento para una muchacha mexicana. El índice de deserción escolar en nuestro lado de los rieles era muy alto. Trabajar parecía ser más fácil que competir académicamente, después de cruzar las barreras del lenguaje y la discriminación. Pero yo estaba sobresaliendo académicamente y me parecía fácil… incluso más fácil que trabajar con mi papá en los campos.

De regreso a casa, Apá hablaba orgullosamente de cómo ahora cinco de sus hijos se habían graduado de la preparatoria; sólo faltaba yo. Él esperaba que yo también me graduara.

—Apá, yo quisiera ir a la universidad como Dolores cuando me gradúe de la escuela. ¿Tú crees que pueda?

No respondió inmediatamente. Pareció haberse sorprendido de esta inesperada posibilidad. Todos repasamos mentalmente la escena de Dolores dando su discurso de despedida, considerando las posibilidades que yo parecía tener. Apá sabía que mis calificaciones eran buenas.

—¿De veras te gustaría ir a la universidad? Me imagino que es algo muy difícil.

—Sí Apá. A mí de veras me gusta estudiar. Yo creo que sí puedo. Pero la universidad debe ser muy cara.

—Bueno, yo pienso que probablemente lo es, hija, pero vamos a ver si puedo ahorrar un poco para ayudarte.

Entonces me sentí culpable. Él ya estaba trabajando dos días al mes para pagar mi flauta. Ahora parecía que estaba pidiendo más. Ninguno de mis hermanos había ido a la universidad; todos ellos habían empezado inmediatamente a ganarse su propio dinero.

Yo sabía que no era mejor que ellos.

Capítulo 12

Del dicho al hecho, hay mucho trecho.
(Uno de los dichos favoritos de Apá)

Por cuatro años, en la escuela primaria de Westside, todos mis compañeros de clase habían sido puros mexicanos. Cruzando el pueblo todos los alumnos de la primaria de Eastside eran blancos, excepto por dos o tres negros. En el quinto grado, nos juntaron por primera vez. En la clase, había muchachas con rizos rubios sentadas a mi lado. Pero aun entonces, dividíamos el patio de recreo por nuestra cuenta entre los mexicanos y los niños blancos; nadie tuvo que decírnoslo.

Mis papás me empezaron a dar dinero para la cafetería. Ninguno de mis hermanos había comido en la cafetería. Las señoras de la cocina me servían carne de puerco con arroz blanco. Yo estaba acostumbrada al arroz con pollo, así que remojaba mi arroz con leche y azúcar. Hice arroz con leche para poder comérmelo.

Nuestro maestro, que era el director de la primaria al mismo tiempo, tenía su oficina enfrente de nuestro salón, así que podía ir y venir fácilmente. Teníamos que hacer muchos deberes en clase y debíamos trabajar en silencio mientras que él trabajaba en su oficina al otro lado del pasillo. Siempre teníamos arte al final del día. A veces la clase de arte empezaba muy temprano si nuestro maestro tenía que estar en la oficina. En nuestro salón estaban los estudiantes más inteligentes y generalmente éramos bien portados y callados. Hice un gran número de proyectos de arte ese año: *collages*, lámparas muy elaboradas de palos de paletas, muñecas de papel mâché, etc. Amá ya no tenía lugar donde exhibirlas todas.

Gilberto se sentó a mi lado una parte del año. El Departamento de Bomberos Voluntarios de Pearsall anunció un concurso de arte: cien dólares para el primer lugar y premios para segundo y tercero, para arte relacionado con la prevención de incendios. Gilberto dibujaba tan naturalmente como comía.

Gilberto usó un póster blanco y sin nada más que un lápiz del número dos, dibujó un bosque quemado. Me daban ganas de llorar al ver los troncos carbonizados. Evocaban imágenes de árboles verdes de mil años de edad ahora destruidos por el fuego. Decidí que jamás permitiría que mi papá tirara un cerillo prendido por la ventana del carro.

Nos amontonábamos a su alrededor, entusiasmados hasta las nubes por su talento y su arte, orgullosos de que fuera un producto de la comunidad mexicana.

Fue descalificado.

Dijeron que era imposible que él hubiera dibujado ese póster. Era demasiado bueno; alguien debió habérselo hecho. Este muchacho mexicano era un mentiroso.

Gilberto no protestó. Y nosotros tampoco, aunque nosotros sabíamos que podría demostrar de varias maneras que él lo había dibujado solo. No querían pruebas y, de todas maneras, probablemente no las aceptarían. Vieron lo que querían ver.

Un artista mexicano nunca llegaría a ningún lado en Pearsall.

Dos años después de que Delia y Delmira se mudaron a San Antonio a trabajar, Delia se casó. Fue traumático para todos cuando ella y Chale se fugaron. Nosotros ni siquiera sabíamos que ella estaba saliendo con él.

El próximo día llegaron a la casa, donde Amá y Apá estaban sentados en el portal de enfrente. Delia les dijo entonces que estaban casados y les enseñó su licencia de matrimonio para comprobarlo. —¿Qué chingado significa un papel para mí? —gritó Apá. Entonces les dijo que se fueran. Delia temblaba entre sollozos mientras se subía al carro. El resto de nosotros observábamos por la ventana.

Amá lloró por uno o dos días hasta que Apá cedió. Delia y Chale fueron invitados a formar parte de la familia.

Rentaron parte de una casa blanca grande por un tiempo. Después cuando Delia se embarazó, se fueron a vivir con la mamá de Chale, Victoria, que vivía muy al oeste de San Antonio, junto a la orilla del Arroyo del Alazán. Yo me sentía muy cómoda caminando por la parte oeste de San Antonio. Casi todos lo residentes eran mexicoamericanos, la mayoría de los restaurantes vendían comida mexicana, las cantinas sólo tocaban música mexicana y todos los niños hablaban español. Las farmacias vendían hierbas y pastillas y por todas partes había veladoras con imágenes de santos.

Victoria era alta y con una piel oscura y brillosa como caoba pulida, con arrugas alrededor de la boca y los ojos. Nunca la escuché decir una palabra desagradable. El esposo de Victoria murió cuando Chale era estudiante del primer año en la preparatoria. Chale tuvo que dejar la escuela para mantener a la familia. La casa de Victoria era humilde pero reluciente por lo limpia y ordenada. Tenía un pequeño jardín donde ella cultivaba laureles y crespones.

Derecho a su casa, cruzando la calle de tierra, estaba el Arroyo del Alazán. Este arroyo era usualmente un chorrito pequeño, pero durante las inundaciones, crecía hasta convertirse en un enorme rugido. Pero las inundaciones eran muy escasas. Las orillas del arroyo, cubiertas de hierba, eran un lugar de juegos para los niños del barrio. Y sí que jugaban, como salvajes desenfrenados y frecuentemente sin zapatos. Carlos, el hijo mayor de Delia, con frecuencia llegaba a casa con cortaduras en los pies causadas por el vidrio quebrado que se escondía entre las hierbas. Pero ella no lograba hacerlo ponerse zapatos.

Cuando Delia empezó a tener bebés, nosotros ansiábamos sus visitas. Cuando sabíamos que ella iba a venir el fin de semana, íbamos de ventana en ventana los sábados por la mañana, esperando ser el primero en correr al carro y cargar a uno de los bebés.

En la casa de Delia, el entretenimiento para mí eran los bebés. Tuvo seis en total, uno detrás de otro. Así que siempre había un bebé que cargar o cosquillear o alimentar. Nunca tuve una verdadera muñeca y, de todas maneras, los bebés de verdad eran mucho mejor. Aprendí a cambiar las fajitas del cordón umbilical y los pañales.

Rara, muy rara vez, dejábamos a los bebés con Victoria y nos íbamos al centro de la ciudad en el autobús. Allí íbamos de compras al Solo-Serve o íbamos a un matinée en el teatro Alameda, que presentaba películas mexicanas en español. Algunas veces íbamos al teatro Majestic a ver una película americana. El teatro Majestic era verdaderamente majestuoso. El techo estaba cubierto de estrellas que brillaban en la oscuridad. Las enormes cortinas de terciopelo se abrían justo cuando la película iba a comenzar.

A veces visitábamos a nuestros parientes de la ciudad: Tía Chela, Tía Adela, Tía Sofía y Tío Rey. Todos ellos tenían casas pequeñitas y oscuras con pequeños jardines llenos de árboles. Me gustaba más vivir en el aire libre de Pearsall. A las que envidiábamos eran las primas. A ellas les tomaban fotos de estudio, con vestidos blancos de muchos encajes y recargadas en columnas romanas. Tomaban clases de piano y clases de tap. Algunas hablaban casi puro inglés. Esto era difícil para mi mamá, así que ella sólo sonreía mucho cuando ellas entraban.

Delmira me dijo lo de la menstruación. Ella fue la guía que me condujo en todos los eventos significativos de mi vida: menstruación, sexo, cirugía, matrimonio, adopción y divorcio. Tal vez yo era muy joven para saberlo. Yo todavía no estaba en el cuarto grado y ninguna de mis hermanas había comenzado a tener su periodo antes de los catorce años. Una amiga me había comentado algo de eso, pero yo no le creí. Yo creía todo lo que Delmira decía; era mi ídolo. Así que ella me lo dijo. Quizá era necesario, para ella misma, decírmelo.

Mis papás me habían llevado a San Antonio para pasar una semana con Delia. El fin de semana Delmira me recogió en el Jaguar café de dos asientos de su novio. Ella me iba a llevar de regreso a Pearsall y al mismo tiempo iba a visitar a mis papás por una noche. El novio que venía con el Jaguar era nuevo, un soldado de uno de los muchos campamentos de la fuerza aérea que había en San Antonio y uno que de verdad la adoraba, decía ella. Había escogido a éste porque el anterior la había herido demasiado.

Carlos había sido su primer novio en San Antonio y el único mexicano con el que recuerdo que salió. Ella estaba enamorada tontamente de su apariencia, de su personalidad encantadora y de su gracia. Él tenía el cabello negro azabache, la piel blanca de porcelana y una sonrisa como para morirse. Yo lo había conocido el mes anterior. Él llevaba puestos pantalones de salir y chaqueta de punto, —nunca antes vistos en Pearsall. Me caía bien, aunque no podía entender como él podría ser parte de nuestra familia mexicana tan sencilla, que comía con los dedos y usaba una letrina. Él parecía tan limpio y suave, un muchacho de ciudad cuyos pies jamás habían tocado tierra.

Pero era mentiroso, sucio y tramposo. Se tuvo que casar con la otra, con la que estaba saliendo al mismo tiempo que salía con Delmira. La que salió embarazada.

Ahora ella me llevaba a casa, llena de rencor y de orgullo. Y entonces me habló de la menstruación y de la otra vez —la otra vez que la hirieron.

Me comentó que Amá no la había preparado para ser una mujer; nadie la preparó. Así que ella me prepararía a pesar de que yo todavía era muy pequeña. Ella había pasado de ser una niña pillina a la que le decían Pongui, porque siempre estaba trepándose en cosas, a sangrar entre las piernas y sentirse traicionada por el crecimiento. Inclusive Delia, sólo dos años mayor que ella, no le había dicho nada acerca de la menstruación.

Íbamos pasando por Lytle y yo iba absolutamente callada, con miedo de que ella dejara de hablar. Ella me miraba con los ojos entrecerrados, como si tratara de decidir si debía continuar hablando o no.

—Te voy a contar algo que nunca le he contado a nadie, como en realidad sucedió. ¿Tú crees que estás lista para escuchar esto?

—asentí con la cabeza.

—Como dos meses después de haber tenido mi periodo por primera vez, podía sentir que era tiempo de tenerlo otra vez. Mis senos se sentían como puntitos duros e inflamados. Los odiaba al igual que la dolorosa sensibilidad. Tenía que hacer todo más despacio, porque me dolían cuando el vestido los rozaba. Todavía no usaba corpiño.

—Fuimos a visitar al Tío. Nos sentamos en la sala y le ofrecieron café a Amá. Me mandaron a la cocina a traerlo. Cuando fui a la cocina, allí estaba el primo, grande y fuerte, todo un hombre. Todo pasó muy rápido. Me di cuenta de que él observaba mis nuevos senos que se abultaban debajo de mi vestido de algodón. Me congelé. —Mira qué limoncitos tan bonitos —dijo él mientras tomaba cada uno entre sus dedos y los torcía fuerte.

—¡Ayy! —Solté un grito mientras que él corría fuera del cuarto riéndose.

—¿Qué tienes? —gritó Amá desde el otro cuarto.

—¡Nada! Me… Me… Me quemé con el café.

—Me salí tambaleándome por la puerta de atrás hacia la letrina. No podía dejar de llorar mientras estaba encerrada allí. Quería llorar a grito abierto. Pero me mordí el puño y me tragué los gritos. Ola tras ola de vergüenza se disolvían sobre mí. Cuando mi rostro estaba cubierto de lágrimas y mocos, sentí la humedad roja entre las piernas. Chingao. Lo único que faltaba.

—Me arreglé lo mejor que pude con papel de baño. Ellos estaban esperando el café.

Ya en el carro, traté de no mover ni un músculo durante el viaje de regreso a Pearsall. Parecía que ella se había olvidado que yo estaba allí.

Después de que Delia se casó, no pasó mucho tiempo antes de que Delmira también dejara la casa de Tía Chela. Se mudó a una casa blanca y grande en la calle Quincy. Ella y dos compañeras vivían en mitad de la casa, con su propia entrada, cocina y baño.

Y mis correrías a solas por el mundo empezaron.

Delmira se las arregló con mis papás. Ellos me pusieron en un autobús de Greyhound en Pearsall. Viajé las cincuenta millas a San Antonio sola y Delmira me esperó en la estación de San Antonio.

Me vestí con mi mejor vestido para ir a la iglesia, calcetines blancos y mis zapatos de Shirley Temple de la escuela. Puse ropa para el fin de semana en una bolsa de papel y ya estaba lista.

De camino a la estación en Pearsall, mi mamá me repetía que no fuera a dejar la estación de autobuses en San Antonio en caso de que Delmira no estuviera allí. Entonces debía llamar a Delia del teléfono público. Se lo prometí. Me gustaba sentarme al frente del autobús para poder ver por la ventana grande y por los lados. El autobús paraba en Moore, Devine, Natalia y Lytle de ida a San Antonio. A pesar de que eran las tres y media de la tarde, Delmira estaba ahí esperándome. No había tomado su descanso de mediodía en su trabajo como secretaria de la ciudad de San Antonio para poder venir a recogerme. Regresamos a su oficina y me senté muy seria a un lado de su escritorio hasta las cinco.

Tomamos el autobús para ir a su apartamento en la gran casa blanca. La casa tenía un jardín lleno de pasto y un portal grande de madera. El techo estaba a nueve pies de altura. La casa estaba sombreada por todos lados por enormes sicomoros. El portal, la sombra de los árboles y el techo tan alto, todo se combinaba y hacía que la casa pareciera fresca y oscura, no se parecía en nada a nuestra casa en Pearsall. Nuestra casa no tenía árboles de sombra todavía, ni aislamiento térmico y tenía el techo muy bajo. Se horneaba bajo los rayos del sol, rodeada de arena roja y caliente.

Esa noche ella tenía una cita con su novio, Carl, el muchacho del Jaguar café y yo iba a ir con ellos. Yo miraba, fascinada, como ella y sus dos compañeras de casa caminaban sólo con sus corpiños y medios fondos alistándose para salir. En mi casa todos andaban siempre completamente vestidos, excepto detrás de las puertas cerradas. Delmira me pidió que reparara la bastilla de su falda mientras que ella se maquillaba. Me senté en una silla en el baño gigante, que tenía un inodoro que sí funcionaba, mientras que ella se ponía rímel en las pestañas, vestida solamente con ropa interior y bromeaba y se reía con sus compañeras de casa. Ellas se decían bromas pesadas y se carcajeaban y luego se disculpaban conmigo después de que se las decían. Yo me sonrojaba, decía que todo estaba bien y seguía cosiendo.

Con su maquillaje terminado, Delmira se metía una bola de algodón en cada copa del corpiño para que las puntas se pararan. Yo le dije que su falda estaba terminada y le pregunté si quería que se la planchara. Dijo que sí y puso la tabla de planchar.

Entonces los muchachos empezaron a llegar. Los chicos con los que estaban saliendo. Entonces me asusté mucho. En nuestra casa no se permitía salir con alguien excepto en la noche del baile de gala de la escuela. Las muchachas tenían que citarse a escondidas: tenían que salir con sus amigas y después encontrarse con los muchachos en un lugar donde vendían hamburguesas. La intimidad sucedía en la oscuridad, en carros estacionados a la orilla de los caminos rurales. Aquí las citas eran totalmente al aire libre: se besaban, se sentaban juntos en el sofá y se decían bromas. Por un lado, me gustaba todo ese emocionante peligro. Por otro lado, esta intimidad al aire libre me daba miedo.

Después de Carlos, Delmira dejó de salir con muchachos mexicanos y empezó a salir con militares. La Fuerza Aérea de los Estados Unidos se los traía de todas partes del país. Sus dos compañeras de casa aún salían con muchachos mexicanos.

Carl llegó a la puerta de mosquitero y tocó, entonces entró al darse cuenta que la sala ya estaba llena de gente. Los otros dos muchachos eran muy bien parecidos, pero Carl era guapísimo. Medía seis pies y dos pulgadas de altura y tenía una musculatura bien definida. Sus ojos de color azul alberca me miraron y me detuvieron cuando se dio cuenta de quién era yo. Alejé mis ojos de su rostro y bajé la mirada hacia mis zapatos, sintiéndome como un pez en un cuarto lleno de animales terrestres, completamente fuera de mi elemento.

Él nos guió por la puerta de enfrente hacia su Jaguar café de dos asientos en el cual ya me había subido unos días antes. Delmira y yo compartimos el asiento del pasajero. No me sorprendía que Delmira tuviera un novio de ojos azules muy guapo. Siempre supe que eso sucedería algún día.

Nos llevó a un restaurante donde uno ordenaba hamburguesas mientras seguía sentado en su carro. Nos sentamos allí en el carro, con el capote plegable abierto, comiendo nuestras hamburguesas y aros de cebolla bajo la resplandeciente luz. Elvis cantaba «Ámame Tiernamente» por la bocina. Después me llevaron a los cochecitos de carreras. Carl y yo echábamos carreras mientras que Delmira miraba por la cerca de cadenas. Él era muy divertido y me simpatizaba mucho.

No podía sostenerle la mirada. Sus ojos azules me perforaban como los de los extraterrestres con ojos resplandecientes de las películas de los sábados por la tarde. Cuando él miraba a Delmira, entonces yo me permitía mirar fijamente ese increíble color azul alberca.

Decidieron casarse. ¡Qué cuñado tendría yo! Él llevaría puesto su uniforme blanco de gala de la Fuerza Aérea a la boda. La escena me aturdía. Su uniforme blanco de gala cubriendo toda esa musculatura, resaltando su piel bronceada como oro y haciendo esos ojos aun más relucientes.

Cuando ella lo llevó a la casa para presentárselo a mis papás por primera vez, mi papá estuvo inusitadamente callado durante todo el rato. Les dio su bendición para la boda. Mi mamá no dijo ni una palabra; eso no se esperaba de ella.

Pero después de que se fueron dijo mucho. A ella no le gustaba este tipo. Tenía un mal presentimiento de todo eso. Se puso histérica de preocupación.

La noche antes de la boda, como lo temíamos, ella se desbordó. Se trastornó. Histeria, gritos, parálisis, el doctor, Amá perdida para el mundo. Cuando gritaba, mencionaba a Delmira y a ese matrimonio condenado en el que se estaba embarcando. Fue necesario llamarle a Delmira en San Antonio. —¡Ven pronto! Amá está trastornada. Sí, es por lo de la boda.

Delmira canceló todo y llegó a casa. Todos estábamos sentados en el cuarto oscuro alrededor de Amá, seguros de que se iba a morir. Rudy derramaba enormes lágrimas de macho en la puerta del cuarto.

Amá se recuperó, claro, pero Delmira nunca se casó con Carl.

Después de Carl, el siguiente novio fue Al. Al era un sangre azul de Boston. Él estaba sirviendo a su país después de haberse graduado de la escuela de leyes de Yale. Cuando terminara su servicio, regresaría al este y se uniría al bufete de abogados de su familia.

En ese entonces, el viaje en autobús a San Antonio era rutinario. En lugar de que Delmira fuera a recogerme a la estación de autobuses, yo caminaba sola a su oficina con mi ropa para el fin de semana en una bolsa de papel. Claro que mi mamá no sabía que nosotros teníamos este arreglo. Delmira entendía y confiaba en mi capacidad y mi independencia mucho más que mi mamá.

Me bajé del autobús y caminé a la esquina donde había un reloj grande. Después doblé a la derecha y caminé hacia la presidencia municipal. Todo el trayecto era como de ocho cuadras por el centro de San Antonio.

Al llegó a la puerta de mosquitero luciendo una camisa blanca y una corbata angosta. Nos llevó a comer a un restaurante en un sedán de cuatro puertas. El mesero del restaurante francés puso la servilleta de lino en mi regazo. Delmira me dijo en secreto que me la dejara allí. Al ordenó para los tres, ya que el menú estaba en francés. Me preguntó discretamente sobre mi trabajo escolar mientras que los violines tocaban en el fondo.

Al voló con Delmira a Boston para presentarle a su mamá su futura esposa. Su mamá vivía en una majestuosa casa de piedra rojiza bostoniana. Delmira me contó la historia cuando regresó a casa.

Cuando Al subió al segundo piso para vestirse para la cena, su mamá y su hermana mayor tuvieron una pequeña conversación con Delmira. —¿Acaso no te das cuenta que nunca vas a encajar con esta familia? Este matrimonio es imposible. Tienes que convencer a Al de que no funcionaría. Debes dejarlo que se case con alguien de su propia clase.

Sin saber qué decir, ella no respondió. Cuando escuchó que Al venía bajando, se tragó el nudo que tenía en la garganta y se levantó para ir a cenar.

Nunca le dijo a Al lo que había pasado. Sólo rompió el compromiso. Mis papás nunca supieron de Al. Por mi parte, yo no estaba apenada de ver a éste irse.

El dentista judío, criado en la avenida Flatbush en Brooklyn, fue el siguiente. Kal era un capitán de la Fuerza Aérea. Él mismo se había costeado los estudios en la Universidad Yeshiva.

Él nos llevó a un restaurante italiano con música a todo volumen. Yo no sabía lo que era la pasta, así que otra vez, alguien ordenaba por mí. Para ser dentista, Kal era muy buen comediante. Se colgaba un pedazo de pasta por un orificio nasal y pretendía tener una mala gripa. Nosotros nos reímos durante toda la cena mientras que yo miraba a los demás clientes, algunos sorbiendo ruidosamente, algunos enrollando y otros mordiendo sus espaguetis largos.

Cuando nos llevó a la casa, a Delmira se le enganchó la media en la puerta de su carro y se rompió. A la mañana siguiente él le envió doce pares de medias a su puerta. Este tipo me caía bien y también a mis papás. Delmira tenía veintisiete años, prácticamente una mujer madura, pero decidieron casarse.

Delmira fue a Pearsall la mañana de su boda. Quería que Apá estuviera seguro de que verdaderamente se iba casar, sin recriminaciones como cuando se casó Delia. Ella estaba acostada en la cama de la recámara de enfrente, mirando hacia afuera por la ventana, tratando de vislumbrar el carro cuando viniera por la calle. Forzaba a todo su cuerpo para escuchar el motor conocido del carro aun antes de que estuviera a la vista.

Estaba esperando para casarse. Esa tarde, ya había estado esperando por veintisiete años. La corte de justicia cerraba a las cinco. A las dos se empezó a poner nerviosa, peinando y repeinándose el cabello una y otra vez. A las tres se acostó en la cama, con los músculos tensos, sin importarle ya las arrugas de la ropa ni la perfección del peinado, sólo esperando al novio.

Yo iba y venía de la recámara a la orilla del solar, donde podía ver más lejos por la calle.

Después de haber envejecido años, a las cuatro se levantó, desarrugó su falda y se pasó la mano por el cabello, preparándose para ser una novia plantada. Empezó a visualizar el regreso a su trabajo en la presidencia municipal de San Antonio, tratando de actuar indiferente entre olas de vergüenza fría. ¿Podría contener las lágrimas?

A las cuatro y cuarto, cuando ambas nos habíamos dado por vencidas, él llegó sin que nosotras nos diéramos cuenta. Amá nos dijo que había llegado. Delmira salió corriendo. Él tenía muchas excusas. Salieron, se casaron y les sobró media hora. Mientras ellos estaban en Acapulco yo me preguntaba qué tipo de matrimonio sería ese.

Capítulo 13

Caballo que vuela, no quiere espuelas.

El día que abrieron la biblioteca pública, yo iba caminando hacia la tienda de departamentos de Danchak. Estaba cursando el sexto grado. Antes de ir a la escuela, yo nunca tuve libros. No había leído, ni me habían leído libros. Para mí esta fue la peor parte de nuestra pobreza. En la escuela del Westside no había biblioteca. En el quinto grado nos empezaron a llevar a la biblioteca de la secundaria.

Las puertas dobles de la biblioteca pública estaban abiertas hacia la calle. Antes había sido una tienda de departamentos. Los dos aparadores de las ventanas de cada lado estaban cubiertos con tela y algunos libros en exhibición.

El nuevo letrero decía «Biblioteca Pública de Pearsall». ¿Y eso me incluiría a mí? Entré y hablé con la bibliotecaria.

—¿Cualquiera puede sacar libros aquí?

—Sí, cualquiera que viva en Pearsall —dijo la mujer blanca de mediana edad. Ella estaba hurgando entre montones de libros que habían sido donados a la nueva biblioteca. El aire estaba lleno de polvo de libros. Eran libros viejos de páginas amarillentas. Caminé entre los montones de libros, sobre el piso de madera sin barnizar, bajo un alto techo.

—¿Cuánto cuesta? —tuve que preguntar para no avergonzarme más tarde.

—Es gratis; sólo tienes que llenar una tarjeta.

Casi directamente detrás de ella y a la derecha estaban *Los muchachos Hardy* y *Nancy Drew*. Hasta entonces, lo único que leía fuera de la escuela eran las revistas *Confesiones verdaderas* de mis hermanas y libros de historietas de la tienda de comida.

—¿Cuántos me puedo llevar?

—Tres.

Me llevé dos, para no parecer ser codiciosa.

Cuando llegué a la casa, mi mamá quería saber de dónde habían venido esos libros. Yo le expliqué. Ella no sabía nada de bibliotecas públicas.

El tercer día, mientras leía mi sexto libro de la biblioteca, Amá empezó a gritarme. Ella sólo había llegado hasta el tercer grado. No sabía qué hacer con una lectora insaciable. —¡Te vas a volver ciega leyendo tantos libros! —dijo—. Te vas a volver loca leyendo todos esos libros.

Esa era la reacción de mi mamá.

Los libros la amenazaban porque ella no sabía lo que había en ellos. Y yo estaba clara y absolutamente obsesionada con ellos. Así que los empecé a esconder. Me iba al extremo opuesto de la casa de donde ella estuviera trabajando, sintiéndome culpable de no ayudarle con el quehacer de la casa y leía en secreto, siempre alerta escuchando sus pasos para poder esconder el libro. La lectura se convirtió en mi rebeldía de adolescente. Por las noches, leía debajo de la cobija con una linterna, después de que todos se habían ido a la cama, leía detrás de la letrina en el patio de la casa hasta que ella iba a buscarme, leía en los escalones de la escuela de Westside, donde pudiera escaparme de los ojos agitados y preocupados de mi mamá.

Mi plan era leer todos los libros de la biblioteca. No era muy selectiva. Leí desde *Nancy Drew* y *Los muchachos Hardy* hasta *Sherlock Holmes* de Arthur Conan Doyle. Esperaba poder entender la vida del mismo modo en que ellos resolvían misterios. Después los libros de misterio vinieron Frances Hodgson Burnett, con *El jardín secreto, La princesita y El pequeño Lord Fauntleroy.* Continué con *Las muchachitas* de Louisa May Alcott. Siendo una niña pobre mexicana en un paisaje árido, me parecía que esas niñas llevaban una vida de sueño.

Al principio evadía los libros con palabras difíciles. Después Delmira me regaló un diccionario para Navidad. Esto me hizo más difícil la tarea de esconderme, porque tenía un libro abierto, un diccionario abierto y lápiz y papel para apuntar las definiciones. Para aligerar mi culpa, repartía mi tiempo entre leer y ayudar a mi mamá en la casa. También de este modo ella me dejaba en paz a la hora de mi lectura. Mientras lavaba los trastes, mi mente nadaba entre las visiones de la Inglaterra victoriana. Me imaginaba usando vestidos vueludos y pantaletas largas, montando en una montura de lado en el campo nublado. Dejaba el blanco y negro de la película de mi vida y me escapaba hacia el Technicolor de los libros. Pearsall llegó a ser muy pequeño para mí, como un vestido que me quedaba chiquito.

Hasta el verano después del sexto grado yo siempre había explorado el mundo dentro del seno familiar. Entonces Delmira y Kal se casaron y se mudaron al municipio de Queens en la ciudad de Nueva York. Cuando las aerolíneas instituyeron las «tarifas para menores», Delmira y Kal se ofrecieron a pagar mi pasaje para ir a visitar Nueva York. Kal regresó a Texas a presentar los exámenes para obtener su licencia como dentista. De esa manera si algún día regresaran a Texas, él podría practicar allí. Volamos a Nueva York juntos.

Delmira estaba trabajando como secretaria para PepsiCo en la esquina de la calle 59 y la Avenida Park en Manhattan. Kal estaba trabajando para otro dentista en la Avenida Park en una oficina que estaba en un penthouse de lujo y dónde sólo se atendía a clientes ejecutivos. La oficina parecía más una biblioteca que una oficina de dentista. Tenía sillas de cuero y alfombras Persas y un jardín en la terraza con vista hacia la Avenida Park. Me sentía como Alicia en el país de las maravillas y esperaba despertar en Pearsall en cualquier momento.

En las mañanas, Delmira y yo viajábamos en el metro de Queens a Manhattan. Llegábamos juntas hasta la puerta de su edificio y yo prometía, en respuesta a sus ruegos, quedarme cerca de la 59 y Park y vernos al mediodía para comer.

Claro, al principio me quedaba cerca, pero la ciudad me llamaba y yo me sentía segura de responder a ese llamado. Además, nadie parecía notarme. El sistema de calles y avenidas era fácil de entender y, de todas maneras, traía un mapa.

El Horn & Hardart Automat era mi lugar favorito para tomar algo por la mañana. Ponía monedas en la ranura para sacar un pay de limón con merengue o un pay de queso. Después miraba los escaparates de Tiffany's. Nunca me atreví a entrar, con temor de que me identificaran como una niña pobre mexicana de familia de trabajadores migratorios y me echaran de allí. Traté de perderme deliberadamente en Bloomingdale's. Todos los medios pisos y las espirales y vueltas en los departamentos eran una fascinación interminable.

A mediodía, ya estaba de regreso en la sala de espera de PepsiCo. Tomábamos un almuerzo ligero con la amiga de Delmira: sopa y medio sándwich. Después nos íbamos a mirar los escaparates durante media hora. Parecía que Alexander's era el único lugar donde comprábamos algo; el resto era sólo mirar los escaparates y soñar.

El otro lugar que me gustaba ir sola era la Gran Estación Central. Todos iban de prisa y yo no reconocía a ninguno de los apresurados. En Pearsall nadie iba de prisa y yo conocía a todo el mundo. Yo inventaba historias de las expresiones de la gente en la estación central: «su esposo la dejó la semana pasada. Su mamá la hace sentirse culpable por querer que él regrese... »

A las cinco tomábamos el metro de regreso a casa.

Los fines de semana me llevaban al Guggenheim, al Museo Metropolitano y, en una barca que costaba cinco centavos, a la Isla de Staten. Un sábado hicimos un recorrido turístico por el Pueblo Chino, la Pequeña Italia y Wall Street.

La Isla de Coney era emocionante. Allí aprendí a comer los knishes con mostaza. Un hombre negro enorme chocó conmigo y dijo—: Perdóname, pastelito.

Nunca nadie me había llamado «pastelito».

Fuimos a ver ¡Oliver! en Broadway y después caminamos por Greenwich Village.

Cuando regresé a Pearsall, traté de contarles a mis amigas todo sobre el viaje. Ellas habían estado aburridas todo el verano. Escuchaban cortésmente, sin impresionarse de las maravillas que yo describía.

Pronto aprendí a callarme todo lo de Nueva York.

El siguiente verano, Rudy y Luis, que ya estaban casados con Consuelo y Dolores, ya vivían en Wisconsin. Trabajaban en las fábricas de acero en Waukesha. Ellos y Delmira hicieron un trato. Yo creo que se sentían prósperos ahora que ya no trabajaban en los campos y querían compartir su prosperidad conmigo. Como las «tarifas para menores» todavía estaban vigentes, Luis pagó mi vuelo a Wisconsin, Rudy pagó por mi vuelo a Nueva York y Delmira pagó mi vuelo de regreso a casa. Ellos hacían lo mismo cada verano hasta que me gradué de la preparatoria.

Conforme su mundo se ampliaba, ellos ampliaban el mío.

Capítulo 14

Quien siembra vientos, cosecha tempestades.
(Antiguo Testamento, Oseas 8:7)

En el séptimo grado, descubrí el método científico. Anunciaron la exposición de ciencias con fanfarrias. Los proyectos serían calificados por dignatarios que vendrían de San Antonio. Yo me quedé después de la escuela para hablar con mi maestro de ciencias sobre algunos proyectos. Él me sugirió varias alternativas, a una de las cuales me lancé inmediatamente.

Planaria son gusanos planos que viven en el agua y parecen flechas pequeñas. Tienen cabeza, cola, esófago y poco más. Lo fascinante de estos gusanos es que tienen la habilidad de regenerar partes cortadas de sus cuerpos. Si les cortas la cola, les crece otra nueva. Si les partes la cola a la mitad, les crecen dos colas nuevas. Se aferran tanto a la vida, que si les cortas la cabeza, les crece otra nueva.

Me propuse cortar a estos gusanillos de una forma que nadie hubiera intentado antes, llevando las fronteras de la ciencia básica más allá de lo ya alcanzado. Me imaginé que podía coser varias cabezas juntas o cortar una cabeza tres veces y obtener cuatro. Me propuse hacer todo esto siguiendo puntualmente el método científico, variando sólo un factor a la vez y conservando el resto constante, tomando apuntes extensos en un cuaderno de laboratorio para que otros científicos pudieran seguir el desarrollo de mi revolucionario trabajo.

El maestro de ciencias me enseñó a ordenar por catálogo la planaria y las placas de Petri para criar gusanos pequeños. Mi papá no se molestó para nada al darme el dinero para mis experimentos, porque estos gusanos no costaban mucho.

Cuando ya había preparado todos los experimentos que quería probar, algunos que tenían resultados predecibles y algunos que no, me dí cuenta de que no tendría bastantes placas. Mi maestro de ciencias vino al rescate con algunas más. Cuando la planaria llegó por correo, les di de comer inmediatamente hígado crudo que mi mamá había guardado para la cena. Ellos viven en el agua y son unos pequeños muy fastidiosos, que quieren que se les retire la comida en cuanto terminan de comer. Les cambiaba el agua tres veces hasta que quedaba clara.

Después tomé una navaja de afeitar del estuche de afeitarse de mi papá y empecé la cirugía. Me imaginé que se moverían menos si estaban llenas de hígado. Primero llevé a cabo los experimentos predecibles para estar segura de que me habían mandado planarias buenas. Se corta una cola y crecerá otra. Se ponen los pedazos amputados en una placa separada y ésta se marca con un pedazo de cinta adhesiva numerada. No podía imaginarme que crecerían cabezas nuevas cuando les cortara la cabeza a unas, pero la guillotina cortó tres de ellas para asegurarme de eso. A un tercer grupo les corté la cabeza y la cola, dejando sólo la sección de en medio con el esófago intacto. Claro, también guardé las colas y las cabezas para ver si les crecían nuevos cuerpos. Todo esto lo escribí en mi cuaderno de laboratorio, apuntando la fecha de las cirugías y el número de las placas de cada experimento.

Había dos experimentos predecibles más que llevar a cabo. Si cortaba en forma triangular justamente detrás de la cabeza, crecería una pequeña. Si partía la cola a la mitad obtendría dos colas completamente desarrolladas.

Después me desenfrené. Primero traté de coser dos cabezas juntas. Esterilicé la aguja más pequeña que encontré en la caja de costura de mi mamá, pasándola por la flama azul de nuestra estufa de gas. Esa era la forma en que nuestra vecina esterilizaba las agujas para perforar las orejas de las niñas. Usé hilo rojo para ver lo que estaba pasando. Era un desorden. Las cirugías iniciales fueron fáciles, porque las cortadas fueron hechas en la misma placa una vez que la mayor parte del agua se había escurrido. Pero para tratar de coser esos gusanos, tuve que sacarlos del agua y agarrarlos.

Cada día que pasaba traía nuevas ideas de cómo cortar y pegar. Por ejemplo ¿cuál era el pedazo más pequeño de cabeza que desarrollaría un nuevo cuerpo? ¿Podría partir a la mitad las colas de una planaria que tuviera dos para obtener una con cuatro colas? Tuve que pedir más dinero a mi papá porque ya me estaban haciendo falta más placas. Él parecía menos dispuesto a darme más dinero esta vez, pero me lo dio de todos modos. Él me había visto mover de un lado a otro las placas y pensaba que ya tenía bastantes. Le llamé a Delmira en San Antonio y me las trajo el fin de semana.

Las instrucciones decían que las planarias debían de mantenerse en un lugar fresco. Durante la primavera es difícil encontrar lugares frescos en una casa del sur de Texas que no tiene aire acondicionado. Seguía cambiando de opinión sobre dónde sería el lugar más fresco. Debajo de varias camas, debajo del sofá o sobre el refrigerador. Como la casa estaba construida sobre pilares y vigas, hasta pensé ponerlos allí debajo, pero temí que el gato de mi mamá se comiera los tiernos bocados con sabor a hígado.

Después de observar y apuntar su proceso en mi cuaderno de laboratorio un día después de la escuela, decidí ponerlos debajo de una de las camas gemelas. Mientras los empujaba hacia dentro, bajo el rincón más oscuro de la cama, vi un triángulo verde entre la cabecera y el colchón. Investigué y lo jalé. Era un libro —un libro nuevo—. No tenía sobrecubierta, pero era obviamente nuevo. La cubierta estaba en perfecto estado y olía como los libros de la exposición, a recién salido de la imprenta.

Nunca había visto un libro en mi casa. Libros de la escuela claro que sí, libros maltratados forrados con papel café y llenos de rayones y manchas cafés que habían dejado otros estudiantes. Pero este libro era puro, prístino e intacto.

En mi mente pensé en toda la gente que vivía o venía a nuestra casa para ver si podía comprender de qué manera había llegado este extraño y cómo es que había estado tan bien escondido en la cama, clavado hasta el fondo entre la cabecera y el colchón. ¿Amá? ¿Apá? Ridículo. ¿Rudy? ¿Dee? ¿Delia o Delmira? Nunca los había visto con un libro que no fuera de la escuela.

Empecé a leer la primera página. Era obviamente una novela, pero me parecían puras tonterías. El tipo tenía una actitud pésima, no le gustaba nada, escribía párrafos que eran de varias páginas. Lo hojeé para ver si mejoraba más adelante. Pero nada. Me dije entonces que había algo que yo no estaba entendiendo. El libro tendría que ser algo importante, si no, no estaría en la casa, nuevo y muy bien guardado. Empecé de nuevo con la primera página y leí diez páginas. Jerigonza. Lo hojeé otra vez pero con más calma y encontré una frase que decía «Egyptian fuck».

El libro era el *Trópico de Capricornio* de Henry Miller. Nunca había leído o escuchado nada sobre Henry Miller, pero ahora sabía por qué el libro estaba en la casa. Me levanté y me fijé que no hubiera nadie en la casa además de mi mamá. Ella estaba ocupada en la cocina preparando la cena. Entonces me senté frente a la ventana para poder ver si alguien llegaba a la puerta. Tomé una hoja de papel y me regresé a la primera página. Rápidamente hojeé las páginas de jerigonza y párrafos interminables, leyendo ligeramente las palabras hasta que llegué a otro pasaje caliente. Lo leí y anoté el número de la página en mi hoja de papel. Los pasajes variaban en longitud de una página a varias páginas. Era verdaderamente asombroso como la escritura se volvía más clara en estos pasajes. El escritor parecía detenerse y finalmente escribir en un lenguaje que yo podía entender.

Todavía no había terminado cuando Amá me llamó a cenar. Escondí el libro en un lugar nuevo, en el clóset del cuarto de Amá, debajo de la maleta donde ella guardaba los papeles de naturalización de Apá. Si alguien preguntaba por el libro entonces yo sabría quién era el culpable. Aún no sabía si iba a decir que yo lo tenía o no.

Durante los próximos días, cuando todavía nadie había preguntado por el libro, leí los pasajes una y otra vez, sintiéndome cada vez más excitada. Después que había decidido no decirle a nadie, mi amiga Manuela me contó un chiste pelado un día a la hora del almuerzo.

—¡Tengo un libro! —las palabras se me salieron como una pequeña explosión antes de que yo las pudiera detener.

—¿Un libro? —preguntó ella, alarmada por el tono de mi voz. Me hizo que le contara el resto.

—¡Tráelo a la escuela! —dijo ella.

—¿Estás loca? ¡Me expulsan!

—¿Quién lo va saber? Nosotros traemos libros todo el tiempo.

Lo forré con papel como el de mis otros libros y después lo rayé para disfrazarlo.

Me había olvidado casi por completo de mis planarias. Claro que les daba de comer, las cambiaba a lugares más frescos y desganadamente anotaba cuáles habían progresado y cuáles se habían muerto durante la recuperación. El día antes de entregar el proyecto para la exposición de ciencias, me quedé toda la noche haciendo un estante de tres lados para exponer mi cartel en la exposición junto con algunas de las placas que demostraron resultados más dramáticos y mi cuaderno de laboratorio.

La siguiente noche tampoco dormí, tuve que ponerme al corriente con las tareas que había pospuesto a causa de las planaria y de Henry Miller. Para entonces, el libro y la lista de números de páginas había circulado entre todos mis amigos y estaban en manos de amigos de mis amigos. Mi inquietud, que crecía constantemente, me hacía pedir el libro, pero siempre faltaba una persona más que tenía que verlo.

Esa mañana, a las diez, una llamada por la bocina interrumpió mi clase de inglés para que fuera a la oficina del director. Yo sabía que mi arroz ya se había quemado. Sabía de dos muchachos que habían expulsado por llevar media botella de cerveza, pero no sabía de muchachas que hubieran sido expulsadas alguna vez. Me preguntaba quién podría haberme delatado.

Pero el director estaba sonriendo. Extendió la mano para felicitarme porque había sacado el primer lugar en la exposición de ciencias. Yo estallé en un fuerte e incontrolable llanto. Me llevó a una silla para que me sentara y dijo que tal vez yo había trabajado muy duro para llevar a cabo mi proyecto.

Después de un buen rato, me salí de la oficina tambaleándome y me fui al baño de mujeres para echarme agua en la cara. A la hora del almuerzo exigí que me regresaran el libro y esta vez no acepté un no como respuesta. De regreso a casa me desvié del camino para tirar el libro en el basurero que estaba atrás de una tienda.

Nadie en mi casa mencionó jamás que el libro se había perdido.

Capítulo 15

Mestizo educado, diablo colorado.
(Dicho mexicano de la época colonial)

En la mañana de mi primer día de preparatoria, me senté en el portal y esperé a mi amiga Manuela para caminar juntas a la escuela. Me puse un traje nuevo que me había hecho con la ayuda de Diamantina y me puse mis calcetines blancos y mis tenis de tela. Mi mamá había tallado los calcetines en el lavadero para sacarles la tierra roja de Pearsall. Los lavó con blanqueador y los enjuagó en añil. Los calcetines relucían de blancos sobre mis piernas morenas. Mi mamá también había lavado mis tenis, para tratar de dejarlos blancos, después que yo los había llenado de lodo.

Cuando Manuela pasó por mí, empecé a caminar con ella y con sus dos hermanas. En la siguiente cuadra Irene se nos juntó. Dos cuadras más adelante pasamos por Rosa María. Caminábamos una milla a la escuela porque los autobuses eran solamente para los niños del rancho y para los que venían desde trece millas más allá de Moore, un pueblo más pequeño que Pearsall. Excepto por dos calles principales, las calles del lado mexicano no estaban pavimentadas. Yo estaba contenta de que no hubiera llovido los días pasados, porque cuando llovía, las calles se transformaban en ríos de agua roja y lodosa, que hacía grandes grietas. Los carros pasaban lentamente por los charcos de una profundidad desconocida. Cuando se secaba, el tractor de la ciudad pasaba para nivelar un poco las calles. Claro que no había drenaje pluvial, así que las tormentas causaban un gran daño.

Nuestro pequeño grupo cruzó los rieles del tren hacia el otro lado del pueblo. Los rieles del tren dividían el pueblo como el Río

Bravo. También podría haber sido el Río Grande porque Pearsall era en realidad dos pueblos. Los gringos vivían en el lado este y los mexicanos en el lado oeste. Así era. La gente se refería, eufemísticamente, al lado mexicano como los «acres españoles». El centro, la secundaria, la preparatoria y la oficina de correos estaban en el lado de los gringos.

En el centro había algunas tiendas, el banco y la oficina de correos. No había entrega de correo en el lado mexicano, así que los mexicanos tenían que tener un apartado postal. Toda nuestra familia compartía el apartado de Tío Alfredo. Muy a menudo iba con mi papá al banco. Él iba allí a pedir un préstamo cada vez que nos íbamos otra vez al norte. Comprábamos baratijas en la tienda de diez centavos. Nos gustaba la tienda de ropa que estaba en el centro porque podíamos comprar a crédito. Para el resto de nuestras necesidades, nos quedábamos en nuestro lado. Teníamos tiendas pequeñas llamadas tendajos, excepto por la grande que le pertenecía al hermano mayor de mi papá, Tío Blas. También teníamos el cine mexicano, una iglesia católica grande y muchas cantinas.

En Pearsall, hasta los cementerios estaban separados. Quizás había uno o dos mexicanos enterrados en el cementerio de los gringos, pero en el cementerio mexicano había puros mexicanos. Ningún gringo en Pearsall permitiría que su cuerpo se pudriera en la eternidad entre los mexicanos.

Los pasillos de la preparatoria brillaban con la cera nueva del verano. Los estudiantes brillaban con su lustre del primer día de escuela: caras limpias, ropa nueva, zapatos nuevos. Dentro del oscuro interior del edificio de la escuela se sentía el fresco de una mañana de septiembre en el sur de Texas.

Al final del año escolar, en la clausura del octavo grado, yo me había ganado el premio de «la muchacha mexicana con el mejor promedio». En Pearsall no había solamente un reconocimiento para el estudiante con el mejor promedio. Había «la muchacha con el mejor promedio», «el muchacho con el mejor promedio», «la muchacha mexicana con el mejor promedio» y «el muchacho mexicano con el mejor promedio». Nadie dijo si los promedios de los otros ganadores eran mejores que los míos o no. Pero yo estaba decidida a sobresalir en la preparatoria aunque las expectativas de mis papás fueran muy bajas. Ellos sólo firmaban el reverso de mi reporte de calificaciones. Mis «A+'s» y mi angustia por la única «B+» no significaban nada para ellos. No podían leer inglés ni entendían el sistema de calificaciones. Deseaban que no saliera embarazada y que siguiera mucho tiempo en la escuela para que más tarde pudiera conseguir un trabajo que no tuviera nada que ver con la tierra, ni con ser la sirvienta de alguien.

En la preparatoria había árboles que rodeaban las bancas. Nadie nos lo decía, pero nos segregábamos en el patio de la escuela para esperar a que comenzaran las clases. Los gringos tenían sus bancas y nosotros teníamos las nuestras.

Los maestros venían básicamente en dos sabores. Un sabor eran los maestros que venían de fuera, que frecuentemente venían por un año y no regresaban jamás. Todos ellos eran maestros bienintencionados que no podían encontrar un trabajo en ningún otro lugar. La otra variedad era la de los maestros locales: esposas de rancheros, esposas de banqueros y maestros que tenían familia en el pueblo. La mayoría de las maestras eran blancas; uno no necesitaba todos los dedos de la mano para contar a los maestros mexicanos que había en todo el sistema escolar.

En el noveno grado mi primera clase de la mañana era inglés. Cuando sonó el timbre de entrada, nuestro maestro entró en el salón, se sentó sobre el escritorio y nos miró. Nunca lo había visto antes, así que supuse que él debía ser uno de los importados por un año. Nosotros lo miramos a él. Sus ojos oscuros nos examinaban desde una cara morena y relumbrosa. Su traje café y su corbata, no eran muy usuales en Pearsall, especialmente en los meses de calor. Él se veía como yo suponía que mis profesores de universidad se verían algún día.

Después de que nos echó un buen vistazo y nosotros a él, se dirigió al pizarrón limpio y escribió «Señor Derderian, literatura inglesa y composición». Dijo que era de Brooklyn y que había ido a la Universidad de Nueva York (NYU).

—Ahora, saquen una hoja limpia de papel… —empezó. Susurros, susurros, susurros.

—Oye, Elva ¿me prestas una hoja de papel?

Era costumbre de Roberto ir a la clase el primer día de clases sin papel.

—Y en los próximos diez minutos díganme algo sobre el último libro que leyeron —continuó el maestro. Esperé a que alguien dijera ¿qué pasa si no hemos leído un libro? Pero nadie dijo nada. Tal vez lo escribieron en la hoja de papel. Todos escribimos por diez minutos.

En aquel entonces mi libro favorito era el de *Mitología de Bulfinch*. Leía las leyendas una y otra vez. Perséfone y yo descendíamos juntas hacia el inframundo al mismo tiempo que me afligía con Démeter. Cada vez que mataba una araña, pensaba en Aracne. Volaba con Ícaro cada vez que él se acercaba al sol y sus alas se derretían. Me desesperaba con Sísifo. En mis sueños, volaba hacia el cielo con Pegaso, el caballo de las musas.

Cuando se acabó el tiempo, yo no había terminado. Pero escribí hasta terminar mi última oración y la entregué. —Ahora quiero que me cuenten un cuento de hadas en su papel. Cualquier cuento de hadas, su favorito estaría bien. Pero no quiero que usen inglés perfecto para escribirlo. Cuéntenlo escribiendo pachuquismos mexicanos, jerga de negros, palabras de adolescentes en el estacionamiento, vocabulario de negocios o con el léxico de versos bíblicos... Por el resto de la clase, escriban algunas ideas para este proyecto, o escriban el proyecto.

Nos quedamos allí aturdidos. ¿Qué pasó con la esquematización de las oraciones? ¿Sujeto, predicado, verbo y adverbio? ¿Pachuquismos mexicanos? Anatema en las escuelas de Pearsall. Peor que profanación. Obviamente este tipo era nuevo. Tal vez éste no iba a durar ni el año que duraban la mayoría de los maestros no residentes.

Escribí «Los tres marranitos» usando el vocabulario de la Biblia. Era lo más lejos que podía llegar. Entonces, con los nuevos límites que él había impuesto, la pasé muy bien. Escribir este pequeño cuento de hadas era como comer caramelos. Sentí un poco de entusiasmo cuando lo entregué la mañana siguiente. Sabía que estaba bien hecho. Había salido de un lugar de mi alma que era alegre y libre y que raramente encontraba expresión en mi vida de Pearsall.

La mañana del lunes siguiente, él entró y se sentó en el escritorio como de costumbre. Puso el montón de papeles a su lado y preguntó— ¿Quién de ustedes es Elva? Me puse roja cuando todos voltearon a mirarme. Tomó mi cuento de hadas del montón de papeles y me lo dio. —¿Podrías pasar al frente y leer esto por favor? —me miró con una sonrisa a medias. Toda la sangre se me había subido a la cabeza y me hacía sentir que la cara me ardía. Mis piernas y brazos estaban llenos de melaza. Llegué al frente y alguien empezó a leer mi cuento.

—En el principio, Dios creó tres marranitos. Sus mentes no tenían forma y estaban vacías. La oscuridad estaba sobre ellos… Parecía que no era yo, sino un erudito de la Biblia leyendo en el atril de la parroquia, excepto que leía sobre marranitos.

Cuando terminé, la clase aplaudió. Levanté la vista para mirarlos y todos estaban sonriendo. Mi cuento había hecho sonreír a los demás. Su sonrisa era la misma que yo había sentido al escribir el cuento. Había ocurrido una transferencia.

El señor Derderian también aplaudía y ahora sonreía plenamente. Me pidió que les contara mi experiencia al haber escrito el cuento. Pero la emoción ya había pasado para mí; ahora se me trababa la lengua y estaba muy nerviosa. Dije que no sabía y me senté rápidamente. Él parecía un poco decepcionado. La clase nos miraba una y otra vez. Yo deseaba desesperadamente estar sola con un libro y no estar precisamente allí. Me dejó en paz y continuó.

Más tarde, mientras trabajábamos silenciosamente en nuestros escritorios lo miré de reojo. No era guapo, al menos para mí no lo era. Pero era muy vivo. Parecía estar pensando y creando a cada segundo y nos arrastraba junto con él.

Nuestra siguiente tarea fue escribir un diario para alguien que admirábamos: una persona famosa, un miembro de familia o un personaje de novelas. Mis héroes en aquel entonces eran bailarinas, especialmente las bailarinas de ballet. Ellas practicaban hasta que les sangraban los dedos de los pies. Bañadas en música hermosa, bailaban con el dolor, haciendo que sus movimientos parecieran elegantes y sin esfuerzo.

Por ser una muchacha alta mexicana, rara vez me invitaban a bailar. Cuando tenía diez años quería tomar clases de danza, pero mi mamá dijo que no teníamos suficiente dinero para comprar los zapatos y los dos dólares a la semana para pagar las clases. Escribí todos mis anhelos en una pieza, junto con mi admiración y amor de tanto empeño y belleza.

Al final de la hora, salí de la clase de inglés y me dirigí por el pasillo al salón de álgebra. En matemáticas sólo había una respuesta correcta. Al señor Jiles le resultaría muy difícil darle mejor calificación a Ruth que a mí, si ambas tuviéramos la misma respuesta. Por lo menos de esta manera saldría igual. Me aseguré que no hubiera alguna manera de que me quitara puntos: copiaba el problema claramente, lo exponía paso por paso y encerraba la respuesta claramente.

En matemáticas siempre obtenía cien por ciento correcto si me dedicaba a trabajar duro y por un buen tiempo. Mi maestro de historia me podía juzgar menos que los muchachos blancos, al igual que mi maestro de inglés y mi maestro de banda, pero en matemáticas, yo podía luchar contra el sistema y ganar.

Así que aunque adoraba la clase de inglés y la lectura, di el todo a las matemáticas. Nada me satisfacía como sacar bien todos los problemas en la tarea y en los exámenes. Odiaba pelear por las calificaciones. En matemáticas sólo daba todo de mí, así no tenía que pelear las calificaciones y podía obtener las mejores. Finalmente había encontrado un área en la cual no importaba ser mexicana.

Durante la clase de matemáticas, el señor Jiles nos estaba contando lo de la noche anterior. Él había visitado a uno de sus amigos. El señor Jiles, su amigo y la hija de su amigo, Marjorie, habían visto a una yegua que estaba pariendo a su potrillo. Marjorie, rubia, hermosa y talentosa, era dos años mayor que yo. De acuerdo con las normas de Pearsall su familia era rica; ellos podían tener yeguas preñadas y veterinarios. El señor Jiles cantaba alabanzas sobre Marjorie, diciendo que ella tenía un estómago fuerte, que era muy valiente, muy calmada... yo apreté los dientes y pensé que yo podía ser valiente, fuerte y calmada si tuviera un establo de caballos y un papá muy rico.

El día siguiente el señor Derderian no vino a clase. Su escritorio estaba limpio y vacío. Mi obra de baile se quemaba en mi cuaderno. Al final del periodo, el director vino al salón. Dijo que anunciaría unas noticias muy malas sobre el señor Derderian por la bocina. Pero antes, él quería decirnos a nosotros lo sucedido por haber sido su clase. Habían encontrado al señor Derderian muerto a la orilla de la autopista principal entre Pearsall y San Antonio. Eso era todo lo que él sabía. Dijo que más tarde habría más detalles. Nunca supimos la verdadera historia. Se oyeron rumores de que lo habían encontrado desnudo a varias millas de su carro. Había evidencia que alguien más andaba con él; parecía que alguien le había jugado sucio, posiblemente alguien lo había atropellado, posiblemente era homosexual.

El escritorio estuvo vacío por varios días. Hacíamos la tarea de matemáticas en el periodo de inglés. Una matrona local lo reemplazó. Ella nos pidió que leyéramos *Grandes esperanzas* y que escribiéramos un reporte. También nos pidió que escribiéramos sobre nuestras vacaciones de verano. Ruth escribió acerca de su viaje al campamento de verano donde se columpió de una cuerda hacia el agua fresca del Ojo Azul en Wimberly. Yo escribí sobre una visita a mi hermana a la orilla del Arroyo del Alazán, muy adentro del lado mexicano en el oeste de San Antonio y de la alegría de jugar con mi sobrinito, aunque fuese entre vidrios rotos y yerbas. Temía que el tema influenciaría mi calificación, pero todo lo demás hubiera sido una mentira.

La señora Ballard, mi maestra de geometría en el décimo grado, era la mejor. Estaba severamente discapacitada, lo cual podría ser la razón por la cual había llegado a Pearsall. Caminaba lentamente, moviendo sus piernas deformes y sus brazos cuidadosamente. Pero esto no la detenía para nada. Era alegre, estaba casada y tenía dos bebés. No podía escribir en el pizarrón, pero escribía en un proyector.

Ella amaba la geometría, enseñar y a los niños y nos empujaba hasta el límite. Pero mi límite estaba millas más arriba de cualquier otro en la clase. Resolver problemas vestida con mis calcetines blancos y mi vestido era demasiado fácil, comparado con el trabajo con mi papá en Minnesota. La lógica perfecta y la simetría de las pruebas geométricas reclamaban mi sentido de orden.

Su sistema de calificar era de dar un examen tan largo que no fuera posible terminarlo en una hora de clase. Y luego calificaba siguiendo la curva de desempeño. Yo practicaba días antes de nuestro examen como si estuviera entrenando para un maratón. Todos y cada uno de los problemas de los capítulos anteriores y hasta los que la maestra nunca nos dio de tarea, se convertían en ejercicios de práctica para mí. Cambiando los más difíciles, yo los resolvía. Me sometía a resolver pruebas geométricas cada vez más difíciles, al mismo tiempo que aumentaba la rapidez en que las hacía. Cuando llegaba el día del examen, todos los problemas eran insignificantes para mí; lo único que importaba era la velocidad. Trabajaba como una loca.

Le gané al sistema. Terminaba sus monstruosos exámenes y aun así sacaba bien todos los problemas. Si ella hubiera calificado de una manera normal yo hubiera sacado cien por ciento bien y todos los demás hubieran reprobado.

Me pidió que me separara de los demás. Me pidió también que me adelantara en el libro y que trabajara sola. Ella mandaba llamar a James, el hijo de un maestro, que estaba en otra clase, y cuyo único interés en el mundo eran las matemáticas, para que trabajara conmigo.

Lo intenté. El trabajo no representaba ningún problema, pero estaba pagando muy caro el precio de sobresalir. Antes de esto, mis amigos me pedían que les dejara ver mi tarea en la mañana, antes de la clase y me copiaban todas las respuestas de los problemas que no podían resolver. Ahora ellos se miraban el trabajo los unos a los otros. En el pasado, podía sorprender a todo el mundo y obtener una gran satisfacción al resolver un problema difícil en el pizarrón. Ahora ya no era parte de la clase.

No pude soportarlo. La soledad del nuevo régimen me dejó destrozada. Pedí permiso para que me regresaran a trabajar con la clase en el entendido de que a mí me calificarían por separado.

La verdad es que lo que más disfrutaba no era tanto la geometría. Lo que más me gustaba era ser la mejor, no por la opinión de todos, sino por los hechos. Finalmente, había encontrado un lugar donde no sólo era igual que los gringos, sino también mejor.

Fue en esta época que llegó mi primera musa de escritura. La llamo musa porque me inspiró a escribir, pero en realidad ella era una mentora, mamá y partidaria, todo en una. Llegó a mí en la hoja escrita y me animó a escribir de todo. Su nombre era Soledad. Yo le dirigía todos mis diarios. Ella me confortaba en mi soledad. Entendía todo lo que yo decía en inglés, pero siempre me contestaba en español, lo cual a mí me gustaba.

Apuntes del diario:

Yo: Soledad, ¿dónde estás? Aquí estoy sola otra vez, buscándote, como siempre.

Soledad: Aquí estoy, Preciosa. Ya no estás sola. Ven acá, cuéntame dónde has estado, cuéntame tu vida. Aquí estoy. Sólo para ti, mi amor. Cuéntame.

Yo: Hoy el maestro de álgebra II me invitó a integrarme al equipo *sentido numérico* para competir en la liga intercolegial.

Soledad: Ay que bueno, mija. Ha de pensar muy bien de ti. Cuéntamelo todo. Dime qué es *sentido numérico* y cómo van las cosas.

Yo: Bueno para participar en las competencias del *sentido numérico,* uno aprende a resolver problemas matemáticos en una fracción de tiempo. Uno aprende cientos de atajos y trucos para resolver matemáticas mentalmente. Entre más atajos aprenda uno, más rápido podrá resolver problemas en las competencias de *sentido numérico.*

Soledad: Qué bueno, hija. ¡Eso lo podrás usar toda la vida!

Yo: Sí, lo sé, pero tengo miedo. Prefiero pensar en el papel, de la misma forma que lo hago contigo, en lugar de descifrar todo en mi mente. También, tengo que venir a la escuela media hora más temprano y tomar sólo veinte minutos para el almuerzo. Eso recorta gran parte del tiempo que paso con mis amigos.

Soledad: Mira en tu corazón. Allí está la respuesta.

Yo: Sí, ya veo. Tengo que hacerlo. Gracias por discutirlo conmigo.

Soledad: Aquí, en el otro lado del papel, estoy siempre para ti. Háblame seguido.

A veces, por las noches, después de haber terminado mi tarea y cuando mis papás ya estaban durmiendo, yo le escribía al señor

Derderian, diciéndole cuánto habían significado para mí su media sonrisa y su apoyo. Cuando él me sonreía, me miraba de frente. Yo era una persona de verdad para él, no una mexicana o una no gringa, sino una persona de verdad con vida, esperanzas, sueños y expectativas. Yo tenía cosas que decir, opiniones indecibles, zumos creativos. Él había visto todo eso en mí, y el hecho de que él lo hubiera visto me hacía sentir aun más grande de lo que era.

Como tributo, yo le escribía sus diarios. En ellos describía por qué había dejado Brooklyn y había venido a este arenoso pueblo sureño de Texas. En ellos describía cómo había adquirido mi oscura y relumbrante piel bronceada. Describía mi muerte.

Para prevenir que mis papás me escucharan, lloraba silenciosamente bajo mi almohada. Lloraba por toda la afirmación que no obtendría, por todas las esperanzas, temores y opiniones que llevaba dentro y que nunca nadie escucharía.

Una tarde después de la escuela, Tío Manuel vino a hablar con mi papá de algunos negocios de la cantina Buenos Aires que mi papá le administraba. Pero mi papá había salido, así que se sentó en una silla del jardín a platicar conmigo.

—Tu papá me dice que eres una excelente estudiante —dijo.

—Cada día doy una buena pelea, Tío.

—¿Cuál es tu materia favorita? —preguntó.

—Me gusta más inglés porque disfruto mucho la lectura y la escritura, pero mis calificaciones son mejores en matemáticas.

—¿De verdad? Yo voy a empezar un nuevo trabajo muy pronto y voy a usar muchas matemáticas. Tal vez me puedas ayudar a resolver algunos problemas.

Yo temblé en mi interior. Era magnífica en los estudios, pero pobre en la vida.

Recordé una ocasión cuando toda la familia iba en el carro a visitar a unos parientes del rancho. El zaguán del rancho estaba cerrado y yo pedí que me permitieran ser yo la que lo abriera. Esa era normalmente la tarea de Rudy. Apá me dejó ir. Salté y corrí hacia el zaguán. Batallé con la cerradura hasta que Apá perdió toda la paciencia. Él gritó algo así como muchacha inútil y mandó a Rudy a abrir la puerta. Caminé de regreso al carro con vergüenza, sabiendo que nunca sería tan buena en la vida como mi hermano y mi papá.

En otra ocasión, cuando Rudy había salido con sus amigos, Apá me pidió que cortara en cuadritos los jalapeños para la salsa. Normalmente, Rudy cortaba los jalapeños, las cebollas y los tomates para la salsa. Mientras lo hacía, accidentalmente me froté los ojos y me ardieron. Corrí, llorando y media ciega, a la llave del agua. Traté de lavarme los ojos con la parte posterior de las manos. Lo único que conseguí fue que me ardieran más los ojos con el jabón. Todos en la cocina se reían.

—¡Qué muchacha más inútil! —Apá dijo en medio de las carcajadas. Era sólo una más de las muchas veces que me había llamado muchacha inútil. Desde el punto de vista de mi papá, Rudy era el único útil. Era él quien se iba a trabajar los sábados con Tío Manuel como aprendiz de carpintero. Cuando Apá tenía algún trabajo que requería destreza y sentido común, se lo asignaba a Rudy. A mí me mandaban a traer agua cuando él tenía sed y yo era quien iba por esto o por aquello.

Si fallaba en este proyecto en el que Tío Manuel necesitaba mi ayuda, él también pensaría que era una muchacha inútil. Esto me lastimaría porque Tío Manuel era mi tío favorito. Era el hombre a quien yo más admiraba.

Tío Manuel era el hermano más sobresaliente de Apá. Los dos crecieron en México y ninguno en la familia había estudiado más del cuarto año. Tío Manuel tenía muchas ganas de seguir sus estudios. En sus tiempos de estudiante, él se había hospedado en el pueblo con una pareja sin hijos. Ellos se encariñaron con él y descubrieron su potencial. Finalmente, esta pareja fue al rancho y trataron de convencer a los papás de Manuel para que les permitieran adoptarlo y mandarlo a la escuela en Monterrey. Alarmada con la perspectiva de perderlo, su mamá Sarita lo sacó de la escuela y lo puso a trabajar en el rancho.

Así que Tío Manuel se tuvo que educar él mismo. Aprendió lo suficiente en matemáticas, lectura y negocios para poder ser un carpintero próspero que compraba lotes, construía casas y las vendía y obtenía buenas ganancias, las cuales reinvertía en más terrenos. Cuando lo visitábamos en su casa, frecuentemente lo encontrábamos leyendo con su diccionario al lado o llenando páginas con sumas y cifras para su trabajo.

Los fines de semana, Rudy y Luis iban a trabajar con Tío Manuel como aprendices de carpintero. Sus aprendices revoloteaban a su lado entre montones de fragante aserrín. Él insistía en que sus trabajadores tararearan con actividad, que trabajaran tan duro y tan consistentemente como él, a paso acelerado y sin parar. Les daba órdenes a sus serviles seguidores, pidiéndoles que lo hicieran pronto, y ellos se ocupaban de su tarea corriendo, no caminando, del modo que a él le placía. Había caballetes por todas partes en el área de trabajo. El ruido de martillos y sierras llenaba el aire. Cortando la madera. Formando una vivienda. Los perezosos podrían recibir un terrón de tierra que les pegara duro como recordatorio de que aceleraran el paso. La tierra de Pearsall es suave, barro arenoso, así que la indignidad hería más que el golpe.

Yo había escuchado hablar de una ética de trabajo protestante. Yo había escuchado que los mexicanos eran muy perezosos; que todo lo dejan para mañana. Pero nunca vi a alguien trabajar más duro, más diligentemente y con más ganas que Tío Manuel.

Mis dos hermanos aprendieron carpintería al lado de Tío Manuel, como también sus hijos y sus nietos. Él los condujo duramente. —¿Quieres que lo corte? —le preguntaba a Rudy si sostenía el martillo a la mitad de la manija, en vez de sostenerlo por el extremo, lo cual es la forma correcta. Él me hizo desear ser un carpintero. Parecía ser la profesión más honorable y limpia del mundo.

A mí no me gustaba el trabajo de la casa, ni lavar la ropa, ni cocinar. Mirar a mi Tío Manuel afilar su lápiz de carpintero y después súbitamente hacer cifras y sumas en una tabla de madera, me llenaba de envidia de sus aprendices.

—No te acerques tanto, mija, te puedes lastimar.

Un solar para construcción no era un lugar apropiado para niñas. Yo era la que descendía del carro para entregar la comida del mediodía. La repartidora de tacos de tortillas calientes y salsa fresca.

Tío Manuel finalmente me llevó el problema con el que tenía dificultad. Tenía que ver con agujeros en la tierra en forma de cono, con yardas cúbicas de tierra y cantidad de cemento para el trabajo. Era un gran trabajo del que él estaba haciendo el presupuesto, probablemente el más grande de su vida. Tenía que construir los lotes para forraje de engorda de los Morales. Serían enormes lotes para forraje, donde engordarían a cientos de cabezas de ganado. El estiércol se mezclaría con agua y se esparciría por medio de rociadores gigantes para fertilizar el pasto de los alrededores.

Pero lo que yo había aprendido en la escuela era geometría plana. Soluciones para un mundo de sólo dos dimensiones. Él estaba trabajando en un mundo real, con palas de verdad y dinero de verdad para ser calculado en este trabajo. No pude resolver el problema. Oh, pero trabajé muy fuertemente. Investigando en la biblioteca. Escribiendo cifras por la noche. Pero parecía que mi cerebro no era lo suficientemente grande para retener todos los parámetros de sus problemas.

La decepción en su rostro me dejó destrozada. ¿De qué sirven los matemáticos astutos entonces, si no pueden resolver problemas prácticos cotidianos? No, él no lo dijo, pero estaba escrito en su rostro. Nunca más me pidió ayuda. Y él lo resolvió. Lo mejor que pudo. Intentando y equivocándose, descifrando parcialmente y con mucha intuición, él aprendió e hizo cosas que su educación de cuarto grado no le permitía.

Para la siguiente primavera ya había terminado el proyecto con mucho éxito. Los prados alrededor del rancho de los Morales se habían convertido en un profundo y exuberante pasto verde, salpicado de becerros primales.

Hasta en matemáticas, en donde era más sobresaliente en la escuela, había fallado en el mundo. De verdad yo era una muchacha inútil. Bueno, entonces enfocaría mi atención aun más en lo académico. Desde que estaba en el cuarto grado había deseado ir a la universidad. Ahora había decidido que todo lo que haría sería con el propósito de llegar a esa meta.

Capítulo 16

El que mucho abarca, poco aprieta.
(Uno de los dichos favoritos de Apá)

Yo quería dedicarme completamente a la escuela, pero los adolescentes son demasiado humanos. Y mi humanidad seguía saliendo a la superficie.

El día que me gradué del octavo grado, tuve mi primera cita con un muchacho. La única razón por la que mi papá me dejó ir fue porque había recibido el reconocimiento de «la muchacha mexicana con el mejor promedio» de la clase.

Él estaba en la preparatoria y ya manejaba. Me llevó al cine, el único lugar donde se podía tener una cita en Pearsall. Una semana más tarde quería salir conmigo de nuevo. Como tonta, pedí permiso otra vez y mi papá puso el grito en el cielo.

—¿Cómo que quieres salir otra vez? ¿Te vas a casar con este tipo o qué? ¡La respuesta es no! ¡Absolutamente no! ¡Y no me vuelvas a pedir permiso!

No volví a pedir permiso por dos años.

Ante la imposibilidad de volver a salir con alguien ese verano, decidí buscar la forma de ganar dinero. Mi papá encontró a alguien que supervisaba a los que cosechaban melones. La troca me recogía a las cinco de la mañana para poder empezar antes de que saliera el sol. Quería saber por mí misma cómo era el trabajo que habían hecho mis hermanos.

Pero, era imposible duplicar la experiencia. La vergüenza que ellos habían sentido era menos para mí. Ciertamente no quería que mis amigos y la gente blanca que me conocía me vieran atrás de la troca, pero en general, para mí era como un juego.

Los adolescentes con los que me iba a los campos no eran mis amigos de siempre. Ellos eran muchachos «en riesgo» que probablemente se saldrían de la escuela. Pero me sentía tan cómoda con ellos como con mis amigos bien vestidos que sacaban buenas calificaciones.

Nos albureábamos y coqueteábamos unos con otros todo el día. Éramos jóvenes y fuertes y el trabajo parecía fácil. Ningún reto físico era demasiado para nosotros. Las risas y el compañerismo en ausencia de los papás lo hacían parecer más una excursión que un trabajo. Al final del día, tenía más energía que en la mañana.

La troca me dejaba en una casa que olía a la cocina de mi mamá y a la frescura de las sábanas, en un hogar cómodo. Yo sabía que éste no era mi estilo de vida, sino simplemente una forma de ganar dinero. Mientras que mis hermanos habían trabajado como esclavos de mi papá para que él se quedara con todo el dinero, mis papás me dejaban quedarme con todo mi dinero.

Tratar de duplicar su experiencia no funcionó. Parecía que yo estaba destinada a una vida más fácil.

La música había sido una parte de mi vida desde de que vivíamos en casa de Tío Alfredo entre dos cantinas que tocaban discos hasta la media noche. Entonces las fiestas llegaron a mi vida. Todas las noches, durante una semana, Los Nietos tocaban en las fiestas que se organizaban en los lotes baldíos detrás de nuestra casa, otra vez hasta la medía noche. Algunas de las niñas pequeñas bailaban entre ellas o con los muchachitos. La pista de baile era el centro de la fiesta; absolutamente todos te podían ver.

Cuando yo era adolescente, nuestro pequeño grupo de más o menos doce muchachas del séptimo y octavo grado nos reuníamos y bailábamos en la cochera de Aurora. Bailábamos rancheras y boleros al ritmo de los discos de 45 RPM que todas traíamos de la casa. Nos turnábamos para dirigir y seguir. Mi pareja siempre era Manuela. Ella era mi mejor amiga y perdonaba todas mis equivocaciones. Para estos eventos en la cochera todas nos emperifollábamos con nuestros elegantes vestidos de chifón, fondos de holanes y zapatos de charol. Hacíamos bocadillos de canapés.

Cuando estábamos en la preparatoria, veíamos *American Bandstand* con Dick Clark los sábados por la mañana y por la tarde escuchábamos a los Beatles en la radio. Sin embargo, en la noche, bailábamos corridos, rancheras, cumbias y boleros. Las quinceañeras tenían un baile para pasar de niña a mujer y la novia y el novio tenían un baile para celebrar su matrimonio y todo era música mexicana. La música de nuestra alma, de nuestros ritos de transición y nuestros ritos matrimoniales era en español.

Ese año yo era la presidenta de la Organización Católica Juvenil. Normalmente, los otros oficiales y yo nos reuníamos con el sacerdote en la rectoría para planificar las actividades de la reunión general del siguiente lunes, pero una semana el sacerdote tuvo que salir del pueblo. Una de las otras muchachas propuso que tuviéramos la reunión en su casa.

Inmediatamente me sentí amenazada. Sabía que tendría que caminar más lejos en la noche. La iglesia sólo estaba a dos cuadras, mientras que su casa estaba siete u ocho cuadras de retirado. En Pearsall había muchos perros sueltos. Mis papás sospecharían. Pero claro que no podía negarme.

Fue una noche muy ingrata para mí. Ellos no querían tratar asuntos de la organización, sino que sólo querían hacer una fiesta. Yo rezaba para que pronto se terminara, para poder llegar a la casa a una hora razonable sin que mi mamá hiciera muchas preguntas.

Pero no dejaban de reírse y bromear. Finalmente, llegó la hora en que tenía que irme o me metería en problemas. —Los muchachos acompañarán a las muchachas a su casa —dijo uno de ellos—. Podrían andar perros sueltos.

Yo estaba aterrorizada, pero trataba de disimular. Mis papás me matarían si pensaban que yo había salido en una cita secreta. Sus ideas de salir con muchachos no sólo eran mexicanas, sino también victorianas. Pero yo no podía decirles esto a mis amigos, así que dejé que me acompañaran a casa.

Debí haber estado emocionada: los muchachos eran altos, simpáticos y populares en la escuela. Obviamente les gustaba lo suficiente como para querer caminar y platicar conmigo, pero de todas maneras estaba nerviosa y temblorosa.

Cuando estábamos a una cuadra de mi casa dije—: Estupendo; gracias por todo. Estaré bien de aquí en adelante.

Siendo tan caballeros, insistieron en llevarme hasta la entrada del jardín de mi casa. Cuando nos acercamos no vi a mi mamá entre las sombras.

—Gracias, hasta mañana —dije.

—Estuvo muy divertido, hasta mañana —respondieron ellos.

Entonces Amá salió de entre las sombras y empezó a gritar—: ¿Dónde andabas? ¿Qué hacías? ¿Quiénes eran esos muchachos? —disparó las interrogaciones gritándolas una tras otra sin darme tiempo a contestar. Tampoco eran preguntas, más bien eran acusaciones. Ella pensaba que ya sabía las respuestas.

Yo estaba asombrada y sin palabras. Amá también les gritó a los muchachos. Les dijo que nunca deberían regresar a nuestra casa. No había forma de ser racional para convencerla de que había estado en una reunión. Que nadie había tocado a nadie, que esto no era lo que ella estaba pensando. Ella había llegado muy lejos.

Entré a la casa y la dejé afuera gritándoles a los muchachos. Mi hermana estaba en la casa con su nuevo bebé. Ella también estaba asombrada y sin palabras.

Mi vida social en la escuela ya era lo suficientemente difícil como para agregarle esto. Sentí que mi vida había llegado a su fin; nadie jamás saldría conmigo ni sería mi amigo. Mi mamá tuvo mucho que ver en eso.

Los días que había elecciones en la preparatoria, tratábamos de tomar decisiones en el patio de recreo antes que comenzaran las clases. En el noveno grado no éramos muy buenos en esto, pero para cuando llegamos al doceavo grado ya lo teníamos bien controlado.

Los mexicanos éramos cerca del sesenta por ciento de la clase. Podríamos elegir nuestros candidatos fácilmente si actuábamos con inteligencia. Pero qué pasaría si los gringos nominaban a un segundo o tercer mexicano a última hora, además del que ya habíamos nominado. Claro que los amigos de esa persona votarían por él o ella. Eso significaba que el voto mexicano se repartiría y el candidato gringo ganaría.

Así que antes de que sonara la campana para entrar a clases, decidíamos quién aceptaría nominaciones para ciertos cargos y quién no aceptaría. Claro no todos estaban de acuerdo con las decisiones, así que a veces el sistema fracasaba. Pero, normalmente funcionaba.

—¿Elva, quieres ser una oficial?

Odiaba esa pregunta. Yo era ya la más alta en la clase y mis calificaciones eran muy buenas. Esas ya eran dos razones por las que los muchachos no me invitaban a salir. Ser un miembro directivo de clase sería una tercera razón. Pero, dado que tenía buenas notas, ellos contaban conmigo para ser un líder y yo tenía un fuerte sentido de servicio.

Parecía que había algunas actividades que eran del dominio exclusivo de los muchachos blancos, cosas que tenían que ver con lecciones especiales o el campamento de verano. Durante nuestros cuatro años, no hubo porristas mexicanas. Todos estábamos emocionados cuando una muchacha mexicana, Irene, a pesar de las circunstancias tan adversas y sólo con determinación y fuerza de voluntad, se convirtió en bastonera. Ella era nuestra heroína por eso. Bárbara, la única muchacha mexicana que jugaba con el equipo de tenis, era mi heroína personal. Después, la pareja elegida para ser «Señor y Señorita de La Preparatoria de Pearsall» se rehusaron a que su fotografía apareciera en la página opuesta de «Mr. and Miss Pearsall High School» en el anuario. Gloria y David fueron a la oficina del director y se manifestaron en contra de esta tradición por la práctica racista que implicaba. Ellos también fueron nuestros héroes.

Había muchos terrenos que no podíamos pisar. Nos asombraba enterarnos que uno de los nuestros había tenido una cita secreta con alguien del otro lado de los rieles. Se desataban oleadas de chisme por ambos lados de la vía.

No era que nos odiáramos los unos a los otros. Eran muy pocos los que yo odiaba y sólo por actos intolerantes. Verdaderamente me caían bien algunos de ellos. Bromeábamos en la sección de flauta y clarinete de la banda y nos reíamos juntos escandalosamente. Teníamos bromas secretas sobre el maestro de física. Pero al final de la jornada, nosotros cruzábamos los rieles y ellos se quedaban en su lado.

Ellos iban al campamento de verano en Wimberly. La mayoría de los mexicanos trabajaban o simplemente no hacían nada
durante el verano. Ellos estaban en club de jóvenes aliados.
Nosotros estábamos en la Organización Católica Juvenil. El sacerdote blanco nos enseñaba buenos modales para comer y la forma
apropiada de bañarse. Ellos habían sido Bluebirds en la primaria
y Girl Scouts en la secundaria. Nosotros íbamos a la fiesta a
celebrar las festividades mexicanas dos veces al año.

Yo dejaba todo esto atrás en el verano. Cuando tenía dieciséis,
había hecho por cuatro años el viaje de tres escalas de Pearsall a
Wisconsin y luego a Nueva York. Mis ojos estaban despertando a
un mundo nuevo fuera de Pearsall.

En Wisconsin, los fines de semana íbamos a la cabaña de
alguien en el lago. Así es, aquí los mexicoamericanos tenían
cabañas de verano en el lago además de una buena casa en el
pueblo. A veces, los fines de semana, Rudy, Luis, Consuelo y
Dolores me llevaban de bar en bar en Milwaukee. Así no era
como se bebía en Pearsall. En Pearsall, los hombres se iban a la
cantina, mientras que las mujeres se quedaban en casa a platicar.
Yo era alta, casi tan alta como mis hermanos y nadie me preguntaba mi edad. Los meseros tomaban mi orden, un Manhattan o un
Tom Collins, sin parpadear. Nos sentábamos cerca de la barra del
piano y yo reflexionaba en que habíamos llegado tan lejos
después de haber vivido en un jacal mientras trabajábamos en el
campo, probablemente no muy lejos de allí.

Luis había dejado su trabajo en la fábrica de metales y estaba ahora trabajando con otros trabajadores migratorios. Él era
asesor y supervisaba a otros asesores. Llevaba puesta una
camisa almidonada, corbata y pantalones de vestir. Ellos trataban de convencer a los trabajadores migratorios de que
abandonaran los campos, que se alejaran de ese camino y buscaran trabajos permanentes.

Él usaba mis visitas como excusas para viajar. Los fines de
semana íbamos al museo de ciencia e industria de Milwaukee,
cruzábamos el lago Michigan de Wisconsin a Michigan en una
lancha y también íbamos al invernadero de Milwaukee.

A veces sus amigos iban con nosotros. Él tenía amigos negros, blancos y mexicanos que no hablaban español. La esposa de Luis era una de ellas. Se veía tan mexicana como yo, pero no hablaba ni una palabra en español.

Cuando tenía dieciséis, traté, sin suerte, de encontrar un trabajo de verano en Wisconsin. En Nueva York, Kal tenía un amigo en una agencia de empleo. Ellos me buscaron un trabajo como oficinista para Dun & Bradstreet en el número 99 de la calle Church en Manhattan. Como eran los años sesenta, me enlaciaba el pelo y me hacía un peinado alto. Usaba zapatos de tacón y una minifalda y caminaba hacia el metro, sintiéndome como recién salida de *Vogue*. Delmira ya tenía un bebé, así que me acompañaba a la parada del metro con la carriola del bebé y después se iba a casa.

Cuando pasaba la carreta del café, tomaba un descanso y daba una vuelta por la oficina. Me veía regresando al mismo lugar con un diploma de la universidad para tomar el puesto del señor Sloan con mi oficina en la esquina, o aun ser su jefa. Claro que podría dejar el viejo y arenoso Pearsall. Podría venir a Nueva York y ganar muchos dólares. Pasar los días vestida con ropa cara, administrando una empresa y en las noches podría haraganear en los bares de moda en la calle Bleecker, vestida toda de negro con un cigarro en la mano izquierda y una bebida en la derecha.

Ese verano, vimos The Doors, Joan Baez y Simon and Garfunkel en el anfiteatro de Forest Hills. Vimos *Hair, Zorba, Oliver!* y *El violinista en el tejado* en Broadway. Escudriñaba el teatro y me preguntaba cómo era posible que estuviera en este mundo si yo pertenecía a otro.

Un sábado, Delmira y yo decidimos ir a la ciudad sólo para jugar. Pusimos al bebé en la carriola y nos fuimos en el metro. Caminamos todo el día, compramos knishes y falafel en los puestos de la calle, miramos los aparadores y nos probamos minifaldas. A la hora que nos fuimos a casa en el metro, el bebé ya estaba profundamente dormido. El metro iba casi vacío. Levanté la mirada y vi a un muchacho muy guapo sentado frente a nosotros. Él me estaba mirando. Bajé la mirada, sintiendo que me sonrojaba. Cuando volví a levantar la mirada él todavía me estaba observando y sonreía. Me dijo—: Hola.

—Hola —le respondí y después sentí que no debí haberlo hecho. Bajé la mirada otra vez.

Él vino a sentarse a mi lado. Me incliné hacia Delmira y lo miré, más curiosa que discreta. —¿A qué parada vas? —preguntó.

No podía distinguir si su acento era italiano, judío o sólo neoyorkino. Su forma de ser era muy amistosa y agradable, así que le contesté. Dijo que su parada era una antes que la nuestra. Siguió preguntándome si yo vivía en Queens. Platicamos todo el camino. Antes de que nos bajáramos preguntó si podía llamarme. Miré a Delmira interrogante.

—¡A mí no me importa! ¡No me preguntes! —dijo ella, pero parecía alarmada. No importaba que tuviera sólo dieciséis años, de cualquier manera le di nuestro número telefónico.

Llamó esa noche. Y la siguiente y la siguiente. Delmira se ponía muy nerviosa cada vez él llamaba, pero se mordía el labio y no decía nada. El fin de semana, me estaba contando lo maravillosa que era la playa de Jones durante los fines de semana y me preguntó si me gustaría ir con él en metro el sábado por la mañana. Antes de hablar con Delmira, revisé el mapa del metro. La playa de Jones estaba muy lejos de Forest Hills en Queens.

Por otro lado, yo viajaba sola en el metro dos veces al día para ir a Manhattan. Estaba ganando mi propio dinero y claro que si me metía en un aprieto podría resolverlo. Me preguntaba cómo sería la playa de Jones. La única playa de océano que había visto era la de Corpus Christi en Texas. Primero me imaginé que estaríamos casi solos en la playa bajo una sombrilla y que él me pediría que le untara aceite bronceador en la espalda. ¿Lo haría? Después me imaginé una playa llena de gente de la calle, drogadictos y basura por donde quiera. ¿Qué pasaría si me enojara con él y tuviera que regresar sola? ¿Qué pasaría si me perdiera en una vecindad sucia o accidentalmente me subiera al tren que iba a Flushing, un lugar que había visto en el mapa? Nada bueno podría pasar allí. Decidí que era mejor que Delmira tomara la decisión.

Cuando le pregunté, se puso nerviosa. —Bueno, no soy tu mamá y no puedo decirte lo que debes hacer. Pero si fuera tú, yo no iría con un muchacho que es más chaparro que yo. Me sentí herida a lo vivo. Sí, ahora que lo pensaba él era más chaparro que yo. Me invadieron los viejos sentimientos de ser muy simple, muy alta y muy inteligente para los muchachos. Ella continuó hablando de lo mal que se veía una muchacha que era más alta que el muchacho. El muchacho tenía que ser más alto que la muchacha para que ella pudiera ponerse tacones y verse femenina.

No fui y no volví a platicar con él. Parecía realmente muy dolido cuando le dije adiós por teléfono. Le había gustado mucho y él me había gustado. Nunca había conocido un muchacho tan genuino y afectuoso en Pearsall.

Tenía que encontrar un muchacho alto sin importar que tan imbécil fuera. Así podría verme femenina.

Al final del verano, me ofrecieron un asenso en la oficina de Dun & Bradstreet. Les dije que tenían que esperarse seis años, más o menos, hasta que terminara la preparatoria y la universidad. Ellos lamentaron mucho que tuviera que irme.

Capítulo 17

¿Dónde es tu tierra? Donde
la pases, no donde naces.

Después que dejamos de ir a Minnesota y Wisconsin, lo sobresaliente de la vida de mi papá fueron sus viajes a México. Cuando
un amigo lo invitaba a México, llegaba a casa muy emocionado.
—Ándale mujer, dame ropa limpia, ¡Voy a México!
Mi mamá se apresuraba a prepararle sus mejores pantalones
caquis, camisa caqui y su sombrero Stetson de salir color caqui.
Se bañaba, se afeitaba con cuidado excepcional y se perfumaba
con abundante loción Old Spice después de afeitarse. Le tocaban
el claxon desde la calle y se iba.
Regresaba el día siguiente, o varios días después, con dos
botellas de ron añejo para él y una bolsa de dulces mexicanos
para nosotros: cajeta, la leche quemada en cajas redondas con
oropel de colores alrededor; banderitas de coco, verde, blanco y
rojo, los colores de la bandera mexicana; y el dulce grueso de ca-
labaza que a mí no me gustaba, pero a mi mamá sí.
Más o menos cada año nos íbamos todos juntos, pero sólo
hasta Laredo.

Para cuando yo tenía diecisiete años y él tenía sesenta y siete, Apá
ya tenía cinco años de estar recibiendo pensión del Seguro Social
y sólo trabajaba de vez en cuando. Un día un sobrino de Apá, que
tenía como cincuenta años, llegó y le dijo que había ido a México
para visitar a unos parientes, algunos a quien Apá no había visto
desde que se había venido de México cuando tenía once años.

Apá empezó a soñar con el pueblo de su niñez. Me preguntó que si yo creía que entre los dos podríamos encontrar esos lugares. Su familia había vivido en un rancho en el campo. Él había ido por tres años a la escuela en un pueblo llamado Villaldama. Sabinas era el pueblo grande más cercano. Cuando contesté con mucha seguridad que sí podríamos, hicimos planes de adónde iríamos y a quién buscaríamos. Amá se apresuró a empacar para los tres. Empacó su acta de nacimiento y la mía, el título del carro y los papeles de naturalización de mi papá en una bolsa negra especial. No quería ningún problema con los Federales.

En Sabinas, mi papá tenía una prima hermana que se llamaba Alejandra y a quien no había visto en cincuenta y seis años. Él veía seguido a su prima de Villaldama porque ella nos visitaba. Tenía un viejo amigo en Monterrey, que había sido un amigo de su juventud. Este amigo se había casado con una mujer de Monterrey y se había ido a vivir allá. Conseguimos direcciones, números telefónicos e instrucciones de cómo llegar.

Sabinas está a unos ochenta kilómetros al sur de Laredo por la carretera principal que va a Monterrey y a la ciudad de México. Hoy es una de las paradas más grandes para los viajeros. Cuando mi papá era joven, Sabinas era la ciudad grande que estaba más cerca de su rancho. Mi abuelo iba hasta allá para hacer negocios y comprar mercancía. Llegamos fácilmente, después de navegar por Laredo. Las instrucciones indicaban que teníamos que salirnos de la carretera en una calle que se llamaba Zuazua. La seguimos hasta el final, hasta la orilla del pueblo. Como la mayoría de las casas no estaban marcadas, le preguntamos a alguien que pasaba por ahí si conocía a Alejandra. Nos indicó la entrada exacta.

No le habíamos avisado que íbamos a venir, ella no tenía teléfono y era analfabeta, así que tampoco podía leer una carta. Abrió la puerta y gritó y sollozó cuando mi papá le dijo quien era él y ella lo reconoció. A Apá se le iluminó la cara con una amplia sonrisa y le dio palmadas torpes en la espalda mientras ella dejaba de llorar.

Alejandra era una india mexicana, morena y de huesos grandes. Mi papá medía seis pies de altura y ella podía pararse hombro a hombro con él. Cuando posaron juntos para tomarse fotos, lucían como si apenas hubieran bajado de una pirámide azteca. Uno se daba cuenta de inmediato que eran familiares. Tenían los mismos pómulos y la piel roja oscura de indios. Ella era pobre y humilde y tenía muchos hijos y nietos. Cardaba lana con unas cardas de mano mientras platicaba con nosotros. Mi papá sólo tuvo una hermana que se había muerto, así que él consideraba a Alejandra como su propia hermana.

Aunque parecía india, se declaraba mexicana. Contaba historias de cómo su familia se atrincheraba en su casa de adobe en el rancho para protegerse de los disparos de los indios verdaderos. Su papá disparaba por las rendijas hechas en las paredes de adobe especialmente para ese propósito.

Alejandra literalmente no tenía lugar para hospedarnos. Vivía sola en una casita de dos cuartos con una sola cama. Su hijo vivía en la casa del al lado. Vivían al fondo de una calle que no estaba pavimentada, pero que aún tenía hoyos enormes. Prometimos visitarla otra vez de regreso a nuestra casa varios días después.

Nos alojamos en un hotelito al lado de la carretera principal. Nuestro cuarto estaba arriba, justo frente al anuncio de neón del hotel, que se prendía y se apagaba entre las delgadas cortinas. Era como si los camiones rugieran sólo a unos pies de mi almohada.

La mañana siguiente, nos fuimos inmediatamente después de bañarnos. Apá dijo que pararíamos a desayunar de camino a Villaldama. Él pensaba que la carretera sería igual que la que nos había llevado de Laredo a Sabinas, llena de restaurantes y lugares para poner gasolina. Estaba equivocado.

Una vez que nos alejamos de Sabinas, entramos a otro mundo. Las casas desaparecieron y empezaron lomas y pequeñas montañas. Cruzamos ríos, arroyos y valles sobre puentes de un solo sentido sin barandales de protección. Alguien había puesto piedras de seis pulgadas sobre las orillas de los puentes para que las llantas nos avisaran que nos estábamos acercando demasiado. Nos maravillábamos al ver entradas de cuevas en lo alto de las montañas.

Mi papá parecía estar loco de alegría al contemplar la belleza bucólica del paisaje. Y por la cercanía de las querencias de su niñez. Era como si su nariz detectara olores conocidos, olores que habían sido muy queridos para él. Cuando era niño había pasado por ese mismo camino con su papá, pero a caballo. Manejé con mucha precaución por el serpenteante camino. Durante la siguiente hora, casi no vimos carros. El rostro de Apá y su felicidad como de niño me fascinaban tanto como el paisaje.

Sobra decir que no había restaurantes de ningún tipo por el camino. Las únicas gentes que vimos fueron algunos pastores de chivas. Cuando llegamos a Villaldama, decidimos desayunar antes de llegar a la casa de Eglentina. Habíamos llamado varios días antes para avisar que llegaríamos, pero no habíamos dicho a qué hora.

Preguntamos y la gente nos dijo cómo llegar a un restaurante que estaba en la esquina de la plaza principal del pueblo. Estaba abierto, así que entramos y nos sentamos. Éramos los únicos clientes. Cuando vino el mesero, Apá dijo que no necesitaba menú, que sólo le llevaran huevos rancheros y café. El mesero volteó para todos lados como si buscara algo y se disculpó apenado. Dijo que no podía servir huevos rancheros porque sólo tenían un huevo en la cocina. Mi papá lo miró desorientado y confundido y después se carcajeó. ¿Cómo era posible que un restaurante sólo tuviera un huevo a la hora del desayuno?

Se decidió que yo me comería el único huevo. Apá ordenó machaca y Amá sólo quiso tortillas con mantequilla.

Después del desayuno navegamos por las calles como nos habían indicado. La casa sólo estaba como a tres cuadras de la plaza principal, pero tuvimos que doblar varias veces por calles muy angostas con banquetas que eran de casi dos pies de altura en algunas partes. Las casas de adobe estaban todas pegadas, separadas sólo por pintura diferente. Eglentina nos había dicho que los archivos de nacimientos, defunciones y bautismos de la parroquia principal databan de 1780. Por varias cuadras alrededor de la plaza principal, las casas y edificios parecían no haber cambiado en los últimos doscientos años.

Eglentina, a diferencia de Alejandra, era muy conocida para nosotros, porque nos había visitado en Pearsall con bastante regularidad. Tenía ojos verdes como del color del mar y cabello café descolorido por tantos años de fumar cigarros sin filtro. Sus frecuentes visitas a los Estados Unidos significaban que gozaba de una situación económica desahogada de acuerdo con las normas mexicanas y a las nuestras. Llegaba cargada de dulces mexicanos, pan de dulce y artesanías. Su esposo, dueño de unas minas de cobre que había en las montañas mexicanas, había muerto en una de ellas. Tuvieron solamente un hijo que tenía los mismos ojos verdes que su mamá y la piel morena de su papá. Él me dio pedazos de cobre que brillaban con destellos de azul, morado y ámbar. Ésta era la primera vez que la visitábamos. Cuando encontramos su calle, le pedimos direcciones a una adolescente muy tímida que caminaba por la banqueta. Ella señaló una residencia pintada de color ocre. Dijo que Eglentina era su tía y se desapareció dentro de la casa para anunciarnos. Eglentina salió corriendo y sonriendo a abrazar a mi papá y a mi mamá.

El nombre de la joven era Leti y ya que era sólo dos o tres años menor que yo, de inmediato la designaron para ser mi compañera durante nuestra visita. Me sonrió tímidamente con su cara ancha de piel clara. Los rizos cafés de su cabellera se mecían cuando caminaba.

Los adultos se pasaron la mañana platicando. Apá hablaba animadamente de la época en que él y su papá montaban caballos para ir a Sabinas y de cuando sus hermanos portaban pistolas en la cintura. También preguntó que cómo les había ido a los amigos de su niñez. Leti y yo pasamos el rato a un lado de ellos. La casa era de buen tamaño, hasta para las normas de Estados Unidos. Unas vigas de madera de doce pulgadas sostenían los techos de doce pies de altura. Las paredes de adobe eran de tres pies de ancho. Aunque el calor quemara en la calle, adentro estaba fresco. Excepto la entrada principal, todas las otras ventanas que daban a la calle tenían rejas verticales. Las ventanas empezaban desde el piso y eran más altas que yo.

En la tarde, Apá quería visitar a Macías, un amigo de su niñez. Yo había escuchado hablar de Macías. Tenía ojos de color azul oscuro y era ligero de pies. Sobresalía cuando la competencia en la escuela era «¿Quién llega primero a la cima de la montaña?» Macías siempre ganaba y después tocaba una trompeta para anunciarle su victoria a todo el valle.

Eglentina nos llevó a su casa. Nos fuimos caminando, ya que todo estaba cerca. Macías se veía mucho más viejo que mi papá. Era más pequeño y más delgado que Apá, aunque todavía fuerte.

Su piel era oscura y muy arrugada, lo que hacía que sus ojos azules resaltaran aun más. Él y Apá hablaron de los años que pasaron juntos y de los que no. Macías y su esposa tenían doce hijos y una hija, que ya estaban casados y fuera de la casa. Los observé platicando y traté de averiguar por medio de sus rostros quién se consideraba más afortunado, el que dejó Villaldama o el que se quedó. Pero sus rostros seguían cambiando como si de pronto pasaran nubes oscuras sobre ellos y después regresaba el sol resplandeciente.

Mientras hablaban, un nieto de cinco o seis años se le subió al regazo a Macías. El niño esperó cortésmente, como lo hacen los niños mexicanos, hasta que hubo una pausa en la conversación. Cuando tuvo oportunidad le preguntó a su abuelo que si lo podía llevar a pasear en la carreta. Macías le contestó que con gusto lo haría, pero más tarde, ya casi a la puesta del sol, cuando estuviera más fresco. Macías nos preguntó a Leti y a mí si nos gustaría ir. Las dos dijimos que sí, aunque yo no tenía idea de lo que era una carreta.

Ya en la tarde, Macías y su nieto vinieron por nosotras en la carreta. Era una carreta cuadrada jalada por una mula vieja y enorme. La plataforma de la carreta era de madera y las dimensiones eran tal vez de seis por ocho pies. Macías se sentó en el lugar del conductor y tomó las riendas. Apá se sentó a su lado. Leti, el niño y yo nos sentamos en la parte de atrás con los pies colgando.

Mientras nos llevaba hacia el campo, rodeado de montañas y con magueyes a la orilla del camino, me sentí transportada a otro siglo. El sol detrás de las lomas lo pintaba todo de color malva y un anaranjado suave y hacía que las sombras se alargaran. Me sentí sumergida en la niñez de mi papá. Me pregunté si este sentimiento de sencilla libertad y belleza pura era lo que él recordaba cuando los recuerdos le humedecían los ojos.

En el centro de los pueblos antiguos de México, todo parece tener cientos de años. El adobe está parchado y la pintura se está pelando. Desde la calle se ve como si todas las casas fueran iguales. Pero cuando abren sus puertas, puedes ver hacia adentro los jardines interiores —hermosos, frescos, distintivos—. Algunos tienen un pájaro multicolor en una jaula, otros una fuente burbujeante, algunos están cubiertos de buganvillas y en otros, un árbol de caucho llena la mitad del patio.

En la noche tendimos catres para dormir al aire libre en el patio. Mientras había luz, podía ver a las hormigas que caminaban en el patio. Me preocupaba que se subieran por las patas de mi catre y me picaran mientras dormía. Antes de que la apagaran, la luz de la puerta de la cocina hacía un rectángulo amarillo en el piso del patio. Más tarde una luna creciente me veía mientras trataba de dormirme. Escuché perros ladrando por allí. Examiné las patas de mi catre con la lámpara que mi mamá me había dado para llevar conmigo cuando fuera al baño en la noche. Todavía no había hormigas.

La mañana siguiente, me desperté despacio. Todavía con los ojos cerrados, escuché los ruidos de un pueblito en México, escobas barriendo y agua chapoteando. Las mujeres barrían la banqueta y la calle enfrente de sus casas y después las rociaban con agua; a esa hora de la mañana cuando todavía no sale el sol, pero hay suficiente luz como para estar seguros de que saldrá otra vez. El rechinido de una ventana que se abre para dejar que entre el aire de la mañana y disipe el sueño de la noche. Entre los escobazos se podía distinguir el ruido de un carro, cuyo motor cobraba vida en la distancia. Más tarde los carros traerían el polvo del campo hacia las calles y las banquetas, pero por ahora estaban lavadas, limpias, listas para los pies de los que pasarían por allí.

Las campanas en la parroquia principal comenzaron a sonar, fuerte e insistentemente llamando a la oración. Sabía que solamente las abuelas responderían. Solamente ellas se pondrían sus rebozos oscuros sobre la cabeza, escondiendo sus rostros completamente, mientras pasaban a misa.

Un gallo cantó. Abrí los ojos y vi que estaba a diez pies de mí, trepado en una silla. Las gallinas paseaban libres en el patio, el cual estaba junto al solar. Una de ellas cacareó orgullosamente porque había puesto un huevo. Se me ocurrió que tal vez ese sería mi desayuno. Un perro empezó a alborotarse y se fue a hacer sus deberes matutinos.

Aquí, como en Pearsall, mis papás se levantaron antes del amanecer. Al igual que nuestros anfitriones. Mientras abandonaba mi cama en el patio, podía oler el aroma del café y escuchar que extendían las tortillas.

Más tarde fuimos a un ojo de agua. Era un manantial natural que había sido capturado y convertido en una gran alberca cuadrada. Yo esperaba agua estancada, pero era del color azul verde de las aguas frescas de pozos muy hondos. Era fría, profunda y maravillosa.

Los rancheros de la vecindad llevaban sus caballos para rentarlos por una tarifa muy barata. No había sendero marcado, ni guía, ni un caballo delante y otro por atrás. Sólo «aquí tienes las riendas y ay nos vemos». Sintiendo un abandono salvaje, monté un caballo capón color café por todo el valle y alrededor de una lomita, perdiéndome de vista por un rato. Lo llevé vadeando por un arroyo, tal vez la rebalsa del manantial.

Entonces entendí por qué a mi papá le encantaba montar a caballo en México. Me sentí libre y llena de vida, con todos mis poros abiertos y bebiendo del campo, del aire seco y limpio y del sol muy cerca. Silverio, el caballo, me obedecía con muchas ganas. Él también andaba de fiesta, sin tener que trabajar en los campos. Lo dejé que galopara, que medio galopara y que trotara como él quisiera. Yo sólo lo dirigía. Me encantaba su olor a caballo y la forma en que sus músculos trabajaban debajo de mí. Y me encantó estar a solas con él. Confiaba en que aunque yo me perdiera, él no. Al igual que mi papá, ésta era su tierra.

Esa noche, Leti y yo fuimos a ver películas en un cine antiguo. Como la mayoría de las casas, la entrada no dejaba traslucir lo que había en el interior. Ya habíamos pasado la entrada anteriormente; era solamente una más de las puertas cerradas sobre la banqueta.

Pero cuando el sol se ocultaba, la entrada se transformaba con los vendedores y por dentro era todo un mundo mágico. Los vendedores ofrecían rebanadas de jícama salpicada con chile, sal y jugo de limón fresco. Otros vendían dulces y cacahuates.

Nos metimos y nos sentamos en el patio, al aire libre, en asientos de madera que se doblaban. No estaban pintados y me imaginé que les había llovido una y otra vez. Había portales cubiertos detrás de entradas en arco por tres lados del patio que tenían más asientos. Arriba había balcones con sillas.

Era una película vieja en blanco y negro con Pedro Armendáriz cruzando a caballo el desierto mexicano. Me acordé de mi paseo a caballo esa mañana y todos mis sentimientos volvieron. Miré hacia arriba a las estrellas. En el cine de San Antonio, las estrellas en el techo eran falsas. Aquí las estrellas eran de verdad y el techo era el cielo de color azul de media noche.

Cuando regresamos a la casa, la hermana de Leti estaba en su recámara, platicando con su prometido a través de las rejas de la ventana. Su mamá estaba sentada en la recámara, ocupada con su costura y haciéndose como que no escuchaba la conversación. La única razón por la que les permitían platicar de esta manera era porque ya pronto se casarían. Me di cuenta de dónde venían las ideas de mi papá en relación con los noviazgos.

Nos trataban como si fuéramos los americanos de lujo. Nunca antes me habían tratado como si fuera una reina. Algunos años después, me di cuenta de que así trataban a todo el mundo.

De Villaldama, manejamos a Monterrey para visitar a Chema el amigo de Apá. Monterrey es una ciudad industrial muy grande, pero Chema vivía en una zona linda y tranquila. Como mi papá, Chema estaba jubilado y el único trabajo que hacía era cobrar la renta de sus propiedades cada primero del mes. Tenían una hija soltera, María, que era varios años mayor que yo. Al igual que Leti, fue designada como mi compañera durante nuestra visita.

Temprano la mañana siguiente, caminamos al mercado. Miré a una anciana que salió de la calle de al lado y caminaba al mercado cruzando la calle por donde íbamos. Llevaba puestas varias capas de algodón finito. Pero además de las capas de algodón y del sol que brillaba en lo alto de un cielo raso sobre nosotros, aún parecía tener frío. Su rebozo era delgado y desgastado, color café oscuro. Sus zapatos apenas si tenían suelas. Cuando cruzamos la calle para el mercado, nos miró con los ojos nublados y rodeados de piel arrugada de color café oscuro.

Me sorprendí al darme cuenta de que parecía una versión vieja de mi mamá. La misma nariz chatita y los huesitos angulares alrededor de sus ojos. Cuando extendió la mano para pedir unos centavos, me dieron ganas de agarrársela. Quise tomar su mano y pegármela a la mejilla diciendo—: Todo está bien, madrecita.

Sin embargo, contuve las lágrimas mientras tomaba la mitad de las monedas mexicanas que mi papá me había dado y las puse en su mano. Delicadamente le cerré su pequeña mano con las mías. En voz alta dije—: ¡Que Dios la bendiga, madrecita!

La palabra «madrecita» se me atoró en la garganta.

—¡Que Dios la bendiga! —dijo ella mientras intentaba sonreír con su boquita fruncida que dejaba ver sus dientes ralos. La boca de mi mamá también se veía fruncida cuando se sacaba la dentadura postiza. Pero esta mujer no tenía dentadura. Me imaginé que remojaba sus tortillas en sopa antes de comérselas. Su sonrisa no se reflejaba en su mirada. Sus pequeños ojos eran profundamente tristes y me imaginé que ya no veían muy bien. Pero tal vez ya no los necesitaba; quizás podía ver de otra manera. Al alejarse, me di cuenta de que estaba jorobada. Parecía que eran sus años, que tenía por manojos, los que le empujaban el rostro hacia el suelo.

—Por favor, una caridad —escuché su voz antes de verlo. Él no se parecía a mi papá, pero su voz era la de mi papá. Podría haber sido mi papá, fácilmente, pero mi papá sin suerte. Mi papá se había escapado de ese destino. Su suerte y su cuerpo fuerte lo habían ayudado. Su salud nunca le había fallado. ¡Y la vida nunca le quitó las ganas!

Las rodillas de este hombre se le doblaban al tratar de caminar. Podía verle los brazos flácidos a través de la camisa desgastada. Un ojo estaba medio cerrado y el otro era un desastre de legañas. Si había tenido hijos, seguramente lo habían abandonado.

Quería llevarlo a desayunar. A darse un baño y una rasurada. A comprar ropa nueva. Quería ver cómo se lamería los labios al comer un caldo de cola de res con tortillas calientitas, ¡sin olvidarse del chile! Quería ver los años y el maltrato derrumbarse por un momento.

Pero nada. Le di lo que me sobraba de las monedas mexicanas que mi papá me había dado para comprarme el dulce de coco mexicano. Ya no tenía ganas de dulces. El hombre que venía detrás de nosotros no le dio dinero. En la voz de mi papá, el hombre viejo maldijo al que pasó por ser un bruto al que no le importaba. Los niños no me causaban tanta pena, los que vendían chicles o que simplemente trabajaban pidiendo limosna. Yo había trabajado de niña y no me había hecho daño. Ellos aún tenían la vida por delante y la salud y la juventud. Pero a los ancianos no les quedaba nada, ni siquiera esperanza.

El siguiente día, María y yo fuimos a la misa de las siete de la mañana. Al acercarme a la iglesia, miré hacia arriba para ver al campanero que jalaba la cuerda furiosamente. En la puerta de la iglesia, justo al entrar, estaba la mujer anciana a quien le había dado las monedas el día anterior. Ella no se fue a sentar a las bancas. Escuchó misa desde la puerta. El padre dio un sermón largo, demasiado largo para un sermón de entre semana, pensé. Ocasionalmente, miraba hacia atrás en dirección de la puerta. Ella todavía estaba allí, apenas adentro de la puerta. Como si la iglesia fuera un espacio exclusivo para otra clase de gente, de esos que podían cocinar con un fogón en su propia casa. Me he sentido como ella algunas veces, como si quisiera estar en un lugar, pero sin saber si pertenezco allí. Una mendiga en un cuarto lleno de gringos adinerados. Me preguntaba si ella tendría un fogón en algún lugar para cocinar sus tortillas o si sentiría frío todo el tiempo.

Cuando la misa terminó, se fue a arrodillar enfrente de la imagen de Nuestra Señora de Guadalupe en un altar de al lado. La virgen de Guadalupe es anterior a la cristiandad. Ella era la Tonantzín de los aztecas. Es la madre compasiva de los mexicanos, pero especialmente de los huérfanos y de los desamparados. La mujer vieja le hablaba a la virgen de Guadalupe suavemente, pero en voz alta. Parecía estar diciéndole todos sus problemas. Cuando terminó puso una moneda en la caja que estaba enfrente de la Guadalupana. Tal vez una de las monedas que yo le había dado el día anterior. Me dio gusto que la moneda hubiera pasado de mi mano a la de ella y luego a Nuestra Señora de Guadalupe.

Era la fiesta del día de los santos inocentes. Para conmemorarlo, el padre tenía una enorme canasta de bolillos y los estaba pasando a quien quisiera tomarlos después de misa. Tímidamente, la mujer se formó en la cola de la fila. Al padre le quedaban tres bolillos y se los dio todos a ella. Cuando se dio la vuelta con el pan en sus dos manos, vi su rostro claramente. Su sonrisa revelaba todos sus dientes y sus encías y se extendía hasta su mirada. Estaba resplandeciente como si fuera a reventar. Como si en estos tres pedazos de pan, Dios se le hubiera dado todo lo que ella le había pedido y más. Entonces supe que me había equivocado: ella aún tenía esperanza.

Mi papá se transformaba cuando iba a México. Ahí no necesitaba a nadie que le tradujera, nadie que interpretara rótulos de carreteras ni mapas. No había gringos a quienes se les tenía que inclinar la cabeza. Estaba en su elemento. Como un pez que había vivido en una pecera por años y que ahora de pronto alguien lo hubiera arrojado otra vez al mar. Se volvió seguro de sí mismo, dando grandes propinas y platicando con todo el mundo. Sus ojos brillaban y absorbía todo como una esponja.

Quería llevar a nuestros parientes mexicanos a pasear a los ojos de agua, a Lampasos, a Monterrey. Él pagaba por todo sin medida y se reía y decía bromas constantemente. Era el muchacho del pueblo que se había ido a Estados Unidos y al que le había ido bien. Ahora sentía que estaba en su casa.

Visitamos a Alejandra, tal como lo habíamos prometido. El hijo de Alejandra nos llevó al rancho donde había vivido mi abuelo. Nos tardamos horas en llegar allá por caminos malos de tierra y grava. Sólo quedaban las paredes de piedra y adobe.

Mi papá no había puesto pie en una iglesia desde que yo lo conocía. Ahora caminaba alrededor y tocaba las cosas con reverencia, como si fuera un lugar sagrado.

Cuando era hora de regresar a Texas, le dio cincuenta dólares en efectivo a su prima Alejandra —dinero americano, secretamente— y se sintió como un filántropo.

Apá me dejó manejar la mayor parte del tiempo. Parecía tener confianza absoluta en mí. El día en que partimos para Texas, paramos en una tortillería en Sabinas para comprar medio kilo de tortillas calientes. Me encantaba el rechinido de la máquina de tortillas y el aroma del nixtamal caliente. Después compramos aguacates, limones, tomates y sal. Este fue nuestro almuerzo. Tortillas calientitas con rebanadas de aguacate y tomate y salpicadas con sal y limón. La comida de los dioses. Apá usó la navaja de bolsillo que siempre cargaba para cortar los ingredientes. Hizo los tacos para nosotros con mucha alegría, mientras que nos contaba de los árboles de aguacate que crecían en su patio, en México.

Cuando llegamos a la frontera, hablé con la patrulla fronteriza con un inglés perfecto, representando mi personaje americano otra vez. Había hablado solamente español por varios días. Había soñado en español, comido en español, orado en español. De pronto, hablando con el guardia en inglés, me sentí como una gringa de piel morena.

Unas millas al norte de Laredo, había otra caseta de inspección. El hombre metió la cabeza por la ventana y preguntó—: ¿Ciudadanos americanos?

—Yes, sir —contesté, respondiéndole como los tejanos esperan que se les responda.

Pero, interiormente me preguntaba quiénes éramos y especialmente quién era yo.

Capítulo 18

El que adelante no mira,
atrás se queda.

Cuando el director de la preparatoria me llamó desde afuera del salón de estudio de la biblioteca, yo no tenía idea para qué me quería. A Janice también la habían llamado. Él nos dijo que yo, por tener el mejor promedio, sería la encargada de dar el discurso de despedida en la ceremonia de graduación y Janice, por ser el segundo mejor promedio, daría el discurso inaugural. Nos felicitamos la una a la otra y nos retiramos asombradas.

Yo regresé a la biblioteca, agarré un libro de la repisa y me senté aparte de mis amigos, fingiendo que leía. Allí sola, pensaba hasta dónde había llegado. La noticia era agridulce. Dulce porque era una afirmación de que me reconocerían por haber trabajado tan duro. Agria porque otra vez sería distinguida como diferente. Diferente de mis compañeros, diferente de mis hermanos, diferente de mi comunidad. Más que cualquier otra cosa, deseaba pertenecer a un grupo. Una estudiante entre estudiantes, una hermana entre hermanos, una mexicana entre mexicanos.

Parecía que mi vida entera había sido distinguida para estar sola. En el vientre fue la primera vez que me despreciaron, no era parte de la familia. Cinco hijos eran más que suficientes, mi mamá no quiso otro más en su pecho. También, estaba separada por la edad. Mis hermanos eran adolescentes, separados por uno o dos años. Yo era como hija única, separada por siete años. Pasé mucho tiempo pensando que molestaba a todos; el único momento que estaba bien era cuando estaba sola. Y ahora parecía que habría más soledad en mi futuro.

Todavía me sentía como una niña de mexicanos migratorios con los pies sucios y descalzos jugando a la orilla del campo. Recordaba haber pasado días enteros sola, a la orilla del campo, mientras que mi familia trabajaba. Aprendí a meditar y a comunicarme con la naturaleza porque no había otra cosa qué hacer. A veces estaban tan distantes que apenas los veía por las ondulantes líneas de calor que salían de los campos de betabel.

La mayor parte de mi adolescencia, mis hermanas compartían un cuarto, mis hermanos mayores compartían otro y mis papás compartían otro. Todas las noches yo hacía un lugar para dormir en el sofá de la sala. Sola.

En mi soledad, descubrí que me gustaba leer. Pero, cuando llegué a la preparatoria me di cuenta de que lo que leía no era suficiente. Yo era una mexicana en el sur de Texas. Y eso significaba que era menos. Menos que mis compañeros blancos, menos que la gente al otro lado de los rieles. Pero encontré áreas donde podría ganar: ciencias y matemáticas.

Toda la preparatoria, había trabajado muy duro para prepararme para la universidad. ¡Tomé dos años de español! Eso era porque era la única lengua extranjera que ofrecían y yo sabía que cualquier universidad a la que postulara me exigiría una lengua extranjera. Me sentía muy absurda al repetir frases triviales después de la maestra, pero lo hacía. Tomé todas las ciencias y matemáticas que ofrecían. Mi amiga Ninfa ya estaba en la universidad de Texas y ella me guió con el proceso de solicitud. Usé mi dinero del verano para comprar una máquina de escribir portátil para escribir mis ensayos y mis solicitudes para ayuda financiera.

Ocasionalmente me había escapado a la ciudad de Nueva York con mi hermana, al medio oeste con mis hermanos y al México de mi papá. Mis experiencias me habían enseñado que no tenía que limitarme a ser la persona que creció en Pearsall. Yo tenía opciones.

El sueño de mi papá era que todos sus seis hijos se graduaran de la preparatoria. La noche de mi graduación se le cumplió su sueño.

Él sólo había llegado hasta el cuarto grado en México. Después su familia se mudó a los Estados Unidos y sus días de estudiante se acabaron. Cuando yo estaba en el cuarto grado, le dije a mi papá que no sólo quería graduarme de la preparatoria, sino que además quería ir a la universidad. Por alguna razón me creyó. En la noche de la graduación pronuncié el discurso de despedida, titulado «Aquél que conquista se conquista a sí mismo». Ahora desearía haber dicho «aquélla», pero ha seguido siendo el tema de mi vida. Apá se acercó después de eso con lágrimas de gran macho en los ojos. Nunca antes lo había visto ni siquiera estar al borde de las lágrimas.

Me puso dos mil dólares en efectivo en la mano. —He estado ahorrando esto para ti, mija. Es tu dinero para ir a la universidad.

Después de hablar con los consejeros y de postular a las universidades yo sabía que este dinero sólo sería suficiente para un semestre, pero no se lo dije. En lugar de eso, lo abracé, llorando violentamente. Él nunca tuvo una cuenta de ahorros. Me pregunté dónde había guardado ese dinero. Mi mamá pensaba que lo llevaba en su cartera, porque siempre ponía su cartera abajo del colchón por las noches.

Mis años en la preparatoria estuvieron llenos de paradojas y contrariedades. Yo quería ser como los demás, formar parte, ser querida. No quería sobresalir. Pero las circunstancias parecían empujarme hacia los reflectores. Cuando me fui a la universidad, mis hermanos estaban muy contentos, pero también presentí una silenciosa distancia. Evidentemente, me estaba embarcando en un sendero de vida muy distinto al de mi familia.

Cuando me gradué de la preparatoria, no tenía idea de quién era o de quién podía ser. Una mexicoamericana de Texas. Una mexicana de veras de México. Una sabia con mucha erudición. Una mujer profesionista de Nueva York.

Me di cuenta de que después de terminar la preparatoria tendría que irme y no regresar, excepto de visita, claro. Mis papás no esperaban que fuera más que una muchacha mexicana local casada con un muchacho mexicano y convertida en una mamacita, una comadre, una tía y, finalmente, una abuelita. Si me quedaba en el pueblo a hacer tortillas todos los días, tamales en la

Navidad, menudo los sábados en la noche y barbacoa los domingos, estaría muy bien para ellos.

Yo admiraba la gente que se quedaba en contacto con la familia y los sistemas locales de apoyo. Ellos nunca tendrían que sentirse solos.

Yo en cambio tenía que romper todos esos lazos y volar con mis propias alas… sola.

Tercera Parte

REGRESOS

El que habla del camino
es porque lo tiene andado.

Capítulo 19

Qué bonito es ver llover y no mojarse.

Verano de 1993. Habían pasado exactamente cuarenta años desde la primera vez que mi familia fue a Minnesota. Hablé con mi esposo sobre el viaje al área de Fargo/Moorhead. Le dije que no esperaba ninguna sorpresa desagradable. Iba con una mente abierta y muy consciente del modo que habían sido las cosas allá. Después de haber viajado a lugares exóticos del mundo, Fargo sería muy fácil para mí. El epílogo fácil de mi historia.

Antes de irme, quería reunirme con Chachi porque ella todavía iba a Minnesota a trabajar en los campos de betabel. Chachi no es ilegal; es tan americana como Hillary Rodham Clinton. Lupita es su hija de trece años. He cambiado sus nombres, pero definitivamente ellas existen.

Parece que la vida de la que hablo pasó hace mucho tiempo. Pero algunas personas todavía lo están viviendo de una manera muy parecida. Los periódicos cuentan historias sobre trabajadores migratorios: mexicanos en Carolina del Sur, mexicoamericanos en California, afroamericanos en Florida y americanos nativos en el medio oeste. Si comes una fruta o un vegetal frágil como las fresas o las uvas, puedes estar seguro de que pasó por las manos de un trabajador migratorio antes de llegar a tu boca. El trabajador migratorio sólo trabaja cuando el clima es favorable, en vez de ganar por horas, gana de acuerdo a lo que cosecha y gana un salario mínimo.

Chachi es una mujer joven y bella, con piel perlada y pelo largo y rizado, sedoso y muy negro. Mide cinco pies de alto, de treinta años y tiene siete hijos, lo cual es difícil de creer, porque tiene el cuerpo de una atractiva adolescente. Pensé en mi mamá haciendo montones de tortillas tres veces al día. Vivían en San Antonio, en una casa subsidiada por el gobierno. Es muy tímida. La invitamos a nadar en la piscina de mi hermana, pero no aceptó porque dijo que ella no era una «descarada», queriendo decir que ella no exhibiría su cuerpo casi desnudo enfrente de extraños.

Lupita parece mayor de trece años la mayor parte del tiempo, excepto cuando una mirada vulnerable cruza su rostro, revelando la niña temerosa que es. No se parece a su mamá. Sus rasgos son de mexicoamericana nativa, como los de mi papá. Tiene una nariz larga y angular con los pómulos sobresalientes. Su piel y su pelo son café oscuro y su pelo es lacio y liso. Lleva puestos unos zapatos negros de plástico y una chaqueta rosa medio sucia.

Chachi y Lupita han estado trabajando en los campos de betabel en Minnesota desde que Lupita tenía siete años. —Vamos allá —dice Chachi— porque no hay otra forma de ganar más dinero.

Es como si fuera mi papá el que está hablando.

—¿Cuánto? —pregunto.

—Cincuenta y cinco dólares un acre —responde ella. Me pregunto cuánto era en 1953, hace cuarenta años, cuando fuimos por primera vez. Ninguno de mis hermanos lo recuerda. Un acre equivale a diez surcos de betabel, cada uno de media milla de largo, cincuenta y cinco dólares por escardar cinco millas de betabel.

—¿Y cómo es el alojamiento? —pregunto.

Ella sonríe y mira hacia otro lado. —Uno toma lo que le den —responde simplemente.

Ahora hay guardería para los niños. Yo pensé que el azadón corto lo habían prohibido, pero Lupita lo ha usado por varios veranos.

Lupita dice que está cansada de ir a la escuela; no es divertida. Mi hermana se alarma con esto y le dice a Lupita que la educación es su única salida. Lupita no se ve convencida. Su mamá le pide que le ayude con los pequeños cuando llega de la escuela. Está cansada de esto.

Ella quiere su libertad.

Mi hijo fue conmigo a Minnesota. Lo estaba llevando a mi pasado, revelándole el lado de mí que él no conocía. Él me conocía como una mamá profesionista que usaba trajes y lo llamaba por teléfono de todas partes de los Estados Unidos. No hay problema, pensé, esto es sólo una de mis otras facetas.

Miré por la ventana mientras el avión descendía. Muchos campos verdes. Nublado al mediodía. Todos los campos estaban mojados. Parecía que había llovido esa mañana y que tal vez llovería de nuevo. Aterrizamos abruptamente en medio de los campos. El pequeño aeropuerto había sido esculpido en el centro mismo de los campos.

Para cuando nos subimos al carro alquilado, las nubes habían desaparecido y todo brillaba con la lluvia de la mañana. Yo esperaba viajar por un buen rato para llegar al centro, pero ya estábamos allí. No lo entendería del todo por algunos días. Me di cuenta de que Fargo y Moorhead eran pequeños pueblos insignificantes en un Estados Unidos lleno de pueblos pequeños. Era sólo en mi imaginación donde parecían grandes por lo que había experimentado ahí.

Antes de ir, había llamado a varias gentes y les había platicado lo que estaba haciendo. Llamé a uno de los hijos de El Indio y a algunos de sus primos. Todos ellos habían seguido viajando a Minnesota después que nosotros dejamos de ir. Ellos me ofrecieron instrucciones de cómo llegar, señas de las carreteras y bendiciones.

Después que mi hijo y yo nos hospedamos en un hotel, salimos armados de mapas, instrucciones verbales y una cámara. Tuvimos algunos arranques en falso y después, aunque el paisaje se veía exactamente igual que en todas partes, se me erizaron los vellos detrás del cuello y temblé con un escalofrío repentino.

—¿Qué pasa? —preguntó mi hijo.

—Creo que es aquí —contesté.

Al principio no vi ninguna señal que me dijera que ese era el lugar. Sólo los sentimientos que invadieron mi cuerpo. El granero se veía muy grande. La carretera, que anteriormente se dirigía hacia el rancho, ahora daba vuelta a la derecha. No había viviendas de trabajadores migratorios. Pero mi cuerpo no se equivocaba, ese era el lugar. Cuando miré un pony salir del granero, di un grito.

—¿Qué, qué? —preguntó mi hijo.

El pony tenía marcas idénticas a las de Estrella, el pony que había montado treinta y cinco años antes. Busqué entre mi memoria para ver si sabía cuánto vivían los ponys. Tengo una amiga que tiene un caballo de cuarenta años. ¿Sería posible?

Las viviendas de los trabajadores migratorios habían desaparecido, habían sido remplazadas con una hermosa cabaña enorme de madera. Donde antes había tierra y hierbas enfrente de las viviendas, ahora había un jardín rodeado de una cerca de cedro. La casa del gringo aún estaba al lado de la carretera. Treinta y cinco años atrás me parecía una mansión, pero ahora la veía tal como era: una modesta casa de rancho de clase media.

Me sentí decepcionada de que no hubiera nadie en casa. Y aun más decepcionada de que el edificio donde habíamos vivido hubiera desaparecido.

Hice varias llamadas telefónicas, tratando de encontrar a alguien para hablar de la situación actual de los trabajadores migratorios. La gente con la que hablé me contó historias conflictivas, algunos decían que el circuito migratorio no había cambiado en los últimos cuarenta años y otros decían que ya no existía. Todas las llamadas apuntaban hacia Pedro. Él había estado trabajando con trabajadores migratorios por veinte años. Supe que su oficina abría a las siete y media, así que llegué allí un poco después de las siete la mañana siguiente. El letrero de la puerta decía ocho en punto. Pero afortunadamente, había dos hombres que también habían llegado temprano y hablé con ellos mientras esperábamos.

Tal como me lo esperaba, los dos hombres solitarios se mostraron reacios a hablar con una mujer sola, especialmente antes de las ocho de la mañana. Pero usé mi don de gentes para sacarlos gentilmente de su renuencia. Ambos estaban allí esperando encontrar trabajo en los campos de betabel. Uno de ellos era mexicano de Oaxaca, México y estaba allí solo. El otro era un mexicoamericano que había venido de Houston con su esposa y cinco hijos, más un yerno y un nieto.

Hablaban de la dificultad de encontrar vivienda. Decían que muy pocos trabajadores migratorios, los que tenían suerte, se quedaban en los ranchos. Éstos eran los que tenían una buena relación con los dueños de los ranchos. El resto se quedaban en apartamentos en el pueblo o en hoteles pequeños. El problema con los hoteles era que los decretos de la ciudad prohibían cocinar en los cuartos y la renta era de 800 dólares por mes. El hombre de Houston había ido a trabajar al norte desde que era niño. Él iba con su papá y ahora sus hijos y sus nietos iban con él. Era la primera vez para el hombre de Oaxaca.

Las puertas se abrieron a las ocho y ellos entraron, junto con algunos otros que habían llegado después. Yo me quedé atrás. Decidí que obtener un trabajo era más importante que hacer la investigación para un libro.

Cuando la agitación inicial había pasado, entré y le dije a la recepcionista quién era y por qué estaba allí. Pedí una cita con Pedro. Ella me pidió que esperara y después de un minuto, me dijo que pasara.

No hubo preguntas para las cuales él no tuviera la respuesta. Él había sido un trabajador migratorio y había trabajado con trabajadores migratorios por veinte años. Y además le gustaba platicar. Cualquier pregunta lo hacía estallar, contando historias y filosofando.

Después de hablar con Pedro y de leer más tarde en la biblioteca, construí la historia de como eran antes las cosas. En los años anteriores al betabel, en el área había habido ganado: puercos, vacas y gallinas. Después llegó el betabel y todo cambió. El rancho donde trabajamos había pasado de ser un rancho ganadero a ser un campo de betabel en 1948. Los establos para el ganado se convirtieron en viviendas para los mexicanos.

Los libros de la biblioteca no hablaban de los trabajadores migratorios mexicanos. Hablaban de «tonelaje, trabajo manual, trabajo con los dedos y azadón corto».

El problema era que la semilla de betabel era multigermen. Donde sembrabas una semilla, nacían varias plantas. El trabajo

era de ralear las matas, dejando las más fuertes para que crecieran solas. Pero como varias plantas crecían de una sola semilla,
las plantas estaban amontonadas. Por lo tanto había la necesidad
de azadón corto y «trabajo con los dedos» para hacer un mejor
trabajo de raleo. Durante este paso los trabajadores también
azadonaban la hierba. Era necesario tener una mirada diestra para
distinguir entre las hojas rojas del betabel y las hojas rojas de la
hierba. Si no hacías bien tu trabajo, en un mes tus surcos estarían
llenos de hierba de tres pies de altura. Los mexicanos le llaman
«quelite» a esta hierba.

Así que por esto, los trabajadores marcaban cuidadosamente los surcos que le pertenecían a cada familia. Mi papá
contaba los surcos desde la orilla del campo y escribía con un
lápiz grueso, en una libretita que cargaba en la bolsa de su
camisa, los números de los surcos en los que trabajaría nuestra
familia. Después ponía estacas gruesas en el suelo marcadas
con el nombre de «L. Treviño».

Un mes más tarde, pasaríamos otra vez para desyerbar nuestros surcos. Las hierbas robaban la humedad que necesitaba el
betabel para crecer. Si habíamos hecho un buen trabajo la primera
vez, la segunda pasada era más fácil. Era fácil saber quién había
hecho el mejor trabajo la primera vez. El quelite alto, o su ausencia, contaba la historia completa.

Después, los campos se dejaban sin tocar por el mes de agosto mientras que el betabel crecía. Durante ese mes, los
trabajadores migratorios buscaban otros trabajos de cosecha.
Nuestra familia normalmente se iba a Wisconsin a recoger ejotes,
pepinos y algunas veces tomates.

En el otoño, los trabajadores regresaban a Minnesota para «el
tapeo», la estación de la cosecha del betabel. Se sacaba el betabel
de la tierra, se le cortaba el rabo y se echaba la raíz en un camión.
Los betabeles variaban en tamaño, lo cual hacía imposible la
cosecha con máquina, pero eran más o menos un pie de gruesos.
Este trabajo era lento, aburrido y pesado. Duraba un mes o dos y
se terminaba. Los trabajadores regresaban a casa, la mayoría a
Texas, a fines de octubre.

Mi papá nunca nos permitió quedarnos a la cosecha de
betabel. Él siempre insistió en que regresáramos a la escuela en

septiembre cuando empezaba la escuela. Nuestros amigos regresaban a Minnesota y registraban a sus hijos en las escuelas allí. Los hijos ayudaban a los adultos después de la escuela y los fines de semana.

Esto era en los cincuentas.

Ahora ya casi no hay necesidad de trabajadores migratorios, aunque muchos van allá con la esperanza de encontrar trabajo. Se ha desarrollado una semilla monogermen y se siembra en tramos uniformes, así que ya no es necesario ralear las plantas. Se usan herbicidas químicos para prevenir la hierba. El betabel ahora crece de un tamaño uniforme, así que la cosecha con maquina es fácil.

Los rancheros sólo necesitan a los trabajadores migratorios si los herbicidas fallan. Entonces los trabajadores van a los campos a desyerbar. Mi hijo y yo vimos muy pocos trabajadores en los campos, pero la mayoría de los campos no tenían hierba. Los herbicidas habían funcionado.

Ahora, los inspectores de gobierno inspeccionan y certifican las viviendas para los trabajadores. Así, ante la poca necesidad de «labor manual» que hay ahora, los rancheros han decidido derribar la mayor parte de las viviendas para trabajadores.

Hay muy poco dinero que ganar para los trabajadores migratorios. Pero ellos siguen yendo, con la esperanza de mejorar sus vidas como nosotros lo hicimos hace cuarenta años.

Yo siempre me había preguntado por qué el lugar donde vivíamos era en forma de una señal de alto. Era un cuarto enorme con una estufa de leña en el centro. Cuando finalmente fui a visitar al ranchero donde habíamos trabajado, él me lo dijo. La razón por la cual era en forma de señal de alto era porque anteriormente, cuando en el rancho aún había ganado, se usaba como un cobertizo para que las marranas parieran.

Me dijo que en los días del ganado, el cobertizo tenía ocho corrales alrededor del perímetro, lo suficientemente grande para que ocho marranas pudieran parir al mismo tiempo. Las marranas y sus marranitos se mantenían calientes con la estufa de leña del centro. Me aseguró que era un buen lugar para vivir porque tenía paredes con doble aislamiento. Los corrales habían sido remplazados con camas para los trabajadores migratorios.

Rápidamente me fui a la siguiente pregunta, porque sabía que si me detenía demasiado tiempo con esta me pasaría a palabras de amargura y violencia. Y yo no estaba allí para recriminaciones, sino para conseguir información. Mi siguiente pregunta fue qué le había pasado a la casa donde habíamos vivido. ¿Él la había derribado sólo porque sí?

Dijo que por un tiempo el edificio había sido usado como guardería. Un lugar céntrico donde los trabajadores migratorios podían dejar a sus hijos durante el día. Después, un día, sin que él lo supiera, unas gentes que iban de paso decidieron pasar la noche allí. Los inspectores de gobierno hicieron una visita sorpresa la siguiente mañana y lo citaron por permitir que la gente habitara en ese lugar que era considerado un edificio inadecuado para vivir. Él demolió el edificio y luego le prendió fuego.

Nunca antes me había sentido avergonzada de ser parte de una familia de trabajadores migratorios como lo habían sentido mis hermanos. Mis papás nos habían dicho que trabajar en los campos de vegetales era trabajo honesto y limpio. Nosotros no éramos sirvientes de los blancos y tampoco nos permitían trabajar de meseros. Ahora por primera vez, conociendo la historia del edificio en forma de una señal de alto, me sentí avergonzada de la vida que habíamos llevado.

Capítulo 20

Quien con la esperanza vive, alegre muere.

Cuando tenía más de noventa años y el glaucoma le había robado la vista, a Apá todavía le gustaba contarme de su juventud. Los ojos se le animaban y brillaban. Sin poder ver en el presente, ellos miraban claramente en el pasado.

—Cuando era joven, me gustaaaba pelear —me decía, arrastrando la palabra «gustaba» como si estuviera comiendo un bocadillo delicioso que no quería pasar.

Para entonces, teníamos un chivo con los cuernos enroscados y tres cabras en el solar. El medio acre que Apá cultivaba se había convertido en un corral de chivos. El chivo mantenía a las cabras preñadas todo el tiempo. Nunca las dejaba acercarse a la comida hasta que él hubiera terminado y le daba topes a cualquier cosa que veía, sólo porque estaban allí, inclusive topeteó a mi mamá y la tiró al suelo tres veces, la primera vez que entró al corral para darles de comer. Los vecinos tuvieron que rescatarla. Mi hermano ponía una pala o su bota al viento y el chivo retrocedía, rasgaba la tierra y se lanzaba de carrerilla a topetear. Peleaba con quien fuera y con cualquier cosa, aparentemente por puro placer.

Así era mi papá. Tal vez por eso no se casó hasta que tenía treinta y cinco años; estaba muy ocupado con mujeres, peleándose en las cantinas y tomando. Siempre cargaba una navaja con una hoja de seis pulgadas.

Apá se reformó cuando se casó, pero los deseos aún lo tentaban. Una vez lo encarcelaron por «cortar» a un hombre cuando yo era niña. Esto era un suceso común en Pearsall. Apá salió porque al hombre lo curaron y no presentó cargos—la ley del barrio.

Estando tomado, ese hombre había insultado a mi papá, que era teóricamente intachable, y por eso merecía ser cortado. Apá nunca quiso hablar de este incidente en particular; se avergonzaba de haber estado en la cárcel.

Apá sólo estuvo enfermo una vez. Tenía una hernia doble que no se atendió por mucho tiempo porque no tenía dinero para la cirugía. Cuando por fin pudo hacer una cita, el doctor le preguntó si quería anestesia general o local, la cual sólo adormecería la parte inferior de su cuerpo. Optó por local y pidió ver. El doctor improvisó un espejo para que Apá pudiera ver mientras le abrían el abdomen y le cosían los músculos. Él disfrutó cada momento.

Después tuvo el enfrentamiento con el hombre afroamericano. Nosotros no les llamábamos «negros». Les llamábamos «negritos», como si de alguna manera fueran diminutivos.

La escuela afroamericana en Pearsall ya estaba cerrada cuando yo me enteré de lo que era. La pequeña escuela de un solo salón estaba en medio de un lote enyerbado, a una cuadra de la casa de mi amiga Margie. La iglesia afroamericana estaba al lado de la casa de Margie. Los domingos, se congregaban ahí treinta o cuarenta afroamericanos. Yo me preguntaba de dónde habían venido. No veía afroamericanos por el resto de la semana, excepto por «La Negra María» que vivía en la misma cuadra que mi Tía Nina. Su ropa era aun más lujosa que la de la gente de la iglesia Católica a la que yo iba. Todos los hombres llevaban traje y corbata y todas las mujeres llevaban sombreros con listones y encaje que hacían juego con los vestidos.

Los viernes y sábados por la noche, Apá atendía el bar en la cantina Buenos Aires de Tío Manuel. La ley del condado de Frío obligaba a las cantinas a cerrar a media noche los sábados. Apá siempre cerraba la cantina Buenos Aires tan pronto llegaba la medianoche. Para las 12:15, todos los borrachos se habían ido en sus trocas y él estaba limpiando el lugar. Ponía todos los envases en una bodega que estaba cerrada con llave detrás de la cantina.

Un tipo afroamericano llegó a esa hora. Era grande y mi papá nunca lo había visto antes por allí. —Una cerveza —dijo en español. Muchos de los afroamericanos del sur de Texas hablaban español en aquel entonces. Parecía que había estado bebiendo mucho.

—Cerramos a las doce —contestó Apá.

—Yo no me voy sin una cerveza —dijo el hombre, mientras ponía un billete de cinco dólares en la barra.

—Me temo que lo vas a tener que hacer, porque ya está cerrado.

—Te dije que yo no me voy sin una cerveza —dijo, mientras caminaba alrededor de la barra a sacarla él mismo del refrigerador.

Apá, ya enojado, agarró un bate de béisbol que guardaba debajo de la barra para ocasiones justamente como esta. —¡Sal! ¡Ahora! ¡O vamos a tener un pleito!

Apá aún no tenía miedo, era alto y fuerte, aunque ya estaba entrando a los sesenta años. Pero él no estaba a la altura de ese hombre, que tenía brazos de luchador y parecía como de cuarenta. Fácilmente, le arrebató el bate de béisbol a mi papá. Cuando Apá se le echó encima, el hombre lo golpeó en la sien con el bate.

Cuando Apá despertó, había sangre por todas partes. El hombre se había ido y los cinco dólares todavía estaban sobre la barra.

Para esa hora, Amá andaba de puerta en puerta, de ventana a ventana, buscando a mi papá para que se fuera a la casa. Yo estaba mirando el programa de la noche en nuestra nueva televisión a blanco y negro.

Apá no se bajó del carro, solamente tocó y tocó el claxon llamando a Rudy para que saliera. Rudy salió corriendo hacia el carro para ver qué era lo que quería. Apá le dijo que sacara una bolsa de papel con dinero que tenía debajo de su colchón y que lo llevara al hospital. Rudy entró en la casa con los ojos grandes y sobresaltados.

—¿Qué pasó? —preguntó Amá.

—Nada —dijo él y salió con la bolsa de papel en la mano. Rudy se subió en el lado del chofer y arrancó levantando arena de nuestra calle sin pavimento.

Entonces mi mamá sacó su botella de alcohol para frotarse y la toallita mojada que se ponía sobre el cuello cuando estaba muy alterada. Yo apagué la televisión. —¡No sé por qué este viejo no deja ese trabajo! —dijo, mientras inhalaba los vapores del alcohol para frotar. Pensaba que inhalar el alcohol la calmaría. A mí me parecía que la alteraba aun más.

Cuando regresaron del hospital, Apá traía la cabeza vendada con una gran venda manchada de sangre coagulada. Parecía una momia como las de las películas, pero en Technicolor. Riéndose, dijo—: ¡No pasa nada malo conmigo, mujer! Sólo que un cabrón me dio con un garrote. Pero estoy bien.

El siguiente día Rudy salió, lleno de cólera y sediento de sangre, como debía ser un buen hijo mexicano, con su navaja en la bolsa del pantalón. Pero no pudo encontrar rastro del hombre de la noche anterior. Probablemente aquel hombre sólo iba de paso a San Antonio de Laredo. Fue el último pleito de mi papá.

Nunca le había dicho a Apá que lo amaba. Y aunque él lo demostraba, tampoco me lo había dicho. Estaba ya muy entrado en los ochenta años y el glaucoma estaba tan avanzado que ya había dejado la jardinería porque ya no podía distinguir las hierbas de las plantas.

Le dije a mi terapeuta que él me llamaba «muchacha inútil». Ella sugirió que me lo imaginara en la otra silla y que le dijera cómo me sentía. No lo pude hacer. El papá imaginario en mi mente, el que yo me imaginaba en la otra silla, era tan fuerte y dominante que hasta me encogía bajo su mirada.

Pero él se estaba haciendo viejo. Cualquier conversación que tuviera que tener con él, ya fuera verdadera o imaginaria, tendría que ser pronto.

En mi interior yo sabía que la determinación de Apá y la forma de conducir a sus hijos a trabajar tan duro no eran por crueldad. Era su única salida para vernos terminar la escuela.

En la preparatoria, yo llenaba formas por él. Ocupación: peón. Él golpeaba sandías en el campo, caminando delante de la troca para que los pizcadores supieran cuáles cosechar, trabajaba en líneas de ferrocarril, cavaba zanjas, era el hombre de la barra para un topógrafo, era un carpintero para Tío Manuel, atendía la cantina de Tío Manuel y así y así y así… no me avergonzaba de que él fuera un peón. Estaba orgullosa de que trabajara tan duro.

No me molestaba el hecho de que él no hubiera sido algo más. Me preguntaba qué diría yo cuando algún día llenara una forma para mí misma.

Finalmente tuve la conversación con el papá imaginario en la oficina de la terapeuta y después hice una reservación para volar a Texas, determinada a tener mi primera conversación verdadera con él. Lo único que quería decirle, en palabras que realmente dije en voz alta, es que lo quería a pesar de todo.

Lo llevé del brazo hacia el carro. Le había dicho que iríamos a dar un paseo por el campo, sólo él y yo. Yo conducía lentamente, mientras el aire entraba gentilmente por las ventanas abiertas. Él platicaba con facilidad, como siempre lo hacía, sobre los días de juventud. Tragué saliva y empecé—: Apá, quiero que sepas que aprecio mucho todo lo que has hecho por mí. Tú hiciste muchos sacrificios para que yo pudiera terminar la escuela y aunque nunca he dicho nada, lo aprecio mucho.

—Pos hija, yo sólo quería que terminaras la escuela y que consiguieras un buen trabajo. Y así, si no te casabas o si tu esposo no era bueno, por lo menos podrías mantenerte.

Pasé otro trago. —Y también quiero que sepas, Apá, que te quiero mucho. Nunca te lo he dicho, pero es verdad. Tú has sido el mejor papá para mí. A veces he sido malagradecida, pero tú siempre has sido bueno conmigo.

—Bueno, yo también te quiero mucho, hija —era evidente que le costaba mucho trabajo decirlo. Pero también, se notaba que lo sentía.

Ya estaba hecho. Aunque los visitaba seguido, no fue hasta años después que di el próximo paso.

Muchas veces tenía miedo de visitar a Amá y Apá. Cuando iba allí, me convertía en una niña de ocho años, encogiéndome y lista para hacer lo que mi papá mandara. Y Apá se convertía en un dominante, macho arrogante del tipo de «yo no necesito a nadie y yo mando». Incluso a los noventa años, se metía en su vieja personalidad fácilmente.

—Tráeme agua, fría y sin hielo.

—Espera y llévate el vaso.

—Llama a Rudy por teléfono y dile que quiero que venga.

—Ve a traerme cuerda y cinta adhesiva a la tienda.

Dale y dale con lo mismo. Yo corría a cumplir sus órdenes y me preguntaba cómo había pensado que aguantaría una semana allí. Medía sus exigencias. Máximo pasaban dos minutos antes de que pidiera algo más.

Finalmente, me senté en una silla junto a él.

—Apá, yo no estoy acostumbrada a que me manden. Ni siquiera mi esposo me da órdenes. En mi casa, la gente pide las cosas «por favor». Ellos me respetan y me aprecian. Me gustaría que tú hicieras lo mismo.

Aunque lo dije de la manera más suave que pude, vi una mirada de miedo en sus ojos ciegos. Frunció la frente y no respondió. Todavía medía seis pies y pesaba más de doscientas libras, pero de momento su cuerpo me pareció más pequeño.

La siguiente vez que me pidió algo, empezó—: Cuando tengas tiempo…

Corrí a hacer su mandado, emocionada de que me hubiera escuchado.

Esa noche, cuando ya nos íbamos a dormir me llamó. Me pidió que le diera la mano, la primera vez que lo hacía en toda mi vida.

—Hija, yo sé que hemos tenido algunos roces. Perdóname. Siempre he querido lo mejor para todos ustedes. Quiero que sepas que te quiero mucho a pesar de todo lo que ha pasado entre nosotros. Y agradezco todo lo que has hecho por nosotros. Te lo agradezco de todo corazón.

Apreté su mano morena y grande entre mis dos manos, contenta de que no pudiera ver mis lágrimas. Supe que en ese instante él me podía ver mejor que en toda su vida. Y yo lo estaba viendo con más claridad que nunca antes. Me sentí querida y apreciada.

Toda la vida me había tenido a sus plantas. Ahora me había levantado para hablar con él de persona a persona. Esto le permitió bajarse de su pedestal y ser solamente humano. Abandoné mi papel y esto le permitió abandonar el suyo. Qué alivio para los dos.

Después de esto, cuando los visitaba, no tenía que ponerme a sus plantas al llegar y quedarme allí con resentimiento, esperando que el tiempo pasara pronto.

Mi esposo y yo llegamos a visitar a mis papás cuando íbamos rumbo a México. Cuando Apá supo que íbamos, dijo que le gustaría ir. Como Apá se desorientaba cuando estaba lejos de casa, mi esposo y yo intercambiamos miradas de preocupación. Pero su voz tenía la calidad de un último deseo. Nosotros sabíamos y también él sabía que sería el último viaje a su lugar de origen. En ese entonces todavía podía ver luces brillantes y figuras turbias, pero no más. No le podíamos decir que no. Así que lo llevamos. Visitó al último pariente que le quedaba de su generación. Hablaron de los viejos tiempos por última vez.

De regreso a casa, estuvo muy silencioso. Me preocupaba que estuviera demasiado cansado. Paramos en la noche en un motel de Laredo. Alquilamos cuartos contiguos, pero mi mamá me pidió que me durmiera en su cuarto. —A veces se pone loco en la noche y no lo puedo controlar —dijo ella. Así que mi esposo durmió solo y yo me dormí en la otra cama en el cuarto de mis papás.

Me desperté y encontré a mi papá palpando su navaja. Él siempre cargaba una gran navaja en la bolsa del pantalón. En su juventud la llevaba para defenderse. Después con ella me pelaba naranjas y rebanaba aguacates.

Estaba sentado en la orilla de la cama, con los pies en el suelo, apretando la navaja como si estuviera listo para arremeter contra un enemigo invisible. Sus ojos agrandados, mirando fijamente tratando de formar algo. Sabía que si respiraba, si hablaba o si me movía, se lanzaría sobre mí con todas sus doscientas libras, sin saber quién era yo.

Casi ni respiré por varios minutos, quizás veinte o algo así.

Finalmente, parpadeó, suspiró y empezó a moverse un poco. Se calmó un poco para preguntar—: ¿Quién está allí?

—Soy yo, Apá, tu hija.

—¿Dónde estamos?

—En Laredo en el cuarto de un motel. Mañana te llevo a casa. Se calmó. Dobló su navaja y la puso debajo de su almohada. Yo me quedé despierta toda la noche.

La siguiente vez que lo fui a visitar, ya era incontinente y teníamos que cambiar las sábanas cada mañana. A los noventa y dos, todavía pesaba más de doscientas libras. Sus brazos todavía estaban enormemente musculosos aunque sus manos ya no tenían control para hacer cosas con precisión.

—Elva, ayúdame a ir al baño —dijo mientras iba en dirección contraria al baño, apoyándose a tientas en la pared del pasillo. Lo tomé del brazo, lo guié hasta la puerta del baño, esperé hasta que estuviera completamente adentro y entonces cerré firmemente la puerta.

Pero sus grandes manos morenas ya no podían bajar el cierre.

—Elva, ayúdame a desabrocharme el pantalón.

—¿No puedes hacerlo? —protesté desesperada desde el otro lado de la puerta.

—No, no puedo —dijo él, al borde de la desesperación, pena, cólera, algo en su voz.

Bajé el cierre sin mirar y me salí. Pero sólo hacía esto cuando mi mamá no estaba cerca. Cuando estaba cerca, la llamaba para que lo hiciera. Ese era su territorio.

La última vez que visité a Apá, ya estaba llorón, agitado y triste, comportamientos completamente inusuales en mi papá. Decía que se quería morir, le reprochaba a Dios el haberlo detenido cuando ya no era útil, al punto de que se encontraba triste e infeliz de estar todavía en el planeta. Se sentía completamente inútil y avergonzado de no tener control de su cuerpo ni de sus funciones.

Dos meses más tarde, estaba escribiendo en la mesa de la cocina cuando Diamantina llamó de Texas. —Apá está en el hospital para que le saquen el líquido de los pulmones. Parece que está bien. Mañana sale.

Dos horas más tarde, volvió a llamar. —Apá está peor; el doctor pensó que debería decírselo a todos.

En mis entrañas, supe que ya era hora, aunque no se había dicho mucho. Reservé un boleto de avión para las siete de esa noche, lo más pronto que podía llegar al aeropuerto. Me iría sola, mi esposo se encargaría del perro, de llamar al trabajo y de salir el día siguiente con los niños. Hice mi maleta, incluyendo dos cambios de ropa para vestir de luto. En mi fuero interno, no quería estar allí en el momento de su agonía. Hablé con Apá en mi mente mientras hacía la maleta. —Apá, si ésta es tu hora, por favor no me esperes.

Llamé a Diamantina al hospital desde el aeropuerto a las seis y media. —Se nos fue, Elva —dijo ella. Todos habían estado allí alrededor de la cama en el hospital, mis cinco hermanos y mi mamá.

—Si empieza a decaer ¿quieren que lo conectemos a la máquina? —había preguntado el doctor.

—Haga todo lo que sea posible —dijeron mis hermanas.

—Déjelo ir —contradijo Rudy—. No lo detengan aquí a la fuerza.

Observaron la presión sanguínea bajar lentamente en la pantalla. En un momento, subió fugazmente cuando Delmira le acarició el pelo. Después murió.

Rudy se quedó en el cuarto un largo tiempo después de que todos se fueron.

Me subí al avión, sin saber a qué momento podría entrar en duelo. Cuando me senté en mi lugar, vi su rostro claramente. Estaba lleno y saludable como era cuando yo era niña y sonriendo alegremente. Y dijo,

«Aquí estoy hija, fuerte y sano.

No llores por mí.

Ustedes siempre me vieron bien mientras que yo viví.

Ahora no hay porqué llorar.

Quiéranse unos a los otros.

Ya no me duele nada,

y ya se acabaron las vergüenzas.

Dile a tu mamá que siempre fue la mejor esposa para mí.»

Cuando él estaba saludable, Apá siempre se reía mucho y nos hacía reír con sus bromas y sus dichos. Me gusta recordarlo sonriendo.

Cuando lo miré en su ataúd, sabía que no era él. Era sólo el cuerpo que lo había llevado de un lado a otro, del mismo modo que su silla de ruedas había cargado su cuerpo. Pero lo que me hizo llorar fue la gente que lo había estimado y los que él había estimado. De todas partes del país llegaron primos ya viejos. Ellos contaron historias de cómo él había sido bueno con ellos, cómo los había ayudado o salvado.

El funeral fue la cuarta vez que Apá estuvo en la iglesia. La primera cuando se bautizó y la segunda cuando se casó con Amá. Pero siempre daba gracias a Dios y creía firmemente en la bondad inherente de la vida. Trabajaba muy duro para su porvenir y después agradecía a Dios por ello.

Yo sé que Dios lo tomó como un hijo favorito. Él está seguro y contento.

Le doy gracias a Dios que él haya sido mi papá. Le agradezco a Dios, como decía mi papá «¡del mero corazón!».

Capítulo 21

El que con lobos anda, a aullar se enseña.

Después de los dos mil dólares para mi graduación de la preparatoria, nunca volví a tomar dinero de mi Apá. Me las arreglé para usar el sistema financiero de la universidad y pasé cuatro años con préstamos, becas, subsidios y trabajos de medio tiempo.

Iba a la biblioteca todas las noches hasta que cerraban a las doce. Entonces caminaba sola y feliz de regreso a mi cuarto, pellizcándome para estar segura de que no era un sueño. Era libre. Sin responsabilidades, excepto leer y estudiar, dos cosas que amaba, absolutamente amaba, hacer. Allí era donde yo pertenecía. Al fin en casa.

Mi último año en la universidad, tuve tres ofertas de trabajo, pero no tenía la menor duda cuál aceptaría. En aquel entonces la compañía Control Data fabricaba computadoras centrales. La mayor parte de su software se hacía en Sunnyvale, California. Después de la primera entrevista en la universidad, me ofrecieron volar a California para una segunda entrevista.

Eso era un logro muy grande para una niña descalza de una familia de trabajadores migratorios.

Habían mandado una enorme limusina negra para que me esperara en el aeropuerto de San Francisco y me llevara a Sunnyvale. Voces en mi cabeza me decían que finalmente había llegado. Mis entrañas me decían que andaba nadando en aguas demasiado profundas. Las dos partes se pelearon dentro de mí durante todo el camino a Sunnyvale, mientras iba sentada sola en el asiento trasero de esa enorme limosina negra.

Fue mi primera probada de la seductora vida corporativa. Se me subió a la cabeza. Dos de mis amigas iban a ir a Harvard para estudiar una maestría. El solo hecho de pensar que debía contar cada centavo por otros dos o cuatro años más para poder terminar el semestre, de pronto me parecía aborrecible. Me había tragado el anzuelo.

Me tardé dos años para salir de allí. La universidad de Stanford estaba a la vuelta. Me presenté y me aceptaron en el programa de doctorado en ciencias de la computación con una beca que pagaría todo.

Dos años después, nuevamente cansada de ser pobre, salí con una maestría y me fui a trabajar para IBM. Fui programadora por un tiempo. Después le di apoyo al personal de ventas. Pero me parecía que los vendedores eran los que se ganaban todo el dinero y se divertían más. Así que me cambié al departamento de ventas. Trabajé en ventas para IBM durante sus años más prósperos. Los negocios se incrementaron y de prisa. Llevar a los clientes a viajes de negocios por todo el país en el avión privado de IBM se hizo una rutina. Efectuar ventas multimillonarias también se volvió costumbre. Era el ingreso de seis cifras lo que me mareaba.

Cuando fui a casa de visita, Apá me preguntó —¿Así que cuánto ganas ahora, hija?

No había forma de explicarle el plan de ventas a mi papá, así que le mentí. —Quince dólares por hora, Apá.

Se puso contentísimo por mí.

Estaba bañada en dinero y en premios por altas ventas. Me compré un Mercedes e ingresé al club deportivo más prestigioso que pude encontrar. Ubicado en Las Colinas, tenía dos pistas para correr, una adentro y otra al aire libre. Tenía dos campos de golf y estaba expandiéndose a cuatro. La piscina olímpica tenía ventanas de treinta pies de alto. Las mujeres teníamos nuestras propias máquinas de ejercicio, cuarto de vapor, sauna y tina de hidromasaje. Cuando me metí al baño, había dos toallas blancas suaves y grandes y un rastrillo rosado esperándome. En el baño había tres cajitas que suministraban jabón, champú y acondicionador. Cuando salí del baño me envolví el pelo en una toalla y el cuerpo en otra. Si se me caían algunas gotas de agua mientras caminaba a los espejos de maquillaje una mujer de limpieza caminaba detrás de mí secándolas.

Cuando me senté frente al espejo, ella se ofreció a masajearme el cuello y los hombros con loción. Se lo permití —ya nadando en sentimientos de culpa—, de pronto identificándome con ella. Decidí dejarle una generosa propina.

Me sequé perfectamente el pelo y me vestí de seda y lana crepé para ir al trabajo. La mujer que estaba junto a mí no dejaba de hablar de lo bien que iban sus ventas. Vendía químicos que se inyectaban en la tierra blanda de Las Colinas para solidificarla. Detrás de mí estaban dos mujeres cuya ropa decía claramente que después de arreglarse se irían a sus mansiones de Las Colinas. En muy raras ocasiones hablaban con mujeres profesionistas como nosotras.

Los siguientes años fueron borrosos. Primero tuve un territorio de tres estados (Texas, Louisiana y Oklahoma) ayudando a otros representantes a vender financiamientos de la Corporación de Crédito de IBM. Después cubrí un territorio de cinco estados. Y finalmente estuve ayudando a otros representantes a vender sistemas para industrias editoriales en todo el país.

Cuatro años más tarde iba sentada en la ventanilla de un DC-10 que iba como de rayo a Nueva York. Viajaba en primera clase porque tenía medio millón de millas acumuladas en mi plan de viajero frecuente. Había hecho mis maletas en media hora a las cuatro de la mañana. Era el cuarto día de la semana que estaba en un avión.

Mi vida no me pertenecía. Le pertenecía a IBM. No era mejor que la de mis papás. En varios días, ganaba lo que toda mi familia junta había ganado en una temporada como trabajadores migratorios. Pero, al igual que ellos, no tenía tiempo para nada.

Sentía que mi vida, al igual que el avión, volaba hacia adelante. Pronto me precipitaría en un abismo negro. Tenía demasiadas responsabilidades. Ya me había sentido así antes. Quizás nunca me había sentido de otra manera.

Me hundí aun más en el asiento de piel del avión mientras que el sobrecargo me servía café. El avión se sentía calientito y zumbaba agradablemente. El cansancio y la falta de sueño se apoderaron de mí y, a pesar del café, me hundí en un sueño profundo el resto del camino rumbo a Nueva York.

Llevaba todos los adornos del éxito. Manejaba un Mercedes, volaba por todo el país en viajes de negocios e iba de vacaciones al Caribe. Como dijo Gloria Steinem, «nos estábamos convirtiendo en los hombres con quien nos hubiera gustado casarnos». Pero hacía mucho tiempo que el glamour de viajar había perdido su encanto. Desesperada por un cambio, me regresé al sistema de comisión por ventas, con un par de universidades locales como mi territorio.

Mi vida de IBM no me dejaba mucho tiempo ni energía para nada más. Le daba mi alma y mi corazón a IBM. Ellos me daban dinero a cambio.

Pero mi alma se estaba marchitando.

Entonces, una noche tuve una pesadilla de pandilleros. Éstas son siempre las peores.

El primer papel que desempeño en esa pesadilla es el de un gángster que quiere salirse de la banda. No soy como los demás. Primero, conspiro con mis amigos y mi familia para sacar el dinero a escondidas de la casa de los mafiosos. Lo llevamos de contrabando, escondido debajo de plantas, en cajas, en una camioneta Volkswagen y en un bochito Volkswagen. Esto era exitoso y excitante, pero daba miedo.

Más tarde soy la esposa del gángster. Me siento en la sala mientras que él les explica a los demás por qué nos hemos retirado. Nos permiten salirnos a él, a nuestra hija y a mí. Tenemos pelo rubio y todos los demás tienen cabello oscuro. Nos sentimos con mucha suerte de que nos dejen salir.

Después, soy la criada mexicana de un gángster que ha optado por salirse de la banda. Yo tengo que salir después de ellos y sola. Me salgo furtivamente de la casa por la noche. Camino tres casas sobre la calle rumbo a la casa de otra criada.

Cuando camino alrededor, veo túneles que van hacia debajo de la tierra. Con escaleras mecánicas muy largas, que me imagino van derecho al infierno. Hay un hombre en cada lado de la escalera exigiéndome, «Véngase, baje».

El techo del túnel es muy duro y grueso. Sé que si bajo, estaré aislada de todo lo que he conocido. Sigo pasando estos túneles.

Toda la cuadra tiene pequeñas casas de criadas. Por casualidad me entero que una criada está fuera de la ciudad. Voy a su casa y me arrastro debajo del portal trasero. Un lobo viene y empieza a olfatearme. Intento taparme con tierra para esconderme. El lobo se va y yo me meto a la casa. Es pequeña, cómoda y vacía.

Tengo miedo de irme porque sé que estarán buscándome en todas la calles aledañas. Si me pescan, me cortarán los senos.

Examino las alternativas. Me podría ir a un pueblito lejano en México donde nadie me conociera. Sería difícil empezar sin dinero y sin amigos, ni parientes, pero podría hacerlo. Eso es lo que hago. Estoy más feliz que nunca en mi soleada casita de adobe. Entonces le llamo al gángster y le pido que me mande dinero.

El sueño fue el modelo para recuperar mi alma. Mientras que el sueño me hablaba, mi viaje espiritual de regreso a mí misma empezó. Esto es lo que me dijo el sueño:

En IBM me sentía como un gángster, ganando tanto dinero tan fácilmente, cuando mi familia había trabajado tan duro.

Si me pescaran, me cortarían los senos. En IBM me sentía aislada de mi feminidad al mismo tiempo que sobresalía en el mundo de hombres. No creo que sea lo mismo para todas, pero para mí lo era.

El lobo significaba que yo tenía miedo de mis instintos salvajes y mi naturaleza intuitiva. Sólo confiaba en mi intelecto.

La casa de la criada y la casa pequeña en México significaban que lo más simple es lo más importante para mí.

Descender por los túneles significaba que los guardias en cada lado de los túneles en la tierra son la paradoja y la confusión. Si logro pasar estos dos dragones, puedo llegar al mundo interior de mi mente y de mi alma.

Empecé a enfrentarme con los dragones, avanzando hasta la parte olvidada de mí, la niñez y la mexicanidad. Empecé a escribir las historias que oía en mi cabeza. Entre más escribía, más historias venían.

Los asuntos de mi niñez fueron el abandono, el sentirme menos porque era mexicana y vergüenza de ser una «muchacha inútil»

ante los ojos de mi papá. Ahora ya no era pobre. Ahora sobresalía
en un mundo de hombres. Había demostrado que una niña mexicana de una familia de trabajadores migratorios podía hacerlo
todo y tenerlo todo. Pero estaba aislada y lejos de mi cultura, de
mi familia, de mi corazón y de mi alma.

El sentimiento de ser constantemente abandonada por mi
familia, amigos y amantes no me dejaba tranquila. Mi primer
recuerdo de sentirme abandonada era el del día que me dejaron
con las monjas. No podía contar la historia de las monjas sin sentir un nudo en la garganta. Así que la escribí. Fui a una fiesta
donde los invitados iban a compartir su talento artístico: cantar,
bailar, leer. Leí la historia. Después de todo el dolor fue menos.
Se las leí a mis hermanos. El dolor disminuyó aun más. Luego
vinieron más historias y las escribí.

Cada vez que escribía o leía en voz alta, la niñita descalza se
despertaba en mi corazón de nuevo. Se apoderaba de mis sentimientos y de mi cuerpo. Me sentía pequeña, vulnerable, inde-
fensa.

A la gente le gustaban mis historias. Fui invitada a leerlas en
un grupo de mujeres que vivían en las zonas residenciales de las
afueras de la ciudad. Tomé mis historias y las llevé allá, queriendo ganar experiencia. En IBM, había hablado ante centenares de
personas. Pero no había nada de mi corazón descalzo en eso, sólo
mi intelecto —en ese campo me sentía segura y confiada.

Las mujeres empezaron a llegar. Cabello perfecto, maquillaje
perfecto, ropa cara. Ninguna mujer de color. Si alguna de ellas
había conocido la pobreza, no había sido recientemente. Mientras
se acomodaban en el salón, me sentía como si me estuviera haciendo más y más pequeña. Para cuando llegué a la silla de enfrente, yo
ya era una niña de cinco años con un vestido descolorido, descalza
y con los pies sucios, del lado mexicano de los rieles.

Había traído a mi niñita y la había puesto en marcha para ser
juzgada por un salón lleno de mujeres blancas, bien vestidas.

Al final de la lectura, me aplaudieron, sonrieron y me
dijeron lo mucho que les habían gustado mis historias. Fueron
perfectamente amables y mi niñita de corazón descalzo estaba
perfectamente destrozada. La sentí huir mientras me tragaba
las lágrimas.

Para protegerme, me puse mi personaje de negocios. Me dije que yo también estaba bien vestida y que mis pies estaban, en efecto, perfectamente limpios y cubiertos con zapatos caros. Me volví encantadora con un aire de indiferencia y de conversación fácil.

La fuente de las historias se asilenció por mucho tiempo. Decidí que eso de escribir y leer en voz alta (¡sin mencionar la publicación de mis obras!) de profundos temas personales no era para mí. Investigué qué debería hacer para convertirme en un corredor de bolsa de Merrill Lynch. Tomé el examen de admisión, lo pasé y fui a una entrevista de dos horas.

Estaba lista para bajarme del barco de la escritura y pisar en una tierra más firme y segura. Pero el mundo no me dejaría hacerlo todavía. Me invitaron a hablar sobre mi viaje espiritual a un grupo de mujeres de la iglesia. ¿Qué puede ser más seguro que hablar sobre espiritualidad en la iglesia? Rápidamente escribí cinco páginas a máquina y me fui. Después de todo, esta vez me sentí rodeada de amor y afirmación. Me rodearon con abrazos y ojos brillantes, llorosos. Me engancharon otra vez.

Rescaté mi alma y corazón de IBM. Entonces pasó algo extraordinario: mi vida de negocios se convirtió en una película de blanco y negro y mi niñez me habló en Technicolor. Dejé por completo el mundo de los negocios.

La soledad dominante que había sentido en mi vida comenzó a derrumbarse al conectarme con mis hermanos escribiendo sobre ellos. Cuando les leí las historias, algunas veces lloraban, reían o guardaban completo silencio. Pero siempre, como lo habían hecho las historias en Minnesota, nuestra historia común nos unió. La distancia que había sentido entre ellos y yo empezó a derretirse. Empezamos a llamarnos unos a otros sin ninguna razón, sólo para estar en contacto.

En un seminario de creación literaria, mi maestra dijo—: Si quieres caer bien, deja la escritura de una vez.

«La cuentista» me llegó en la iglesia. Saqué mi libreta y escribí la mitad de ella durante el discurso del ministro. Cuando se terminó el servicio, me fui al sótano de la iglesia para terminar de escribir la historia. Entonces empecé a llorar.

Mientras escribía, el sentimiento que había tenido ese verano en Minnesota de ser una niña sin mamá llegó a mí con una gran fuerza. Marielena había sido una mamá espiritual para mí cuando mi mamá, vencida por el cansancio, no podía cuidar de mí. Más tarde, mientras escribía la historia en mi propio sótano, los sentimientos se apoderaron de mí y tuve que dejar de escribir en máquina porque no pude ver más, ni hacer que mis dedos trabajaran.

Había cortado una arteria emocional; estaba sangrando profusamente y no sabía cómo contenerla. Lloré por horas, por todas las veces que me sentí sola y sin amor.

En mis momentos de depresión me preguntaba qué estaba haciendo. En el silencio puro y sencillo, llegó la respuesta: Necesitaba integrar mi niñez mexicana en mí otra vez.

Pensaba que esos años habían sido puro gozo y consuelo para mí —eso era todo lo que recordaba— pero cuando escribía, todo lo que encontraba era dolor. Cuando escribía desde el punto de vista de la pequeña mexicana dentro de mí, parecía no tener nada que agregar más que tristeza e historias difíciles. Y eso me parecía equivocado. Mi intelecto y la fuerte crítica en mi cabeza querían censurar todo. El intelecto que en el pasado me había servido tanto, ahora era un impedimento. Lo guardé y le hice caso a mi corazón. Escribí cualquier cosa que me venía a la mente. Me permití escribir lo nunca antes dicho, escrito o admitido.

Quería abrazar toda la oscuridad y convertirla en luminosidad. Quería tejer todas las viejas hebras oscuras del pasado en el tapete de mi vida actual. Quería comerme mi experiencia y digerirla hasta que se convirtiera en una parte de mí.

La alegría que recordaba era la alegría de viajar, de la novedad y de la emoción, el gozo de estar sola y libre en la orilla de los campos; la alegría de reírme de las bromas de mi familia. Me sentía reconfortada al recordar las épocas cuando comíamos las tortillas de mi mamá, nos calentábamos las nalgas en la estufa con forma de olla gorda y me dormía junto al vidrio trasero del Chevy '52 de regreso a Texas.

Constantemente tenía que escribir más allá de la pregunta—: ¿Por qué hago esto? ¿Importaría si escribo o no? Entonces me di cuenta. Si no escribiera, moriría por dentro mientras mi cuerpo seguiría vivo.

Así que decidí abrazarme de lo feo en los años de trabajo migratorio. Tomé lo feo en mi regazo como lo haría con un niño antipático. Lo besé y lo sostuve hasta que se calmó.

Clarissa Pinkola Estés, autora del libro *Mujeres que corren con los lobos,* cita un poema de Charles Simic: «El que no puede aullar, no encontrará su manada».

Yo aullé en la página. Vi la fuerza que hay en apreciar exactamente quién eres. Para mí es ser una escritora mexicoamericana.

Ya no estoy sola; he encontrado a mi manada.

Qué bonito es no hacer nada,
y después de no hacer nada, descansar.

Agradecimientos

Cuando *Corazón descalzo* fue publicado en inglés, yo pensé que traducirlo al español sería fácil. Ahora, siete años después, veo que la historia tenía que ser penosamente vivida de nuevo, palabra por palabra, para poder vivirla en otro idioma.

Al principio, mi familia y mis amigos se sentaban alrededor de una mesa conmigo y leíamos, párrafo por párrafo, primero en inglés y después en español, probando el peso, la textura y el matiz de cada palabra y frase. Gracias Delia, Delmira, Luis, Diamantina, Rudy, Consuelo, Dolores, Carlos, Thelma, Isabel, Olga, Gracie, Gloria, Vanje, Juanita, Silvia, Gresy, Felipe, Lupita, Marco, José, Trini y tantos más que ayudaron en esa etapa.

Después de varios años vi que la traducción necesitaba ayuda profesional. Una persona de mi iglesia sugirió que Arcelia Cerón sería fenomenal para esta tarea por ser brillante, mexicana y lista para todo. Di un suspiro de alivio cuando Arcelia empezó a entregar capítulos completos.

Al final, yo quería consultar a alguien versada en literatura mexicana que le pudiera dar más sabor e interés para los lectores mexicanos. Estaba sentada al pie de la Pirámide del Sol en Teotihuacán cuando David Foster sugirió que Selene Leyva-Ríos sería maravillosa para esto. Así fue. Me reía jubilosamente cuando leía sus selecciones de palabras, que eran increíblemente perfectas.

Gracias, Arcelia y Selene, por dar parte de sus vidas y corazones al libro.

Lou, veía tu frustración al no poder ayudarme con la traducción. Sin embargo, no me abandonaste en ningún momento. Atesoro tu apoyo y tu amor.

Dedico esta traducción con mucho amor a mis hermanos mexicanos que todavía trabajan en los campos para traer comida a nuestras mesas.

ELVA TREVIÑO HART

Comentarios a la traducción

Cuando leí por primera vez el original de *Corazón descalzo,* me di cuenta de que la misión de su traductor sería mantener los diferentes tonos, matices e inflexiones de cada una de las voces que nos hablan desde las páginas del libro. Es decir, tratar de reproducir con la mayor fidelidad posible la soledad de esa niña, separada física y emocionalmente de su familia, que esperaba a un lado de los campos de cultivo; la curiosidad de una adolescente que descubre la sexualidad; y, finalmente, la incertidumbre de la exitosa profesionista que emprende un viaje de reencuentro y reconciliación con su pasado. Por tanto, el reto era lograr que esas voces hablaran en español con la misma intensidad que hablan en inglés.

Debo decir que desde aquella primera lectura me involucré a nivel personal con la obra, y en cada relectura, durante el proceso de traducción, me sorprendían de nuevo la risa y las lágrimas del lector cómplice que se asoma, no por el ojo de la cerradura, sino a través de una pantalla gigante, al corazón descalzo de Elva Treviño. Espero que esa identificación y complicidad sean palpables en el resultado final y que éste sea un puente de comprensión no solamente entre el inglés y el español, sino entre todas esas niñas de «pies sucios, piel morena y mirada baja» y los espectadores, testigos, compañeros y/o cómplices que las observan «descalzas al lado del camino».

SELENE LEYVA-RÍOS